税收风险管理
理论模型与实践应用

余静 吕伟／著

立信会计出版社
LIXIN ACCOUNTING PUBLISHING HOUSE

图书在版编目(CIP)数据

税收风险管理理论模型与实践应用/余静,吕伟著.
—上海:立信会计出版社,2018.3(2023.4 重印)
 ISBN 978 - 7 - 5429 - 5754 - 2

 Ⅰ.①税… Ⅱ.①余… ②吕… Ⅲ.①税收管理—
风险管理—研究—中国 Ⅳ.①F812.42

中国版本图书馆 CIP 数据核字(2018)第 062233 号

策划编辑　　张巧玲
责任编辑　　张巧玲
封面设计　　南房间

税收风险管理理论模型与实践应用

SHUISHOU FENGXIAN GUANLI LILUN MOXING YU SHIJIAN YINGYONG

出版发行	立信会计出版社		
地　　址	上海市中山西路 2230 号	邮政编码	200235
电　　话	(021)64411389	传　　真	(021)64411325
网　　址	www. lixinaph. com	电子邮箱	lixinaph2019@126. com
网上书店	http://lixin. jd. com		http://lxkjcbs. tmall. com
经　　销	各地新华书店		
印　　刷	固安华明印业有限公司		
开　　本	710 毫米×1000 毫米	1/16	
印　　张	25	插　　页	1
字　　数	330 千字		
版　　次	2018 年 3 月第 1 版		
印　　次	2023 年 4 月第 4 次		
书　　号	ISBN 978 - 7 - 5429 - 5754 - 2/F		
定　　价	89.00 元		

如有印订差错,请与本社联系调换

前 言
FOREWORD

党的十八届三中全会通过了《中共中央关于全面深化改革若干重大问题的决定》,对全面深化改革作出了战略部署,提出财税体制改革是全面深化改革的重中之重。2015 年 10 月 13 日,中共中央总书记、中央深化改革领导小组组长习近平同志主持召开中央全面深化改革领导小组第 17 次会议,审议通过了《深化国税、地税征管体制改革方案》,提出到 2020 年要建成与国家治理体系和治理能力相匹配的现代税收征管体制。税收风险管理是现代税收管理的先进理念和国际通行做法,是完善我国税收征管体系、提高治理能力、实现税收现代化的有效举措。

税收风险管理是促进纳税遵从的根本途径。通过加强税收风险管理,对纳税人实施差别化精准管理,对暂未发现风险的纳税人不打扰;对低风险纳税人予以提醒辅导;对中高风险纳税人重点监管;为愿意遵从的纳税人提供便利化办税条件;对不遵从的纳税人予以惩罚震慑,将从根本上解决纳税人不愿遵从或无遵从标准的问题,提高纳税遵从水平。

税收风险管理是提高税务机关主观能动性的重要抓手。在做好基础管理的同时,通过对信息收集、风险识别、等级排序、任务推送、风险应对等环节实施过程监控和效果评价,可有效增强各级税务机关的主观努力程度,查找征管中的薄弱环节,防范税务系统内部风险,提高征管质效。

近年来,全国税务系统高度重视税收风险管理工作,在实际工作中不同

程度地开展了研究与探索，积累了宝贵的经验。全国税务风险管理工作机制初步形成，风险管理在税收征管工作中的重要作用逐步显现。

本书结合风险管理理论和税务实践，对税收风险管理体系进行了系统介绍：首先，阐述了税收风险管理的基本理论、基本概念和制度顶层设计；其次，对风险目标规划、税收数据情报、风险识别、定等排序与推送、应对及反馈、监督与评价等风险管理流程进行了详细梳理与解读；最后，介绍了大企业和自然人这两类特殊纳税人的税收风险管理。本书编写力求体现系统性和专业性，为税收风险管理工作提供理论依据、实践案例和实务层面的指导。本书既可以作为税务人员开展税收风险管理的工作手册，也可以作为财税专业学生学习了解税收风险管理的阅读书目，还可以作为纳税人进行税收风险自我识别和消除的操作参考。

尽管本书以专著的形式出版，但仍属于集体智慧的结晶，由多位长期从事风险管理工作的税务专家和南京大学科研团队共同完成。江苏省地税局倪静石副局长对本书的成稿给予了大力支持和悉心指导，徐怀庚同志对本书做了大量无私奉献，对框架体系提出了建设性意见，仰远同志对本书提出了诸多宝贵意见，殷松涛、李和珊、吴冬亮、夏溢、张大陆、尤小辉、明靖、李昆、陈静、刘桁、顾雪中、夏永鹏、孙峰、周厚中、李政锦等同志参与了编写，徐惠华、吴蔚、顾建碧、陈爱明、刘冬、黄松海等同志也对本书的编写给予了大力支持，在此一并表示衷心感谢！

税收风险管理工作还处于探索阶段，仍需持续完善和不断改进，希望本书能给致力于税收风险管理研究和实践的同志们提供参考与借鉴。由于水平和能力有限，本书难免会出现一些错误和疏漏，敬请读者批评指正。

本书作者

2018 年 3 月

目 录
CONTENTS

税收风险管理的基本理论

　　风险管理是社会经济发展的产物,是管理科学与科学技术融合的结果。税收风险管理是现代科学技术与现代税务管理相融合的产物,是税务机关将风险管理理念、方法、制度、流程等全面引入税收工作,目的在于通过风险管理,将有限的税收征管资源进行更有效的配置,最大限度地规避税收执法风险、最有效地防范税收流失,促进纳税遵从不断提升。

1.1　风险与风险管理

1.1.1　风险的概念

1.1.1.1　风险的定义

　　对于风险的定义,不同的学者基于不同的研究视角有各自的理解,比较有代表性的观点有三种:第一种观点是把风险视为机会,认为风险越大可能获得的回报率就越大,相应可能遭受的损失也越大;第二种观点是把风险视为危机,认为风险是消极的事件,可能产生损失,这常常是大多数企业所理

解的风险;第三种观点介于两者之间,也更学术化,认为风险是一种不确定性。

在欧盟委员会《税收管理机关税收风险管理指引》中,"风险"一词被定义为"一切会影响一个组织达成其目标的消极因素"。在国际标准化组织 ISO 31000《风险管理原则与实施指南》以及 ISO/IEC Giude73 中,"风险"被定义为"不确定性对目标的影响"(effect of uncertainty on objectives)。在我国风险管理系列国家标准(如 GB/T 24353—200)中,对风险的定义也采用了和 ISO 31000 相一致的表述。

风险的定义虽然众多,但有两点是相同的:一是风险是针对预期目标的实现而言的;二是风险的本质是不确定性,这种不确定性会对预期目标的实现产生影响。

1.1.1.2 风险的特征

风险的特征是风险内在规律的外在表现。从风险的众多定义中我们不难看出,风险主要具有以下特征。

1. 风险具有客观性和普遍性

由于不确定性的存在,客观事物发生、发展的结果与预期之间可能会出现不一致,这种不确定性带来的风险随客观事物的存在而普遍存在,随客观事物的变化而不断变化,是无处不在、无时不有的客观存在。通过研究可以探索风险的规律,寻求控制和管理风险的科学方法,但却不能完全消除风险。

2. 风险具有不确定性

不确定性是风险的本质特征。由于人们在当前时点对客观事物的未来发生、发展过程不可能完全预知,因此客观事物发展的最终结果与人们预期之间就有可能存在差异,而这种差异是否发生以及差异的大小具有不确定性。如果客观事物发生、发展的结果可以准确预测,那么就无风险可言。

3. 风险具有相关性

风险与特定的主体相关,是特定主体的风险,与特定主体的行为和预期紧密相连。特定主体不同的行为或预期所面临的风险种类、性质及程度是不同的,同一种风险对不同主体的影响也各不相同。

4. 风险具有损失性

风险的发生会给特定主体带来影响,通常我们关注的风险影响是指特定主体不愿看到的,对主体有损害,要采取有效决策予以规避的影响。没有损害性的风险不称其为风险。

5. 风险具有预期性和可测性

风险是不确定性导致的客观事物发生发展的实际结果与预期之间的差异,这一差异的存在是可以预期的。对于重复出现的风险,可以通过对历史资料的统计分析,对其发生的频率和造成损失程度的分布情况做出合理估计,从而对特定类型事件的风险进行识别、测量和评估。

6. 风险具有可变性和可控性

随着客观事物的不断发展和外界环境的变化,同一主体所面临的风险也会不断变化,同一风险的影响程度会随之变化,影响该主体的风险种类和性质也有可能发生变化。风险的可变性为控制风险带来了可能。在一定的客观条件下,通过科学有效的风险管理措施,可以使原有的风险状况发生有利于主体变化,或削弱,或消除,或转移,或用新的风险替代旧的风险。

1.1.1.3　风险的构成要素

大多数学者认为,风险主要是由风险因素、风险事故和风险损失三要素构成的,这些要素的相互作用决定了风险的产生和发展。

1. 风险因素

风险因素是指促使某一特定风险事故发生或增加其发生可能性或扩大其损失程度的原因或者条件。它是风险事故发生的潜在原因,是造成损失

的内在或者间接原因。例如：对于纳税人而言，风险因素是指纳税人自身的诚信度、申报纳税的能力等。

根据性质不同，风险因素可分为有形风险因素与无形风险因素两种类型。

（1）有形风险因素。有形风险因素也称实质风险因素，是指某一标的本身所具有的足以引起风险事故发生或者增加损失机会或加重损失程度的因素。

（2）无形风险因素。无形风险因素是与人的心理或行为相关的风险因素，通常包括道德风险因素和心理风险因素。其中道德风险因素是指与人的品德修养有关的无形因素，即由于人们不诚实、不正直或有不轨企图，故意促使风险事故发生，以致引起财产损失和人身伤亡因素。心理风险因素是与人的心理状态有关的无形因素，即由于人们疏忽或过失以及主观上的不注意、不关心、心存侥幸，以致增加风险事故发生的机会和加大损失的严重性的因素。

2. 风险事故

风险事故也称风险事件，是指造成人身伤害或财产损失的不确定事件，是造成损失的直接的或外在的原因，是损失的媒介物，即风险只有通过风险事故的发生才能导致损失。就某一事件来说，如果它是造成损失的直接原因，那么它就是风险事故；而在其他条件下，如果它是造成损失的间接原因，它便成为风险因素。

3. 风险损失

风险损失是指非故意、非预期、非计划的经济价值的减少。通常将风险损失分为两类，即直接损失和间接损失。直接损失是指风险事故导致的财产本身损失和人身伤害，这类损失又称为实质损失；间接损失则是指由直接损失引起的其他损失，包括额外费用损失、收入损失和责任损失。

风险是由风险因素、风险事故和风险损失三者构成的统一体。风险因素是引起或增加风险事故发生的机会或扩大损失幅度的条件，风险事故的发生就会带来风险损失。风险因素是产生损失的潜在原因,风险事故是导致损失的不确定事件和直接原因。因此,从源头上控制和消除风险因素可以降低风险事故发生的概率,从而减少或避免风险损失,对引起损失的潜在原因——风险因素进行科学的管理就显得十分重要。风险要素之间的关系如图 1-1 所示。

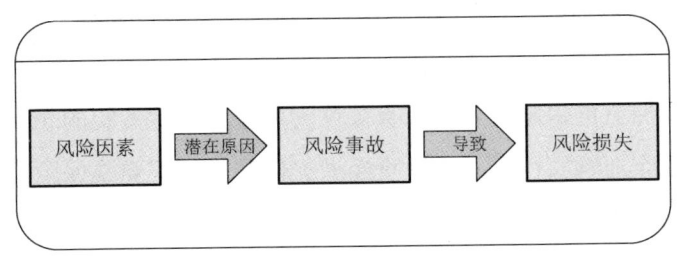

图 1-1　风险要素之间关系

1.1.2　风险管理的概念

为了避免风险事故发生的消极后果,减少风险事故造成的损失,人们引入管理科学的原理和方法来规避风险,于是风险管理(Risk Management)便应运而生。因此,风险管理是一个管理学范畴。风险管理是指如何在项目或者企业一个肯定有风险的环境里把风险减至最低的管理过程。具体而言,风险管理是指通过对风险的认识、衡量和分析,选择最有效的方式,主动地、有目的地、有计划地处理风险,以最小成本争取获得最大安全保证的管理方法。

1.1.3　风险管理理论的发展

1.1.3.1　风险管理的发展路径

风险管理理论主要是三条发展路径相融合的结果:第一条路径是保险

的发展;第二条路径是银行业巴塞尔协议的发展;第三条路径是内部控制的发展。

风险管理发展的第一条路径起始于 1956 年,当时在保险领域历史上第一次提出了风险管理的概念。提出风险管理的概念的是美国著名的风险管理学家威廉姆斯和汉斯,他们在《风险管理与保险》一书中指出:风险管理是通过对风险的识别、衡量和控制,以最低的成本使风险所致的各种损失降到最低限度的管理方法。由于风险管理的概念最初是从保险领域提出的,故而在企业中原有的保险经理就一直被称为风险经理。传统的企业风险经理的职责是给企业购买保险。给风险经理提供服务的主要是保险经纪人和保险公司的有关人员。

风险管理发展的第二条路径是围绕着巴塞尔协议的发展进行的。20世纪 70 年代后期,通过总结银行业监管的经验和做法,最终形成了巴塞尔协议。早期巴塞尔协议由于明确其使用范围为银行业,对非金融类企业和其他社会组织的影响较小。但巴塞尔协议随后的版本中确立了银行业的监管乃至银行内部管理的核心是管理风险的理念。这个理念目前已经成为国际金融界的共识,而且其对非金融类企业和其他社会组织的影响正在逐渐显示出来。同时,巴塞尔协议的持续努力,包括在 2008 年世界金融危机后所作的大量工作,为非金融领域的风险管理提供了一个很好的借鉴样板。

内部控制是风险管理发展的第三条路径,而且是一条主要路径。内部控制的发展最早是从审计的会计控制的概念发端,由于整合管理的需要,最终形成了以 1992 年的 COSO《内部控制——整合框架》报告为代表的内部控制框架。而澳大利亚和新西兰、加拿大等国则从 COSO 的内部控制框架中得到启发,发展出各自国家的风险管理标准。进一步,COSO 从对这一版内控框架的实践与反思中形成了 2004 年版的《企业风险管理——整合框架》。

在 20 世纪 80 年代后期,我国开始对风险管理进行研究,一些企业特别是金融保险行业运用风险管理理论进行风险识别、风险评估、风险应对,取得了较好的效果。2006 年 6 月,国务院国资委发布了《中央企业全面风险管理指引》,对中央企业如何开展全面风险管理工作提出了总体原则,并对企业风险管理的基本流程、组织体系、风险评估等方面进行了比较详细的引导。企业的成功实践推动了风险管理在更多领域的应用。如今,风险管理在国内金融行业以及大型企业得到广泛应用的同时,一些公共管理部门也开始引入风险管理的理念和方法来加强公共管理和服务的职能,如中国海关系统和税务系统已经开始建立行业性风险管理体系。

1.1.1.4　风险管理理论典型应用——COSO 框架

现行的 COSO 框架是 COSO 委员会(Committee of Sponsoring Organization)2004 年颁布的《企业风险管理——整合框架》(Enterprise Risk Management—Integrated Framework),2016 年 COSO 针对实行了十多年的 2004 版框架提出了名为《企业风险管理——通过战略与绩效调整风险》(Enterprise Risk Management—Aligning Risk with Strategy and Performance)的修订草案,总结了 COSO 近年在风险管理领域的研究成果。

1. 风险管理的定义

COSO 框架对风险管理的定义为:风险管理是一个过程,受企业董事会、管理层和其他员工的影响,包括内部控制及其在战略和整个公司的应用,旨在为实现经营的效率和效果、财务报告的可靠性及法规的遵循提供合理的保证。

COSO 框架利用一个 8×4×4 的三维模型来描述一个机构内的内部控制体系。该模型是一个在水平方向上分为八层,垂直方向和纵深方向均由四个部分组成。分别描述了风险管理的四个目标、八个要素和四个层级。四个层级包括总部、分部、业务单位、附属机构等企业内部层级,各个层级均涉及四个目标和八个要素。相互之间不是完全独立的部分,彼此之间是相互联系的。

具体如图 1-2 所示。

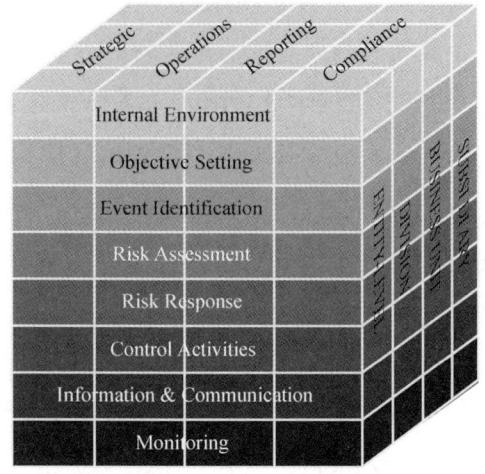

图 1-2 COSO 三维模型示意图

2. 风险管理的四个目标

每一个企业都面临着一系列来自外部和内部的风险,有效的事件的鉴别、风险确定,以及对风险的对策的预测都是目标确定的依据,和不同的水平不同的内部机构相联系。目标是在战略层面上确定的,为经营操作、报告、目标的服从提供依据。目标的确定是和企业风险特点相联系的,并且该目标推动企业活动承受风险的水平。目标设定是有效的事件的鉴别、风险确定,以及对风险的对策的预测。管理之前必须首先设定目标,该目标能够鉴别企业为完成任务的风险,然后采取必要的措施来管理风险。

1) 战略目标

管理当局确定它们的目标,形成战略并且确定组织的相关目标。当企业的任务和战略目标稳定下来后,它的战略和相关目标更加有动力,并且要根据内部外部条件的改变进行调整。战略目标是高层目标,和企业任务相关,并且支持这些目标,反映了管理层的选择。风险管理技术可被应用于战略和目标的确定过程当中。

2）经营目标

经营目标和企业经营活动的效果和效率相关，包括企业在朝最终目标迈进的过程中为加强经营效果和效率的子目标。经营目标必须反映企业所处的特定业务、行业及经济环境。管理层应确认这些目标反映了现实和市场的需求，并采取有意义的业绩评估方法。一个和其子目标相关联的明确的经营目标集，是企业成功的基础。

3）报告目标

可靠的报告为管理当局提供精确和完整的信息，这些信息对达成其目的是恰当的。它支持管理当局做出决策并监控企业的活动和业绩。可靠的报告为管理当局编制可靠的报告提供合理的保证。

4）遵从目标

企业必须管理其活动，并经常采取特定的措施，以遵从相关法律和法规。这些要求可能和市场、定价、税收、环境保护、雇员福利以及国际贸易有关。可应用的法律法规为企业行为设定了最低的行为标准，企业将这些行为标准整合于其遵从目标中。一个企业的遵从记录能非常显著地影响它的声誉。

3. 风险管理的八个要素

COSO 框架认为风险管理包括八个相互关联的组成要素，这八个要素渗透于企业管理的过程之中。

1）控制环境

企业的控制环境是其他所有风险管理要素的基础，为其他要素提供规则和结构。控制环境影响企业战略和目标的制定、业务活动的组织和风险的识别、评估和执行等。它还影响企业控制活动的设计和执行、信息和沟通系统以及监控活动。控制环境包含很多内容，包括企业员工的道德观和胜任能力、人员的培训、管理者的经营模式、分配权限和职责的方式等。

董事会是控制环境的一个重要组成部分，对其他控制环境的组成内容有重要的影响。而企业的管理者也是控制环境的一部分，其职责是建立企

业的风险管理理念、确定企业的风险偏好,营造企业的风险文化,并将企业的风险管理和相关的行动计划结合起来。

2)目标制定

根据企业确定的任务或预期,管理者确定企业的战略目标,选择战略方案,确定相关的子目标并在企业内层层分解和落实,各子目标都应遵循企业的战略方案并与战略方案相联系。

3)事件识别

管理者意识到了不确定性的存在,即管理者不能确切地知道某一事项是否会发生、何时发生或者如果发生其结果如何。作为事项识别的一部分,管理者应考虑会影响事项发生的各种企业内外部的因素。外部因素包括经济、商业、自然环境、政治、社会和技术因素等,内部因素反映出管理者所做的选择,包括企业的基础设施、人员、生产过程和技术等事项。

4)风险评估

风险评估可以使企业了解潜在事项如何影响企业目标的实现。管理者应从两个方面对风险进行评估,即风险发生的可能性和造成的影响程度。

5)风险应对

管理者可以制定不同风险反应方案,并在风险容忍度和成本效益原则的前提下,考虑每个方案如何影响事项发生的可能性和事项对企业的影响,并设计和执行风险反应方案。考虑各风险反应方案并选择和执行一个风险反应方案是企业风险管理不可分割的一部分。有效的风险管理要求管理者选择一个可以使企业风险发生的可能性和影响都落在风险容忍度范围之内的风险反应方案。

6)控制活动

控制活动是帮助保证风险反应方案得到正确执行的相关政策和程序。控制活动存在于企业的各部分、各个层面和各个部门。控制活动是企业努力实现其商业目标的过程的一部分。通常包括两个要素:确定应该做什么的政策和影响该政策的一系列过程。

7）信息与沟通

来自企业内部和外部的相关信息必须以一定的格式和时间间隔进行确认、捕捉和传递，以保证企业的员工能够执行各自的职责。有效的沟通也是广义上的沟通，包括企业内自上而下、自下而上以及横向的沟通。有效的沟通还包括将相关的信息与企业外部相关方的有效沟通和交换，如客户、供应商、行政管理部门和股东等。

8）监督检查

对企业风险管理的监控是指评估风险管理要素的内容和运行以及一段时期的执行质量的一个过程。企业可以通过两种方式对风险管理进行监控——持续监控和个别评估。持续监控和个别评估都是用来保证企业的风险管理在企业内各管理层面和各部门持续得到执行。

 1.2　税收风险与税收风险管理

税收风险主要来自纳税主体，产生于一切税收活动过程中，系统理解税收风险的概念、特征及成因是开展税收风险管理的基础。通过实施税收风险管理有助于提高纳税人税法遵从水平。

1.2.1　税收风险

1.2.1.1　税收风险的定义

税收风险属于社会公共风险的范畴，有广义与狭义之分。广义的税收风险，是指国家在税收征管活动过程中，由于社会经济环境、税收制度、税收

管理及纳税人不遵从等各种不确定因素的影响,导致税收流失的可能性与不确定性。狭义的税收风险,即税收遵从风险,是指在税收管理中,对实现税法遵从目标产生负面影响的可能性,其表现为税收流失的不确定性或税收应收预期与实际征收结果的偏离。通常所说的税收风险是指的税收遵从风险,亦即狭义的税收风险概念。

1.2.1.2 税收风险的特征

税收风险既具有风险的一般特征,如客观性和普遍性、不确定性、相关性、损失性、预期性和可测性,也具有政治性、综合性及传导性等特有的特征。

1. 税收风险的一般特征

由于政策制度、时间安排等诸多主客观因素的限制,政府履行公共职能难以与征收的税收完全对等,因此,税收风险是不可避免的,只要政府不能完全有效地履行公共服务职责,纳税人付出的成本与收益就无法平衡,税收风险也会随着税收的存在而存在。对于纳税人而言,税收是其成本的一部分,为了实现自身经济利益最大化,理性的企业和个人会对税收进行合理规避以达到减轻自身税负的目的,使得纳税申报制度不能有效执行,导致税收风险存在不确定性并对政府财政收入带来损失。申报应纳税款的多少取决于纳税人的遵从选择、税务筹划水平以及相关的税收政策制度的完善程度等因素,不同纳税人的税收风险程度各不相同,由此产生的实际税收收入偏离预期税收收入的程度也不同。

税务部门无法消灭税收风险,但能预测税收风险发生概率和可能造成的损失,通过经济、政治和必要的政策制度等手段控制税收风险,将其不利影响控制在可接受范围内。

2. 税收风险的特有特征

1)税收风险的政治性

税收是政府为实现或履行职能而向广大纳税人筹集的资金,因此税收风险必然带有政治性。与一般领域的风险不同,税收风险难以通过市场标准来衡量,只有税务部门知晓纳税征收的期望程度与实现程度,社会及市场上并没有明确的标准来衡量和计算遵从率及税收风险。

2）税收风险的综合性

税收风险存在于税收征管的各个环节,任何一个环节的疏忽都可能增加税收风险,并且对每一个环节中的具体风险而言,又是由税收征管活动的有效性、纳税人遵从度等诸多不同因素构成的,因此税收风险是多因素综合的结果。

3）税收风险的传导性

由于税收活动涉及社会经济的方方面面,税收风险与社会经济紧密相连,在某个个体出现的税收风险可能传导至整个地区、整个行业,进而影响社会经济的方面,甚至整个经济体系的发展,可能会影响某政府财政的正常运行。此外,纳税人的税收遵从风险一旦得到确认,不仅要接受补缴税款和滞纳金的经济处罚,还会在信用贷款、政府支持、税收优惠和社会舆论等多方面受到影响。

1.2.1.3　税收风险的分类

根据不同的分类标准,对纳税人表现出来的不遵从行为可以分成不同种类。基于税务机关征管的角度,对于税收流失风险的分类,可以从纳税人和税务机关两个层面进行分类,即纳税遵从风险与税收征管风险。

1. 纳税遵从风险

纳税遵从风险是指纳税人因规避纳税义务,或者没有正确、充分执行税收政策而导致其经济利用、社会信用等方面遭受损失的可能性。澳大利亚学者 Valerie Braithwaite 研究认为,影响纳税人税收遵从的因素至少有社会因素、企业概况、行业特征、经济因素、心理因素等多种因素综合影响的结果,这些因素的整体影响,导致纳税人对税收遵从的态度形成不同的纳税遵

从态度的等级分类,即积极自愿遵从、努力尝试遵从、抵制不遵从、决定不遵从。积极自愿遵从、努力尝试遵从这两种属于遵从范畴,而抵制不遵从、决定不遵从属于不遵从范畴。借鉴 Valerie Braithwaite 研究,根据我国当前税收风险管理的现状,对纳税遵从态度进行合理分类,为实施科学的税收风险管理提供依据,具体分析如图 1-3 所示。

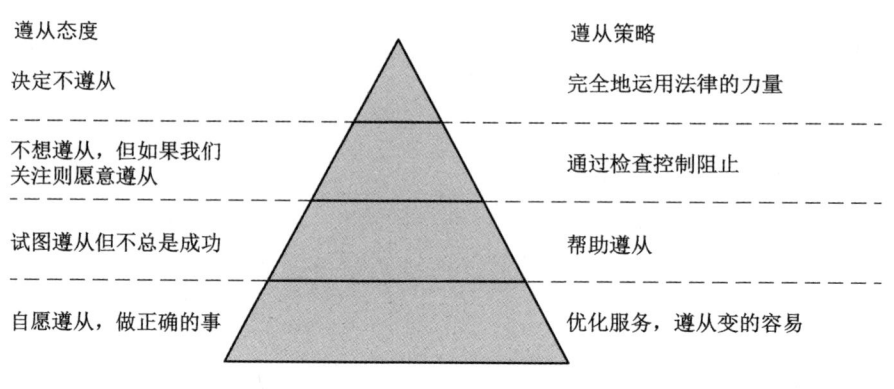

图 1-3 税收遵从模型图

1)积极自愿遵从

这类纳税人的税法意识最强,持有这种态度的纳税人,他们非常愿意遵从税收法律法规规定的义务,愿意支持税务部门的监管体系,积极接受税法及税务机关的要求。这类纳税人相信税法的公正性,认为税收体系是合理的、税务机关是合法的,纳税人缴纳税收的同时,也享受到政府提供的服务。

2)努力尝试遵从

这类纳税人对纳税的态度属于基本愿意遵从,但是在遵从的过程中由于理解和履行纳税义务时存在困难或出现偏差,导致不能及时、准确、全面地履行纳税义务而出现疏漏,在税收征管实践中,确实存在纳税人主观上无不缴、少缴税款的意愿,但实际上由于不懂税法或者没有很好地掌握税法导致非故意的少报、漏报税款。这些纳税人主观上没有逃避缴纳税收的企图,他们也期望与税务机关建立信任、合作的关系。

3）抵制不遵从

这类纳税人对纳税相关的事务有抵触情绪,包括对政府管理不满意,对政府提供的服务不满意,对税收制度与政策制定不满意,对税务部门的监管不认同,对税务部门提供的纳税服务不满意,对自身的权利实现缺乏保障不满意等等。这些纳税人主观上有意识地逃避纳税,但是税务机关如能够加强税收监管并做好宣传辅导,他们会选择遵从。

4）决定不遵从

这类纳税人是对纳税相关事务完全不配合,持有这种态度的纳税人目的就是逃避纳税,逃避税务机关的监管,他们对政府征税十分抵触,对税务部门征税合法性质疑。这种风险主要是因为税务机构税收监管力度不足、社会压力不够,对纳税人不遵从行为没有形成强大的威慑与打击,其典型的表现为故意偷税、抗税、骗税以及恶意欠缴税款。

2. 税收征管风险

税收征管风险,是指税务机关和税务人员在执行税法时,因主观或客观因素造成税收征管的不确定性,其结果是造成税收的流失。从税务机关税收征管的角度看,具体存在以下几种风险。

1）税源监控管理风险

经济决定税源,税源直接影响税收。税源转变成为税收的程度与税务机关的监控能力具有密切的联系,税源监管能力强,其转化为税收的程度就高;反之,税源监管能力弱,其转化为税收的程度就低,税收流失可能性就高。从现实情况看,税务机关的税源监控能力还存在诸多的掣肘,比如征纳信息的不对称,税收管理理念和制度的不科学,税务人员的素质等,税源监控的能力有待加强。

2）税收执法过错风险

税收执法风险,是指税务机关及工作人员在执行税法过程中,由于执法不作为或执法不规范,侵犯了国家或税务管理相对人的合法权益,从而引发

需要承担相应法律后果的风险。从当前征管实际看,由于外部执法环境,如地方保护主义、政府干预等影响税务机关执法;从税务机关自身看,执法风险意识不强、管理制度流程缺陷、人员能力素质不高等都是引起执法风险的因素。

3）纳税服务风险

随着建设公共服务型政府力度的加大,纳税服务工作越发得到税务部门的重视,纳税服务与税收征管已经成为税收核心工作。纳税服务的理念、体系、方法、手段不断改进,纳税人满意度总体得到有效提高,但也应该看到当前纳税服务还不能满足纳税人多元化、个性化的需求,存在追求表面现象不重视效果的"被服务"现象,低水平、浅层次的纳税服务有待改进,纳税服务与税收征管还没有真正的融合。

4）税收安全风险

税收安全风险,是指税务机关在征税过程中,因经济发展、社会环境、国际政治、科学技术等因素造成税收收入持续稳定增长的不确定性。从经济发展与社会环境看,金融危机、自然灾害等都会对经济主体造成严重影响;从国际政治看,经济制裁、贸易壁垒甚至战争都会通过经济影响税收;从科学技术看,随着信息化建设不断深入,税收征管数据集中程度越来越高,数据分析利用能力大大增强,但与此同时,税收数据安全面临的风险也大为增加。

1.2.1.4 税收风险的成因

税收风险是政治、经济及环境等多方面因素共同作用的结果,研究税收风险的形成原因对于税收风险的识别至关重要。根据相关税收理论,结合我国税收实践,可以将税收风险的成因归结为如下几个方面。

1. 政策和制度因素

税收是政府部门为了筹集财政收入而组织的一项强制性、无偿性和固定性的活动,当纳税人的付出与政府提供的公共服务不对等时,税收的这三个特性使得税收风险不可避免,政府部门必须制定相应的政策、法律和规章制度来规范税收活动。因此,一定程度上,税收风险受制于国家的税收政策和法律制度。制度因素主要体现在三个方面:税收制度、纳税回报和税收法律。

1) 税收制度

亚当·斯密在《国富论》中提出了著名的税制四原则:税收公平、税收确定、税收便利和税收经济。其中税收公平原则占据了首要位置,而长期的税收实践也表明,税收制度的不公平和不合理容易导致纳税人的不满甚至产生对立情绪。税制公平合理主要体现在以下几个方面。

第一,税率和税负公平合理。税率和税负是否公平合理,是影响纳税遵从的重要因素。在我国的税收实践中,由于户籍、地域、所有制等的差异存在税率和税负不均衡的现象,带来了潜在的税收风险。

第二,纳税程序公正透明。税务机关在征管过程中程序的不透明、不公开、不公正或者对税收违法行为的处罚自由裁量权不统一等,都会造成纳税人产生抵触情绪,加剧征纳双方的紧张关系,进而影响纳税人遵从度的提高。

2) 纳税回报

税收的三个特性之一的无偿性是指政府获得税收收入后不再直接归还纳税人,也不需要向纳税人支付任何报酬,但并不意味着没有间接的回报。在税收征纳双方关系中,纳税人以向政府缴纳税款换取政府为其提供公共服务和公共产品,二者之间是一种契约型的交换关系,纳税人通过缴纳税款来享受政府提供的公共产品。然而,公共产品的非排他性使得这种交换关系对于社会中的每一个个体而言很难完全等价,当缴纳税款较多的纳税人感觉自己与缴纳税款较少的纳税人同等享有公共产品时,就会产生"不公平"感,当遵从度高的纳税人并没有享受到更优质的社会服务,就会导致心

理失衡。此外，如果政府对财政收入的使用不公开透明，或者财政支出违背纳税人的意愿等都会让纳税人觉得政府违背了公共财政契约，从而降低纳税遵从度。

3）税收法制

税收法制这一因素包含了税收立法、执法、司法和监督四个方面。

第一，在立法层面，税收法律法规是国家和政府取得税收收入的保障。税收法律法规越健全越完善，税收执行的实际结果偏离预期结果的程度越低，税收风险就越小。然而，事实上我国目前的税收制度尚有不完善之处，主要表现为税收法律体系的不完善、税制设计不合理、程序法中有关规定不够严密等问题。在我国现行税收法律体系中，税收法律只有《税收征管法》《企业所得税法》《个人所得税法》以及《车船税法》四部法律，其余税务部门执行的为国务院制定的行政法规、财政部和国家税务总局、海关制定的部门规章，以及其他各级税务机关指定的税收规范性文件，法律层级较低，刚性不足；当前实施的集中征管的税收征管模式，未能明确纳税人自主申报的主体责任以及促进税法遵从的根本宗旨，征纳双方权责不清，某些法律条款界定不明确使得可操作性不强，从而为纳税人不遵从行为创造了条件。此外，由于我国正处于经济变革阶段，税收相关政策制度都在不断变化和完善中，法律的不稳定也增加了税收风险。

第二，在执法层面，目前实务中仍然存在着依据不明、主体不清、程序不透明、处罚不公正和文书不规范等问题，越权执法和滥用执法自由裁量权的案例屡见不鲜。同时，还存在着税务官员不作为以及"人情税"等现象。

第三，在配套机制层面，与政策制度配套的监督机制的设立情况同样蕴藏着税收风险。具体地，比如纳税人在缴纳税款后如果无法监督税款的征收及使用情况或者这种监督机制不作为，就会影响公平性的实现，进而形成税收风险；再如，即便税法体系完整而执法机制不健全，奖惩机制不到位，使得纳税主体的遵从行为得不到合理的补偿，或者不遵从行为得不到应有的惩罚的话,税收风险就会产生。

2. 经济因素

1) 经济周期因素

根据经济周期理论,社会经济处于周期性运动过程中,当经济处于上升时期时,所有企业的预期收益都会提高,而税务机关也会逐渐放松对纳税活动的监管,甚至提供更多的优惠纳税条件,为纳税人提供相对宽松的纳税环境。而纳税人处于追求自身利益最大化和竞争压力较大的环境中,往往会利用宽松的纳税政策逃避纳税义务,潜在的税收风险逐渐积累成型。

2) 信息不对称

(1) 税收本质是对私人利益的让渡,从趋利的角度看,纳税人不会心甘情愿地遵从税法,会以自身利益最大化为目标尽量减轻税负,而税务部门总是以尽可能少的征税成本实现税收收入的最大化,由此形成了征纳双方的博弈。在这一税收博弈中,双方处于不同的地位,税务部门是政策制定者和权力拥有者,掌握着更多的税收信息,而纳税人拥有掌握自身实际运营方面的信息,税务部门无法获得纳税人的真实信息,双方信息不对称导致道德风险和逆向选择,以谋求自身利益最大化。一方面,对于理性的纳税人来说,是否诚实纳税取决于寻租的成本和收益,当偷逃税款的边际收益大于边际成本时,会选择不交税,或者通过税收筹划转移税负,由于纳税人和税务部门间的信息不对称,纳税人为了实现自身利益的最大化,会最大限度地降低税负;另一方面,税务部门可能会利用权力优势不作为以谋求私利。当税务人员渎职的收益大于风险时,他们可能选择不认真对待工作,同时他们也可能凭借对政策的熟悉,利用政策漏洞为自己谋利或产生寻租行为。

(2) 税收遵从成本。税收遵从成本是指纳税人在纳税活动中为承担纳税义务而付出的成本,从税收实践来看,遵从成本主要包括货币成本、时间成本、心理成本和税收筹划成本等。货币成本是指纳税人在纳税过程中的直接货币支出;时间成本是指纳税人为各种纳税事宜所花时间的价值;心理

成本是指纳税人认为自己的纳税行为没有得到相应报酬而产生的不满情绪或者担心误解税收规定可能会遭受处罚而产生的焦虑情绪。税收筹划成本是指纳税人为了在不违法的情况下尽量减小自己的纳税义务而组织人力进行税收规划而付出的代价。此外，税制自身与生俱来的复杂性和专业性，导致纳税人直观地理解及遵从税法不容易。因此，法律法规的复杂可能降低纳税人的税法遵从水平。当纳税人认为税收不遵从行为所带来的潜在法律风险和声誉风险等成本小于上述遵从成本，则会选不遵从，从而带来税收风险。

（3）企业管理因素。税法遵从需要纳税人具有良好的财务核算能力、税法理解能力和内部控制。税收风险与经营风险、法律风险、财务风险等都是构成纳税人风险的重要组成部分，重大税收风险甚至可能会影响企业正常经营，更为甚者会使企业难以生存下去，发生倒闭。纳税人一方面由于决策、管理层缺乏诚信纳税的意识以及足够的风险意识，少数纳税人还存在偷逃税收的侥幸心理；另一方面，如果财会人员职业道德和职业操守等制度约束不健全、不完善、不到位，会计信息失真的问题比较普遍、财务舞弊行为不时产生，也会带来较大税收风险。由于税收政策规定贯穿于企业投资决策、生产经营、利润分配以及重组改制、合并分立等企业生产、经营活动中，企业需要建立完善的内部控制机制来防范和发现包括税收风险在内的各类风险。而目前大多数企业尚未建立内部税务风险防控体系，没有将企业的经营活动与税收管理行为进行有效融合，缺乏系统控制、防范和化解税收风险的机制和能力。

3. 税收环境

税收环境因素包括国内环境、国际环境及意外情形下的环境。首先，国内税收环境好坏的一个重要判断标准是公民纳税意识的强弱。发达国家税收遵从率较高的一个重要因素是公民的纳税意识较强。所谓纳税意识，就是纳税人主观上对纳税义务的认可程度，如果纳税人不接受纳税义务，则在客观上表现为采取一定行动逃避纳税义务。其次,国际间为了争夺税源形成的税负差异在一定程度上给纳税人提供了避税机会,增大了税收风险。最后,意外事件,如战争、自然灾害等无法预见的情形有可能改变征纳双方的态度,造成应纳税额和实纳税额的差异。

1.2.2　税收风险管理概念

现代税收风险管理确立的税务机关努力的目标是提高纳税遵从度,因此税收风险体现在税收风险管理中,就是那些对提高纳税遵从度有负面影响及可能带来税收流失的各种可能性与不确定性。从而,税收风险可以从两个方面度量:一是税收风险的可能性,即纳税人带来税收收入流失的不遵从行为发生的概率;二是税收风险带来的损失程度,即发生纳税不遵从行为导致的税收收入流失的额度。

税收风险管理要求税务机关以风险为导向,识别出导致纳税不遵从行为的潜在因素,并制定相应的应对办法,减少甚至消除不遵从行为,最终实现提高税收遵从度,提高税收收入的组织目标。

1.2.3　在税收管理中引入风险管理的必要性

20 世纪 70 年代以来,新公共管理运动在西方发达国家兴起,税务部门不断改进税收征管策略,在征管手段上广泛应用信息技术加强涉税信息采集、利用,在机构设置上强调集约化、扁平化及机关实体化运作,对有限的资源进行合理配置和运用,以最小的税收征收成本获取最大收益,即税收流失率降到最低,实现税收风险降低和纳税遵从度的提升。因此,将风险管理和税收管理等管理科学理论相融合,在税收管理中引入风险管理成为税务部门必然选择。按照风险管理的基本方法,建立税收风险应对机制,对不同风

险的纳税人实施差异化的管理措施,将有限的征管资源优先用于高风险的管理对象,可以进一步增强税源管理的科学性、针对性与实效性。

经过多年的市场经济发展,我国经济规模不断增长,经济面貌不断多样化,税务机关面临的征管局面日益复杂,原有的户管员划片管户、以人盯人、以票管税、保姆式服务等管理方法,依靠个体经验方式来收集信息、判断情况、实施管理,管理的质量和水平就无法提高,税源控管能力不足的问题将不断显现,不但不能很好地解决纳税人遵从问题,而且会使税务机关与税务人员的执法风险与日俱增。具体表现如下。

1. 传统税收管理方式不适合新形势的需求

传统的税收管理模式基本上是采用人海战术,由税收管理员"人管户"的方式进行属地管户,但这种粗放的税源管理方式已难以适应新形势的要求。

一方面,随着经济全球化和我国社会主义市场经济的发展,劳动力、资本、技术等生产要素以空前的广度、强度和速度跨地区、跨国界扩张转移,经济规模和经济结构快速发展变化。作为市场主体的纳税人数量、组织结构、经营与核算方式发生了重大变化。经济的跨国化和与税收管理的属国化、经济活动的跨区域化与税源管理的属地化之间的矛盾日益突出,尤其是传统的税收管理员属地划片管户的税源管理方式,已难以适应经济形势的变化。在各地税务机关各自的征管范围之内,都有一些集团公司,其下属的分支机构或集团成员企业分布在各县、市、区,有的分布到其他省份,甚至是省外或国外;同样,税务机关也管理着一些分支机构或集团成员企业,其总机构又在外地、外省甚至在境外,从征管的现实角度看,存在着通常所说的看得见的管不着,管得着的看不见的问题。

另一方面,智慧地球、互联网、物联网、云计算等发展掀起新一轮信息技术革命,深刻影响着人类的生产生活方式。企业经营和管理电子化、智能化趋势日益明显,规模庞大、结构复杂的金融电子交易和电子商务不断增长。

而传统的人海战术、以票控税等管理手段已难以适应信息社会迅猛发展的现实。虽然税收征管数据已逐步实现总局、省局集中，信息技术也提供了高效处理信息的手段；但是相当一部分基层税收管理员仍依靠个体、手工等传统方式实施税源管理，信息应用水平较低。与之相对，纳税人，尤其是大型企业集团，却是高度的电子化，从管理、控制到财务、会计，甚至仓储、物流等都是通过信息系统实行团队化的专业处理。显然，只依靠各地基层税务人员对纳税人进行保姆式的管理和服务是不够的。

2. 征纳双方信息不对称现象日益突出

在社会政治、经济等活动中，一些成员拥有其他成员无法拥有的信息，由此造成信息不对称。税务机关和纳税人之间的信息不对称表现在两个方面：一是税务机关对税源监控乏力。纳税人了解自己的生产经营以及核算情况，知道自己的纳税能力，而税务机关相对于纳税人来说却是局外人，对纳税人的生产经营、会计核算信息知之不多。由于生产经营方式的多样性、银行结算方式的失控以及发票管理存在大量漏洞等多种因素，税务机关仅通过日常申报、下户巡查，无法完全掌握纳税人真实的生产经营情况和财务核算情况。有些不法分子正好利用这个便利条件进行多头核算、现金交易、账外经营，随意转移、隐藏收入，偷逃国家税款。二是纳税人对税收政策难以掌握。由于我国正处在经济社会高速变革发展的过程中，税收制度、税收政策变动也很频繁，而部分纳税人纳税能力相对较低，对税法、税收政策不能完全理解甚至根本不懂，加大了纳税人的纳税风险。大量的征管实践显示，一些纳税人不懂法、不守法的问题，常常是导致征纳双方之间出现摩擦或碰撞的主要原因。

3. 税务机关的资源难以满足征管工作的要求

当前税收征管中，纳税人数量激增，而基层税务机关工作人员数量却没有相应增加，大多数税源管理工作人员都感到任务较重，大部分时间都用于应付日常管理，对税源管理的深入分析和思考则显得力不从心，因此采取的

管理措施也没有针对性。全国纳税人数量也增长迅速,平均每年增长10%左右,2010年达到2 622.2万户。纳税人数量的大幅增长,导致税务机关人均管户大幅增加,根据统计,从事基层一线征管工作的人数共计46万人,其中税收管理员27.7万人,占37%,全国人均管户接近100户,沿海发达地区人均管户有的超过1 000户。随着经济的发展,有限的征管资源与纳税人数量日益增加的矛盾越来越突出,靠增加人力资源来加强税源管理已无可能性。另外,随着我国税收改革不断深化,对税务机关人员的素质要求越来越高,而现有税务人员的能力远远不能满足征管工作的高要求。传统的全面撒网、不分轻重的"牧羊式"管理方式对税源的控管缺乏针对性,造成税务机关资源的浪费。因此,将稀缺的资源进行优化配置,提高纳税遵从度,只有通过税收风险管理才能够解决。

4. 纳税成本居高不下

降低税收成本是税收管理的重要原则,国际货币基金组织提出了良好税制的五个特征:经济效率、管理简化、富有弹性、政治透明度高和公平。其中经济效率、管理简化和公平三个特征是最传统、最基本的优化税制要求。税制改革前的1993年,我国税收征收成本是3.12%,税制改革后征收成本逐年提高,目前已达到5%~6%。美国的税收征收成本是0.58%;新加坡的税收征收成本是0.95%;澳大利亚的税收征收成本是1.07%;日本的税收征收成本是1.13%;英国的税收征收成本是1.76%;在瑞典,即使是征收成本最高的所得税也仅为1.5%。因此中国税收管理从征收成本的角度看,是极其昂贵的。

由此可见,当前一方面是税收管理资源的严重不足,另一方面则是既有的管理资源没有得到优化配置和高效使用,造成了税收管理的高成本和低效率。解决这些突出问题,需要创新税收管理理念,突破传统税收管理思维,推行以税收风险管理为代表的科学有效的税收管理方式,以优化配置有限的征管资源,充分发挥信息数据的作用,实施有针对性的风险管控,提高征管质效。

5. "放管服"改革对税务机关提出了新要求

以简政放权、放管结合、优化服务为主要内容的政府职能转变是一场从理念到体制的深刻变革,是我国政府的自我革命。"放",政府下放行政权,减少没有法律依据和法律授权的行政权;理清多个部门重复管理的行政权。"管",政府部门创新和加强监管职能,利用新技术新体制加强监管体制创新。"服",转变政府职能减少政府对市场进行干预,将市场的事推向市场来决定,减少对市场主体过多的行政审批等行为,降低市场主体的市场运行的行政成本,促进市场主体的活力和创新能力。

"放管服"改革要求税务机关转变旧有的征管方式,以推行纳税人自主申报纳税、提供优质便捷办税服务为前提,以分类分级管理为基础,以税收风险管理为导向,以现代信息技术为依托,推进税收征管体制、机制和制度创新。这就要求税务机关建立有效的税收风险管理机制,对纳税人加强税法遵从度分析,应对税收流失风险,堵塞征管漏洞,对税务人加强征管努力度评价,防范执法和廉政风险,提高征管效能。适应"放管服"改革,需要对税源管理环节进行调整,变注重事前管理为科学细化事中、事后管理,也就是增强税收后续管理的及时性和针对性,研究税收管理资源如何围绕放在事中和事后两个环节开展工作。通过合理运用风险管理工具、深入分析、及时识别、有效应对、适时控制税收活动的各种风险因素就成为加强税收后续管理的必要和必须。

新的税收环境要求税收管理转向以税收风险管理为导向的管理方式,"风险导向"主要表现在以下几个方面:

(1)确立税收管理的"风险导向",就是明确"管理就是管理风险"的理念。在纳税征管的全过程中,自始至终关注风险,坚定执行风险管理的流程,把风险控制在可接受范围内。以风险管理为核心,全方位整合各项管理内容与各个管理体系,防止出现风险管理的死角。为此,要在组织内部培育

健康的风险意识,通过沟通使所有利益相关人统一风险语言。只有明确管理是管理风险的理念,才能把税务机关从纳税人管理的狭隘眼界中解放出来。

目前,呼吁增强风险意识已成为我国从中央到地方,从政府到企业,各个领域、各个层级的共同行动。国资委从 2006 年的"中央企业全面风险管理指引"到最近关于培育世界一流企业等一系列文件和提法,都始终强调培育风险意识的重要性,包括要以风险管理为核心提升中央企业管理水平。江苏省地税局提出的税源专业化管理的总体要求中也强调"以风险管理为导向,以信息管税为依托,以分级分类为基础,建立纳税服务、风险监控、风险应对的税源管理新体系"。这些都表明了"风险导向"理念的日益深入人心。

(2)确立税收管理的"风险导向",就是明确以风险评估为依据的决策原则。以风险的评估为依据,不仅是要求风险评估成为决策过程的一部分,而且更是要求风险评估的结果作为决策的依据。这就明确了决策过程中风险评估的目的和标准,避免了决策过程中风险评估的形式化和劣质化倾向。虽然现在税收征管改革过程中风险评估结果与实际稽查结果有差距,但是税收风险评估是一个不断修正、循环往复的流程,不能因为初期产生的偏差就将风险评估过程流于形式。

(3)确立税收管理的"风险导向",就是明确在组织架构、组织职能、流程确立和资源配置方面要满足风险管理的需要。现在的市场环境中,风险无处不在,瞬息万变,风险管理的需要是推动组织变革和业务模式转型的最根本的动力。要克服不利于管理风险的任何障碍,做到所有风险都有人负责管理,每一个人都负责管理风险,使组织始终处于应对风险的最佳状态。

(4)确立税收管理的"风险导向",就是明确不单纯以业绩结果评价管理的得失,即不以成败论英雄,而是把业绩的结果和业务操作过程中的风险结合起来综合评价管理。组织的生命的重要性应当超过任何阶段性的具体结果,因此在绩效考核时候不仅要看到阶段性的业绩,还要考虑组织为取得业绩承担的风险。

1.2.4　在税收管理中开展风险管理的可行性

税收风险管理虽然是一个引进国内不久的新理念、新方法，但将其应用于我们的税收工作已具备了一定的条件。

1. 中央深改方案的方向引领

2015 年年底，中央印发《深化国税、地税征管体制改革方案》（以下简称《方案》），提出了依法治税、便民办税、科学效能、协同共治、有序推进的改革原则，其中科学效能原则具体是指"以防范税收风险为导向，依托现代信息技术，转变税收征管方式，优化征管资源配置，加快税收征管科学化、信息化、国际化进程，提高税收征管质量和效率。"并就如何落实简政放权、放管结合、优化服务的要求，转变税收征管方式，提高税收征管效能，切实加强事中事后管理，对纳税人实施分类分级管理，提升大企业税收管理层级，建立自然人税收管理体系，加快税收信息系统建设，推进涉税信息共享等与税收风险管理有关的内容提出指导性意见。

《方案》描绘了构建科学严密税收征管体系的宏伟蓝图，为推进税收治理现代化指明了道路。以税收征管信息化平台为依托、以风险管理为导向、以分类分级管理为基础，推进征管资源合理有效配置，实现外部纳税遵从风险分级可控、内部主观努力程度量化可考的现代税收征管方式，是税收征管体制改革的方向。

2. 国家税务总局不断推进税收风险管理工作

2012 年 7 月底，国家税务总局召开了全国税务系统深化征管改革工作会议，明确提出了当前和今后一个时期深化征管改革的基本思路，即逐步构建"以明晰征纳双方权利和义务为前提，以实施税收风险管理为主线，以推行专业化管理为基础，以信息化为支撑，以加强重点税源管理为着力点"的

现代化税收征管体系。

2014 年,《国家税务总局关于加强税收风险管理工作的意见》强调了开展税收风险管理对税收工作的重要意义,明确了税收风险管理的工作内容和总体流程,划分了税务总局、省税务机关、市县税务机关在税收风险管理工作中的职责,建立起纵向联动、横向互动的工作机制。

2016 年,《国家税务总局关于进一步加强税收风险管理工作的通知》再次强调了新形势下税收风险管理工作的重要性,明确和细化了税务总局和省税务机关的税收风险管理职责及工作机制,确定了近阶段税收风险管理工作的重点内容。

2017 年,《国家税务总局关于转变税收征管方式提高税收征管效能的指导意见》就如何落实"放管服"改革要求转变税收征管方式,提出要"实现事前审核向事中事后监管、固定管户向分类分级管户、无差别管理向风险管理、经验管理向大数据管理"的四个转变。对税收风险管理在"四个转变"的作用,以及如何建立严密高效的税收风险管理运行机制进行了详细论述。

3. 信息化建设提供的技术支撑

近些年,各地税务机关的信息化水平不断提高,相当多省份在前些年实现了税收数据的省级大集中,为税务机关开展税收数据治理和大数据应用积累了经验。近年成功上线的金税三期税收管理系统,具有全国应用大集中、国地税统一版本、数据标准统一规范等特点,为实现全国统一执法、统一征管数据监控、统一纳税服务、统一管理决策奠定了坚实基础。与此同时,政府部门间信息交换机制和互联网涉税信息采集技术都得到了长足发展,这些都使得税务机关能够以大数据应用为手段,开展税收风险管理。

4. 国外先进经验的借鉴

美国最早在税务审计中引入税收风险管理。美国的税务审计人员在对中小企业的税务审计中,充分运用现代信息技术,对风险识别、风险评估、风险处理和风险反馈等方法进行量化管理,及时查找和发现纳税人的风险,并利用各种模型对风险等级高低进行评定，从中找出最需要实施税务审计的纳税人以及审计事项、内容或重点。这种行之有效的方法，后来逐步扩大应用到大企业的税务审计中。

经济合作与发展组织（OCED）和欧盟委员会（EU）对税收风险管理的概念内涵、影响因素、方法程序等进行理论化与系统化的归纳与总结，形成税收风险管理相关工作指引，是将风险管理的一般原理应用到整个税收管理中去，以此来改善稀缺资源的合理配置，实现最优化的税收遵从战略，推动了税收风险管理的发展。目前在 OECD 国家中，已有超过 2/3 实行了税收风险管理，并取得了很好的成效。我国经济体系也在不断地与国际接轨，因此，我国完全可以在税收管理中引入税收风险管理体系，实行以风险管理为导向的税收征管工作。

1.2.5 税收风险管理管理体系

为实现税收风险管理的目标和规划，需要建立起有效的税收风险管理体系，在组织构架、岗位职责和人力资源等方面做出合理的安排。税务机关因地制宜，统筹安排管理资源，按照统分结合、分类分级应对的原则，合理划分各层级和各部门在税收风险管理工作中的职责，形成纵向联动、横向互动的工作机制，做到职责清晰、分工明确、运行顺畅。

1. 明确组织架构

明确国家税务总局、基层税务机关及在两者之间层级税务机关间的职责划分。国税总局负责指导全国范围内的税收风险管理工作，组织制定税收风险管理战略规划、制定税收风险管理工作规程、制定税收风险过程监控和效果评价标准并实施监控与评价、组织开展特定领域的税收风险分析和应对任务推送。省税务机关制定本地税收风险管理战略规划和年度计划，开展风险分析，建立税收风险管理模型和指标体系，形成本地风险特征库，并对风险纳税

人进行等级排序,推送应对任务并实施过程监控及效果评价。市、县税务机关重点做好税收风险应对工作,必要时,也可以组织开展风险分析识别工作。

2. 明确岗位职责

明确各层级税收风险管理领导小组及其办公室的职责,按照横向互动、纵向联动的原则建立起其与各业务部门、上下级单位间的衔接、协调机制。建立税收风险快速响应机制、风险协作机制,有效开展风险分析,整合风险应对任务,统筹组织风险应对,强化国地税风险管理信息互通、管理互助和协同应对。

3. 配置人力资源

明确风险规划岗、风险分析岗、风险应对处置岗、监控及评价岗等不同岗位不同的人力资源配置要求、后续培养规划等,使税收风险管理能够顺畅、有效运行。进一步加大各类管理人才的培养力度,充分发挥税收风险管理领军人才和专业人才库人才的引领作用,为有效实施税收风险管理奠定人力资源基础。

1.2.6 税收风险管理基本流程

税收风险管理的基本内容包括目标规划、信息收集、风险识别、等级排序、风险应对、过程监控和评价反馈,以及通过评价成果应用于规划目标的修订校正,从而形成良性互动、持续改进的管理闭环。具体如图 1-4 所示。

1. 目标规划

结合税收形势和外部环境,确定税收风险管理工作重点、工作措施和实施步骤,形成系统性、全局性的战略规划和年度计划,统领和指导税收风险管理工作。

2. 信息收集

落实信息管税的工作思路,挖掘和利用内外部涉税信息,作为税收风险

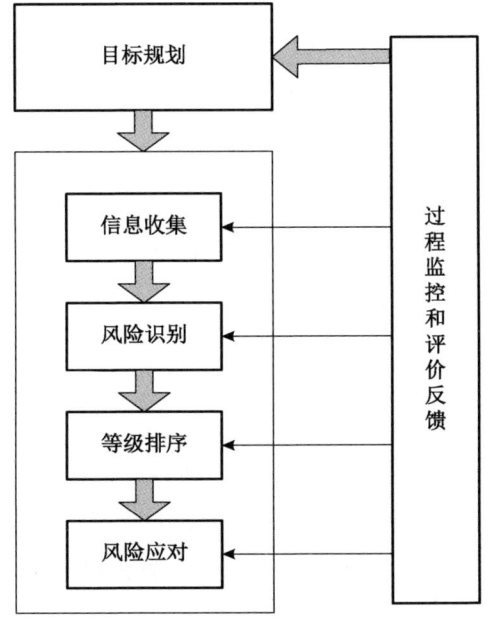

图 1-4　税收风险管理基本流程

管理工作的基础。收集的涉税信息包括宏观经济信息、第三方涉税信息、企业财务信息、生产经营信息、纳税申报信息等不同来源、不同形式的信息。税务机关建立企业基础信息库,并定期予以更新。对于集团性大企业,还要注重收集集团总部信息。

3. 风险识别

建立覆盖税收征管全流程、各环节、各税种、各行业的风险识别指标体系、风险特征库和分析模型等风险分析工具。统筹安排风险识别工作,运用风险分析工具,对纳税人的涉税信息进行扫描、分析和识别,找出容易发生风险的领域、环节或纳税人群体,为税收风险管理提供精准指向和具体对象。

4. 等级排序

根据风险识别结果,建立风险纳税人库,按纳税人归集风险点,综合评

定纳税人的风险分值,并进行等级排序,确定每个纳税人的风险等级。结合征管资源和专业人员的配置情况,按照风险等级由高到低合理确定需采取措施的应对任务数量。

5. 风险应对

按纳税人区域、规模和特定事项等要素,合理确定风险应对层级和承办部门。在风险应对过程中,可采取风险提醒、纳税评估、税务审计、反避税调查、税务稽查等差异化应对手段。

6. 过程监控及评价反馈

对税收风险管理全过程实施有效监控,建立健全考核评价机制,及时监控和通报各环节的运行情况,并对风险识别的科学性和针对性、风险等级排序的准确性、风险应对措施的有效性等进行效果评价。加强对过程监控和评价结果的应用,优化识别指标和模型,完善管理措施,提出政策调整建议,实现持续改进。

第 2 章

税收风险管理的组织架构和制度建设

组织的内部环境是其他风险管理要素的基础,影响组织活动的控制和执行。税务机关内部环境最重要的是税收机构的设置和税收风险管理制度体系的建设,就是按照风险管理的本质要求合理设置税务机构,风险管理基本流程与税收管理流程高度融合形成税收风险管理的制度体系,保证税收风险管理活动的顺畅执行。

 2.1 税收风险管理组织架构

2.1.1 组织架构的定义

组织架构是组织的全体成员为实现组织目标,在管理工作中进行分工协作,在职务范围、责任、权利方面所形成的结构体系,即机构设置和权责分配。

2.1.2 影响组织架构的因素

组织架构设计是有效实施组织管理职能的前提条件,组织的任何活动

均是在其所处的内外部环境中运行的,组织内外的各种变化因素都会对组织设计产生重大作用。成刚(2002)将影响组织设计的因素归纳为组织规模、组织战略、组织环境、技术因素、权力控制等五个方面。由于组织所处的环境、采用的技术、制定的战略、发展的规模以及权力的分配等情况不同,所需的职务和部门及其相互关系也不同,因而组织设计的方式也必然存在各种差异。但是,管理学理论认为,无论影响组织设计的因素存在何种差异,有效的组织设计都应当遵循一定原则,这些原则有助于提高组织设计的效率和效果,为组织设计提供强有力的指导。

2.1.3　管理学视角下的组织设计原则

1. 因事设职与因人设职相结合的原则

组织设计的根本目的是为了保证组织目标的实现,使组织目标的每项内容都落实到具体的岗位和部门,即"事事有人做",而非"人人有事做"。因此,在组织设计中,逻辑性要求首先要考虑工作的特点和需求,要求因事设职,因职用人。但这并不意味着组织设计中可以忽略人的因素,在构建初期或人力资源紧缺时,组织设计过程中必须重视人的因素。

2. 权责对等的原则

组织中每个部门和职务都必须完成规定的工作。从事活动都需要利用一定的人、财、物等资源。因此,为了保证"事事有人做""事事都能正确地做好",则不仅要明确各个部门的任务和责任,在组织设计中,还要规定相应取得和利用人力、物力、财力以及信息等工作条件的权利。没有明确的权利,或者权利的应用范围小于工作的要求,则可能使责任无法履行,任务无法完成。当然,对等的权责,也意味着赋予某个部门或岗位的权利不能超过其应负的职责。权利大于工作的要求,虽能保证任务的完成,但会导致不负责任地滥用,甚至会危及整个组织系统的运行。

3. 权责统一的原则

除了位于组织金字塔顶部的最高行政指挥外,组织中的所有其他成员在工作中都会受到来自上级或者负责人的命令,根据上级的指令开始或结束、进行或调整、修正或废止自己的工作。但是,一个下属如果同时接受两个上司的指导,而这些上司的指令相互矛盾,下属便会感到无所适从。因此,组织中的任何成员只能接受一个上司的领导。

2.1.4　组织架构设计要素

2.1.4.1　管理结构与管理层次

组织的最高主管因受到时间和精力的限制,需委托一定数量的人分担其管理工作。委托的结果是减少他必须直接从事的业务工作量,与此同时,也增加了他协调受托人之间关系的工作量。因此,任何主管能够直接有效地指导和监督的下属数量总是有限的。这个有限的直接领导的下属数量被称作管理幅度。

由于同样的因素,最高主管的受托人也需将受托担任的部分管理工作,再委托给另一些人来协助进行,并依此类推下去,直到受托人能直接安排和协调组织成员的具体业务活动。由此形成组织中最高主管到具体工作人员之间的不同管理层次。

显然,管理层次受到组织规模和管理幅度的影响,它与组织规模成正比:组织规模越大,包括的成员越多,则层次越多;在组织规模已定的条件下,它与管理幅度成反比,直接控制的下属越多,管理层次越少,相反,管理幅度减小,则管理层次增加。

管理层次与管理幅度的反比关系,决定了两种基本的管理组织结构形态:扁平结构形态和锥形结构形态。

1. 扁平结构

扁平结构是指在组织规模已定的条件下、管理幅度较大、管理层次较少的一种组织形态。这种形态的优点是：由于层次少，信息传递速度快，从而可以使高层尽快发现信息所反映的问题，并及时采取相应的纠偏措施；由于信息传递的层次少，传递过程中失真的可能性也较小；此外，较大的管理幅度使主管人员对下属不可能控制得过死，从而有利于下属主动性和首创精神的发挥。过大的管理幅度也会带来一些局限性：比如主管不能对每位下属进行充分、有效的指导和监督；每个主管从较多的下属那儿取得信息，众多的信息量可能淹没了其中最重要、最有价值的部分，从而可能影响信息的及时利用等等。

2. 锥形结构

锥形结构是管理幅度较小，管理层次较多的高、尖、细的金字塔形态。其优点与局限性正好与扁平结构相反：较小的管理幅度，可以使每位主管仔细地研究从每个下属那儿得到的有限信息，并对每个下属进行详尽的指导。但过多的管理层次也会带来一定的负面影响：

（1）影响信息从基层传到高层的速度，且由于层次太多，每次传递都被各层主管加进自己的理解和认识，从而可能使信息在传递过程中失真。

（2）各层主管感到自己在组织中的地位相对渺小，从而影响积极性的发挥。

（3）往往容易使计划的控制工作更加复杂。

组织设计要尽可能地综合两种基本组织结构形态的优势，克服他们的局限性。

2.1.4.2 集权与分权

集权与分权，是描述决策权在组织指挥链上的分布情况的一对概念。权力较多地集中在组织的高层，即为集权；权力较多地下放给基层，则为分权。职权的集中和分散是一种趋向性，是一种相对的状态。现实中没有绝对的集权与分权。

集权有利于组织实现统一指挥、协调工作和更为有效的控制；另一方面会加重上层管理者的负担，从而影响决策质量，且不利于调动下属积极性。

分权的优缺点则正好与集权相反。权力的分散可以通过两个途径来实现：组织设计中的权力分配（即制度分权）与主管人员在工作中的授权。制度分权，是在组织设计时，考虑到组织规模和组织活动的特征，在工作分析、职务和部门设计的基础上，根据各岗位工作任务的要求，规定必要的职责和权限。授权，则是在实际工作中，担任一定管理职务的领导者为充分利用专门人才的知识和技能，或在新增业务的情况下，将部分解决问题、处理新增业务的权力，委任给某个或某些下属。

作为分权的两种途径，制度分权和授权是互相补充的：组织设计中难以详细规定某项职权的运用，难以预料每个管理岗位上工作人员的能力，同时也难以预测每个管理部门可能出现的新问题，因此，需要各层次领导者在工作中的授权来补充。

2.1.5　税务机构内部设置原则

全面风险管理导向下税务机构的设置，需要按照风险管理的内在要求，既包括机构规模、组织结构的设置，也包括其内部流程的设计，它既是一种静态结构的设计，也是一种动态流程的设计。总的来看，税务机构的内部设置应与社会环境相适应、应有利于实现规模效应，同时还要以风险管理为导向，以纳税人为中心，充分发挥新技术、新方法在税收征管中的作用。

1. 有利于发挥规模效应，实现税收成本的最小化

税收的效率原则，是税收当中必须要遵循的原则，它包括两个方面：一是税收的征收要起到促进经济发展的作用，而不是阻碍生产力的发展，即经

济效率原则;二是指最少税收成本原则,包括征税的行政费用和纳税人的纳税费用最低两个方面。要使税收征纳双方的成本最低,客观上必然要求税收征收管理渠道、方式、手续、征收地点的简便。因此,税务机构的设置,以充分发挥规模效应,最大限度地降低征纳双方的成本,从而促进税收效率的提升。从这一角度出发,税务机构的设置应主要着眼于如何使机构得到精简、如何降低税收成本、如何能方便纳税人纳税等问题。

2. 以管理流程为导向,以纳税人为中心

从公共管理的角度看,税务机构的设置应体现以流程为导向、以纳税人为中心这一原则。起源于英国的新公共运动为发达国家政府机构改革提供了借鉴,新公共运动当中很重要的一条就是政府机构应按企业化管理,应以结果为导向来进行机构绩效的评价。税务机构作为特殊的政府机构,也应该遵循这种原则,以结果为导向,以满足纳税人的需求作为机构设置的目标。在这方面,美国学者拉塞尔·M林登提出的"无缝隙组织"可用于税务机构设置的借鉴。所谓"无缝隙组织",就是以顾客为导向,行动快速并且能够提供品种繁多和个性化的产品和服务,从而最大限度地使顾客满意的组织。打造无缝隙组织的基本原则有:

(1)围绕结果(顾客、产品、过程)而不是按职能进行组织设计。简单易操作或联系紧密的工作尽量不要分为多个环节由多个部门分别执掌,而应由一个人或一个部门执掌,尽量将服务对象相同的部门集合起来,方便服务对象。

(2)综合执法,将分散在多个部门的简易执法权相对集中到一个部门,既能减少部门之间相互牵制,又能加强执法力量。

(3)把后阶段的信息反馈到前阶段,围绕需求和结果设计工作流程。

(4)在源头处一次捕捉信息,尽量避免多头收集信息。

(5)共建共享信息平台。根据上述原则,从最大限度满足纳税人需求的角度来看,税务机构的设置应该体现出如何以结果为导向、如何设置内部工作流程才能方便纳税人纳税、如何构建信息共享平台才能方便纳税管理等征税理念。

3. 有利于适应环境的不确定性

税务机构的设置是税收管理的重要内容,因而与税收管理本身一样,必然受到社会环境的影响,也必须适应社会环境的变化。

一方面,税务机构的设置必须与政治体制、社会文化等政治、经济、社会、文化环境状况相适应。作为一种特殊的行政机构设置,税务机构根植于整个国家的行政体制框架之内,与一国的经济、社会、文化传统息息相关,因此,税务机构的设置只有与一国的政治体制以及传统文化等非制度因素相适应,才能发挥其最大的作用。所以,在考虑税务机构设置时,必须充分考虑行政体制的集权程度以及社会文化等多方面因素。

另一方面,税务机构设置必须随着社会环境的变化而进行相应的变革。目前,政府机构所面对的环境比以往任何时期都更具有动态和不确定性,传统的官僚制组织必然无法适应,取而代之的应该是一种充满弹性化的组织结构,税务机构也不例外。根据斯泰西的说法,弹性化组织,指的是一种扁平化的组织结构,以此去除中层管理者和扩大控制幅度以改善垂直的沟通,管理者的角色不再是指挥与控制,而是教导与树立榜样。因此,为适应国内政治、经济形势和税收征管手段的快速发展,税务机构的设置也应做相应调整,应该建立一种对周围环境敏感性更强的税务机构,弹性化组织理论恰恰给了我们一定的指导意义。

4. 充分发挥新技术和新管理方法的作用

信息化具有穿透时空,打破行政层次和部门界限的功能,不仅带来流程的改变,也为流程的再设计提供了支撑。因此,税务机构的设置应有利于新技术、新的管理方法的应用。在充分利用现代技术进行信息化建设的基础上,应当充分运用流程再造理论,按照信息化的内在规律,对现有建立在计算机模拟手工操作、依靠纸质传递基础之上的流程进行再设计,并建立以流

程为导向的扁平化的组织机构,使之与信息化的要求相适应,充分发挥信息化的效用。

2.1.6 常见的税务机关组织结构

近10年来,各国税务部门的组织结构的发展变化有一个明显的趋势。概括地说,就是经历了从一个基于"税种类型"标准的模式转变为基于"功能型"标准的税务管理组织机构的发展变化过程。最近,又出现一种向"纳税人类型"模式的发展趋势。

2.1.6.1 按税种类型设置税务管理机构模式

按税种设置税务管理机构是历史最悠久、最常见的税务管理组织结构,类似于以产品为基础的组织模式。按照这种组织模式,企业要建立不同的部门,每一部门负责与特定产品生产有关的全部活动。依次推理,在这种模式下税务机关下设有关部门,管理不同类型的税种。其主要特点是,每一个执法主体单位负责它所管辖税种的全部管理职能。

1. 主要优势

可以对每个税种都建立起明确的责任和有效的监控措施,对于应加强管理某一税种有关的任何责任都可以直接追查到相关部门的责任人;反之,相关部门的责任人则有权代表整个管理机构来处理所出现的问题。这种体制可以使税务管理部门能够对不断变化的环境,迅速做出反应,研究制定最适合税种管理要求的工作方案,对于财政状况不稳定的地区来说特别有利。然而,实际情况是税务管理者的精力,主要集中于税收收入任务的完成上,而不在设计适应每一税种要求得更为完善的管理程序的长期改革上。只要收入任务完成了,管理者就很少会过问这些任务是如何完成的,更不会考虑如何提高税务部门工作效率的问题。

2. 主要缺陷

（1）由于管理职能在税务部门之间有交叉重复，这种体制会导致较高的管理成本和较低的工作效率，使全面检查纳税人缴纳各项税款的工作复杂化，难以与社会发展相适应形成规模经济。

（2）不同的税种管理部门有各自的管理程序，使得纳税人不得不同多个税务部门打交道，导致纳税人承担较高的纳税成本。这种组织形式导致的纳税成本，因纳税人经营规模的不同而不同，特别是对于规模较小的纳税人来说，这种纳税成本更不堪重负。

（3）每一个部门相对独立于其他部门开展工作，在每一个部门内部，执行不同管理职能的工作人员都会有比较密切的相互联系，这就弱化了监督制约机制，易使纳税人与税务工作人员融为一体相互利用，而被查处的风险又不大。

综上所述，按税种类型设置模式的潜在缺陷显然超过其优势。

2.1.6.2　按职能设置税务管理机构模式

按职能设置的基本特征是工作人员按照一个部门的基本职能或工作流程组织在一起。在企业中这种分组与基本的管理职能或一项特定业务活动有关，例如制造业企业中的设计活动和生产活动。就税务管理而言，是针对所有税种建立相对独立的部门来执行每一种主要的管理职能，如负责纳税申报和征收税款（征收局）、税务检查（稽查局）、日常管理（管理局）。按照这种模式，每一个职能部门都由一个直接对税务管理者负责的主管来领导。

1. 主要优势

（1）通过独立设置的部门来处理每一个税务事项行为，有助于促进纳税人依法纳税。部门的工作人员被指派负责管理一项特定的涉及所有税种的管理职责，而不是像在按税种类型设置模式那样只负责某一类税种的全部职能，使税务管理的重点放在强化其职能的落实上。税务部门会更容易

推动全面促使纳税人依法纳税、全面检查纳税人缴纳各项税款和追缴拖欠税款等工作。由于经济处在发展中地区的纳税人自觉纳税的意识较差,税务管理职能设计的不完善且实现的不到位,这些优势相对而言,显得格外重要。

(2)避免了按税种类型设置机构时,因管理职能在每个税务部门内重复设置而效率低的问题的出现,提高劳动生产率,降低税收征管成本。例如,按职能设置机构可以将所有纳税申报和缴税事宜放在一个单独的专门部门而不是多个部门去处理。由于在集中处理大量业务时,有些技术的使用会更节省,有些工作会更有效率,能够充分发挥业务熟练人员的作用,有助于形成规模经济。面对纳税人数量的急剧增长,业务熟练人员相对而言严重短缺,工作效率的提高显然是非常重要。

(3)由于一个职能部门的工作对另外一个职能部门的工作形成约束,工作人员强化了自我检查的意识。比较在按税种设置机构情况下所有职权集中于一个单独的税务部门而言,虽然这种制度本身不能彻底消除违纪违法行为,但纳税人与某个部门某一税务人员的任何勾结行为都有被其他部门的税务人员在正常管理活动中发现的危险,所以可以减少纳税人与税务工作者之间相互利用发生违法违纪行为的机会,保证完整统一地执行税收政策。

2. 主要缺陷

每个独立的职能部门,都只集中管理纳税人纳税事宜的一个狭窄方面,而且经常与其他部门的管理活动脱节,这种管理的分离会导致给予纳税人的服务跟不上。因此需要一个能够把各种税务管理职能统一起来的综合协调部门。

2.1.6.3 按纳税人类型设置税务管理机构模式

在企业是按客户类型设置机构的,它把职员分配到不同的单位,每个单位都负责特别的客户群体。近年来,按客户类型设置机构在政府部门和企业已日趋流行。税务管理者采取这一模式,把工作人员分配到不同的部门,分别为依据纳税人的经营规模、所有制形式或经济部门来划分的特定纳税人群体提供全面的管理服务。

这种模式早期的运用主要是为了确保对重点税源户实行严密监控,对于纳税人需要的服务重视不够。只是在最近几年,这种模式的应用才有了根本性的转变,在发达国家的税务管理者开始把纳税人看作是他们的"顾客",并努力使税务管理工作适应各类不同的纳税人。

1. 主要优势

(1) 强调了实现工作目标所应负的责任。在按照职能设置机构的情况下,由于有许多目标在几个职能部门的职责划分中都有交叉,管理者为提高工作效率、实现工作目标就不太容易分配职责。而按纳税人类型设置机构,通过在每个部门与指定的纳税人群体之间建立起一种直接联系可以解决这个问题。这种方式比较容易评价部门的工作业绩。

(2) 有助于税务管理者根据对各种类型纳税人群体征税的风险程度来分配各种资源。如设置一个"大户纳税人"管理部门——重点税源管理局,来严密监控那些数量相对较少而税款收入数却占一个地区税收收入总额最大比例的纳税人。这种安排为组织税收收入提供了保障,可以形成一支税务骨干队伍,也可以改善一个地区的纳税和投资环境。

(3) 由于每个部门都被授权管理一个特定的纳税人群体,并且被赋予了全面行使管理职能的职权,所以可以使税务管理者针对不同类型纳税人群体履行纳税义务的状况寻找税收强制和纳税教育活动的最佳结合点,更好地制定和实施工作计划。该体制具有为纳税人提供优质服务和使纳税人更好地自觉履行纳税义务的作用。

2. 主要缺陷

(1) 造成统一职能在各个部门中的重复,从而导致管理成本的增加。

在发达国家的税务机关是通过把一些共同的职能划归一个部门,并通过非组织性措施(如鼓励纳税人以电子方式申报纳税),来控制管理成本增长的。

(2) 按纳税人类型设置机构的成功与否,在很大程度上取决于是否有高素质的管理和技术人才。然而,由于高素质的人才通常是许多税务部门最缺乏的资源之一,把数量较少的高素质人才分散在各个部门中只能使其变得更加势单力薄,所以并不是所有税务部门都能够满足这一苛刻要求的。没有足够数量的高素质人才,要采用按客户类型设置机构的模式,肯定不会提高纳税人的纳税服从程度,反而有可能导致纳税人的纳税服从程度下降。

(3) 这种模式使得各部门的自主权很大,可能导致在不同纳税人群体中执行税法的不一致性,或者会出现腐败现象,从而削弱纳税人对税法公平的信任程度,导致其自觉履行纳税义务程度的降低。要避免这些问题,就必须建立严格的内部审计制度和监督制约机制。

2.1.7 风险管理框架下的税务组织机构设置

为了深入贯彻落实党的十九大精神,建立适应社会主义市场经济发展和税制改革要求、符合我国国情以及国际税收发展趋势的现代化税收征管体系,确保税收各项职能作用的充分发挥,在 1997 年以来征管改革实践的基础上,进一步深化税收征管改革。

对于组织机构建设方面,提出了"以专业化为特征"改革建议:按照构建现代化税收征管体系的要求,调整机构、配置资源,进一步转变职能、理顺关系、优化结构、提高效能。要适应实施风险管理和推行税收专业化管理的需要,按照纳税服务、税收风险分析监控、纳税评估、税务稽查等重点涉税事项配齐配强纳税遵从管理机构,适当提升管理层级,合理配置工作职责,逐步使各级税务机关都成为税收服务和管理的实体。

这就需要按照风险管理的基本理论框架和内在要求,结合我国的实际情况,重新定位税收机构的设置和职能配置。税收征管流程重组必须经过职责再明确、权力再分配、流程再简化、资源再配置的过程。"职责再明确"就是要解决税收征管机构内部权责不明的弊病,杜绝职能交叉重叠和管理真空的现象,完善管事制。"权力再分配"就是在以流程为导向的变革中,对部分职能部门的职权进行合理再分配,杜绝部门职权过于集中和职权过于单调,使得权、责、力在各职能部门中分配更加合理。"流程再简化"就是在现有征管流程的基础上,以纳税人满意度为目标,以信息化系统为依托,尽量简化工作流程,以效率为主要的度量标准,保证履行税务机关对外的服务承诺。"资源再配置"就是以优化和简化的工作流为链条,重新配置人力、财力和物力等资源,以保证税收征管流程重组的效果。

2.1.7.1　税收征管流程重组的理论基础

由"管理型"政府向"服务型"政府转变是许多国家政府机构改革的重要目标之一,税务机构的改革也不例外。提供公共服务是"服务型"政府的重要职责,包括为各种市场主体提供良好的发展环境与平等竞争的条件,为社会提供安全和公共产品,为劳动者提供就业机会和社会保障服务等方面。对于"服务型"政府而言,社会公众(包括个人和团体组织)就成了政府的"客户"。不同于企业的是,政府对"客户"除了有服务的职责之外,还有行政管理的责权。这一点在税务机构体现最为明显:税务机构是政府"拿人钱财"(从公众获取税收收入)、"替人消灾"(为公众提供公共服务)的重要载体,同时又担负着行政管理的职责。因此,在"服务型"政府的框架下,如何以"客户"为导向再造税务机构的内部流程,切实提高对"客户"的服务水平,成为税务机构内部组织设置的重中之重。

"流程再造"由曾任美国麻省理工学院计算机教授的哈默博士首次提出,其基本内涵包括:

(1) 充分利用信息技术,注重信息技术和人的有机结合,重新设计业务

流程。利用信息技术协调分散与集中的矛盾,将串行工作流程改造为并行工作流程。

(2)运营机制以流程为主,以顾客为导向,突出全局最优,不是局部尽可能实现信息的一次处理与共享使用机制。

(3)建立面向流程的扁平化的组织结构,压缩管理层级,缩短高层管理者与员工、顾客的距离,更好地获取意见和需求,及时调整经营决策,改变职能导向下层次过多、效率较低的弊端。

(4)运营机制以流程为主,以顾客为导向,突出全局最优,不是局部最优。

(5)人员按流程安排,不是按职能安排,实施团队式管理。

(6)沟通突出水平方向,不是垂直方向。

税收征管流程重组需要借鉴国际通行的业务流程重组概念,其表现在税务机构的设置中即为:建立以风险管理流程为导向、以纳税人为中心的业务流程,并从流程管理的角度优化、简化和整合职能机构。

一是必须坚持依法治税和优质服务的统一。依法治税和优质服务是税务机关的两项基本职责。依法治税的过程同时也是纳税服务的过程,税务机关打击税收违法犯罪的行为实际上是为守法经营的纳税人营造公平纳税的环境,是税务机关提供另一种形式的纳税服务。税收征管流程重组是一项系统工程,应从提高纳税服务水平、完善纳税服务体系的目的出发,重组税收征管流程,促进依法治税;同时,必须坚持以纳税人为中心,使纳税人在履行纳税义务的过程中享受到高质量服务,包括纳税人援助、填写纳税人申报表、缴税征收、税务稽查等行为。

二是要充分发挥信息技术的优势。税收征管流程重组受信息技术的推动,服务于税收征管。税收征管数据的信息化是征管业务重组的信息技术基础。因此,我们必须改变传统的思维方式,充分利用信息技术的作用和威力,首先做到税收征管数据管理的规范和集中,同时要致力于数据向信息的转化,提高辅助决策水平,解放手工劳动。应利用互联网技术完善网上政务功能,通过实行网上申报纳税、文书受理、交互式的税务咨询等纳税体系,努力建立"电子税务局"。

三是要遵循循序渐进的原则。税收征管流程重组不是对现有业务流程进行局部调整、改革,而是根本性的、彻底的重新设计和组合,因此要做好充分的准备工作。同时,流程重组也是一个系统工程,不可能一蹴而就,需要各级税务机关循序渐进地进行质量改进。首先,是要摸清征管流程现状,选择需要重组的流程。并非每一个税收征管业务流程都需要重组,其选择的标准可以分为:从功能障碍看,哪些征管流程问题最大? 看流程每个节点的实质:哪些流程已经流于表面化? 看重要性:哪些流程对纳税人服务的影响最大? 看可行性:哪些流程最适宜于进行重组? 看技术手段:哪些征管业务流程的审核环节可以由信息系统提供辅助决策? 税务机关主要是解决内部征管流程的重组,对于法规规定的流程框架仍需要遵从,对上级规定的业务流程的变更应取得相应的审批手续。其次,全体工作人员必须对税收征管流程重组形成共识。征管流程的重组将涉及各级税务人员工作职责的变化,也会涉及权力和资源的重新调配,因此一定要形成统一的认识。再次,要建立强有力的重组组织机构,具体分析现有的程序,进行诊断,提出重组方案,并实施。

2.1.7.2　我国目前风险管理的组织架构和工作机制

各级税务机关因地制宜,统筹安排管理资源,按照统分结合、分类分级应对的原则,合理划分各层级和各部门在税收风险管理工作中的职责,形成纵向联动、横向互动的工作机制,做到职责清晰、分工明确、运行顺畅。

1. 税务总局

税务总局成立税收风险管理工作领导小组(以下简称领导小组),下设领导小组办公室(以下简称办公室),办公室设在征管科技司。

1) 领导小组

领导小组组长由税务总局主要负责人担任,分管局领导任副组长。领导小组成员为办公厅、法规司、货物劳务税司、所得税司、财产行为税司、国际税务司、规划核算司、纳税服务司、征管科技司、大企业管理司、稽查局、人事司、电子税务中心主要负责人。

领导小组负责审议决定税收风险管理战略规划、风险管理年度计划、风险管理年度报告以及风险管理其他重大事项。

2) 办公室

办公室主任一般由总局领导兼任,征管科技司和大企业管理司主要负责人担任副主任,成员包括办公厅、法规司、货物劳务税司、所得税司、财产行为税司、国际税务司、规划核算司、纳税服务司、征管科技司、大企业管理司、稽查局、人事司、电子税务中心等部门人员。

办公室负责指导全国范围内的税收风险管理工作。组织制定税收风险管理战略规划;制定税收风险管理工作规程;制定税收风险过程监控和效果评价标准;组织开展特定微观领域的税收风险分析;有选择地整合风险应对任务并向省税务机关推送;组织对省税务机关的风险管理过程监控和效果评价。税务总局定点联系企业税收风险管理工作在办公室的指导下,由大企业管理司具体组织实施。

2. 省税务机关

省税务机关按照税务总局工作部署,结合本地实际,建立健全税收风险管理工作机制,厘清职责分工,持续改进、优化风险管理特征库、模型和指标体系,统筹安排税收风险管理各项工作任务。在运行机制上,对税务总局下达的风险应对任务,省税务机关统一接收;在此基础上,统一确定全省(区、市)的税收风险管理重点,统一实施税收风险等级排序,统一下达税收风险应对任务,统一组织实施税收风险管理工作的检查和考评,做好任务应对并及时反馈应对情况。

（1）成立由主要负责人任组长的税收风险管理工作领导小组，下设领导小组办公室，各有关部门参加。

（2）办公室主要负责以下工作：制定本省（区、市）税收风险管理战略规划和年度计划；组织各单位，根据本省（区、市）税收风险管理战略规划及年度计划，结合税务总局推送的宏观税收风险指向任务和微观税收风险应对任务，进一步开展专业分析，形成本省（区、市）按纳税人归集风险点的风险纳税人库；组织对风险纳税人进行等级排序，确定应对任务。其中，税务总局推送的应对任务，须优先安排；组织本级税务机关开展风险应对，或将风险应对任务推送给下级税务机关；组织对下级税务机关的过程监控及效果评价，并向税务总局反馈整体应对情况；建立、整合本省（区、市）的税收风险管理模型和指标体系并适时发布。

（3）在办公室的统筹领导下，省级定点联系企业（列名企业）税收风险管理工作机制比照税务总局大企业办理，统一风险分析识别，共享分析成果。

3. 市、县税务机关

市、县税务机关重点做好税收风险应对工作，必要时，也可以组织开展风险分析识别工作。其他税收风险管理工作事项，由省税务机关具体规定。

2.1.7.3　我国目前风险管理的工作职责划分

1. 税务总局税收风险管理职责

税务总局负责税收风险管理制度和机制的顶层设计。制定税收风险管理工作规程；统一业务口径及数据标准，开展数据治理；建立第三方涉税信息采集及应用制度；开发部署金税三期决策支持风险管理系统（以下简称决策支持风险管理系统）；建立健全全国或者区域范围的风险管理特征库、模型和指标体系；制定税收风险管理过程监控和效果评价标准。

组织开展区域性、行业性以及特定类型纳税人或者特定事项的税收风

险分析工作(如千户集团税收风险分析);整合风险应对任务并向省税务机关推送;组织对省税务机关及税务总局税收风险管理工作领导小组办公室(以下简称税务总局风险办)成员单位的风险管理过程监控和效果评价;开展纳税遵从行为规律分析;实施跨省风险管理任务调度;组织开展跨省数据集成和调度;组织征管主观努力程度监控及评价;组织制定税收风险管理战略规划。

1)税务总局风险办统筹职能

(1)统筹风险管理工作规程和年度计划制定工作。组织成员单位共同制定税收风险管理工作规程和年度计划;按照横向互动、纵向联动的原则,在征求成员单位及省税务机关税收风险管理工作领导小组办公室(以下简称省税务局风险办)意见后,报税务总局税收风险管理工作领导小组审定后下发。

(2)统筹风险应对任务推送工作。根据组织收入工作需要,定期召开风险管理专题会议,审议成员单位及各地区在风险管理工作中提炼或发现的具有全局性、普遍性特征的风险事项,以及成员单位提交的特定类型纳税人或特定风险事项,适时推送各地应对。相关司局遇到情况紧急、风险程度高、风险指向具体纳税人的特殊风险管理任务,可以会签税务总局风险办并报经局领导批准后,单独成文下发或通过决策支持风险管理系统向下推送。

(3)统筹风险应对过程监控及效果评价工作。对推送各地应对的风险管理任务,税务总局风险办统一组织实施应对过程监控和效果评价工作。

(4)统筹风险分析识别模型建设工作。组织税务系统精干力量,按计划逐步建立具有代表性的覆盖重点行业、税种及特定类型纳税人的风险分析识别指标体系及模型库,并及时部署到决策支持风险管理系统中,供各单位及各地区使用。

(5)统筹决策支持风险管理系统功能完善工作。汇总成员单位及各地提出的关于完善决策支持风险管理系统功能的业务需求和意见,提交相关部门统一完善系统功能。

（6）统筹税收数据治理工作。建立标准、规范、充分、完备的数据库。从数据来源、内容、格式、口径、质量、应用等多方面实施数据治理，制定税收数据管理办法。不断拓宽数据来源、丰富数据内容、规范数据格式、统一数据口径、提高数据质量、强化数据利用，有效发挥税收数据在风险管理工作中的基础性作用。

（7）统筹开展第三方涉税信息获取及应用工作。统一指导成员单位获取税收风险管理工作所需第三方涉税信息。成员单位负责提出第三方涉税信息的业务需求，税务总局风险办负责制定业务标准和技术实现。第三方涉税信息交换至金税三期外部信息交换系统，供各单位及各地开展风险管理工作使用。

2）税务总局风险办成员单位的职能

（1）各税种管理部门（含国际税务部门）结合自身工作特点，承担分管税种或本部门业务的第三方涉税信息采集、分析识别模型建设及风险分析识别工作，向税务总局风险办提供具有全局性、普遍性特征的风险事项。对特殊风险管理事项进行跟踪、指导、评价，并总结经验，进一步完善相关风险指标和风险任务。

（2）大企业税收管理部门在税务总局风险办的统一领导下，牵头负责全国千户集团税收风险分析专题办公室，负责千户集团税收风险的分析识别工作。分析结果报税务总局风险办统一推送各地。省税务局风险办统筹再分析后，明确相关税务机关及应对主体，组织实施风险应对。省税务局风险办将应对结果反馈给税务总局风险办，同时报送全国千户集团税收风险分析专题办公室。大企业税收管理部门可对相应情况进行跟踪、指导、评价、考核，并总结经验，完善工作机制。

（3）高风险纳税人税收风险管理的主要应对手段为税务稽查。稽查部门负责承接风险管理部门推送的高风险线索，重点稽查，并反馈查处结果。对于高风险应对任务中反映出的行业性、地域性或特定类型纳税人的共性

税收风险特征,稽查部门及时提交给税务总局风险办,补充到风险分析识别指标体系及模型库中,促进风险分析识别模型的优化和完善。

2. 省税务机关税收风险管理职责

按照税务总局工作部署,结合本地实际,建立健全税收风险管理工作机制,开展数据治理,开展第三方涉税信息采集及应用工作,完善、应用省级决策支持风险管理系统,改进、优化风险管理特征库、模型和指标体系,统筹安排税收风险管理各项工作任务,接受税务总局风险办对其风险应对全流程的过程监控和效果评价。

按照税务总局计划开展区域性、行业性以及特定类型纳税人或者特定事项的税收风险分析工作(如千户集团税收风险分析);结合税务总局推送的风险应对任务,进一步开展专业分析,形成本省风险纳税人库;对纳税人进行风险等级排序,结合征管资源配置情况,确定应对任务;组织开展风险应对,或将风险应对任务推送给下级税务机关;组织对下级税务机关的过程监控及效果评价,并向税务总局反馈整体应对情况;开展纳税遵从行为规律分析;负责全省风险管理任务调度;负责全省数据集成和调度;组织征管主观努力程度监控及评价;组织制定本省税收风险管理年度计划。

1)统一税收风险管理的组织领导

各省定期召开税收风险管理工作领导小组会议,审议本单位税收风险管理年度工作计划和总结、本地区税收风险管理重大事项等(会议纪要报税务总局风险办备案)。同时,要根据税务总局风险管理年度工作计划,因地制宜,细化并制定本地税收风险管理年度计划。

2)统一接收税务总局推送的风险事项

税务总局风险办按计划下发的税收风险管理事项,统一由省税务局风险办负责接收。税务总局风险办成员单位下发的特殊风险管理事项,也应由省税务局风险办统一接收;其他部门接收的,须将接收的风险事项报送省税务局风险办统筹管理。

3）统一扎口推送风险应对任务

省税务局风险办接收税务总局风险管理事项后,组织相关部门开展细化分析,统筹任务安排,推送给有关单位开展风险应对工作。对税务总局风险办成员单位下发的特殊风险管理事项,省税务局风险办组织相关部门开展细化分析,也可由相关部门开展细化分析。细化分析后的风险管理事项经省税务局风险办统筹后,扎口推送有关单位应对。

4）统一反馈风险应对情况

应对结束后,省税务局风险办分析、总结应对情况,及时将应对情况反馈给税务总局风险办。税务总局风险办将应对情况通报风险事项的发起单位。对税务总局风险办成员单位下发的特殊风险管理事项,省税务局风险办在向税务总局风险办反馈应对情况的同时,将应对情况反馈给特殊风险事项发起单位。

2.1.7.4 税务机构设置和职能配置要求

1. 决策视角下的组织架构

为切实做好以风险管理为导向的税源管理工作,为统领全国税收风险管理工作,国家税务总局成立以总局局长为组长,总局党组相关成员为副组长,国家税务总局办公厅、法规司、货物劳务税司、所得税司、财产行为税司、国际税务司、规划核算司、纳税服务司、征管科技司、大企业管理司、稽查局、人事司、电子税务中心主要负责人为领导小组成员。领导小组负责审议决定税收风险管理战略规划、风险管理年度计划、风险管理年度报告以及风险管理其他重大事项。

省、市、县三级税务机关都比照总局,成立税收风险管理工作领导小组,统筹本地范围的税收风险管理工作。具体如图 2-1 所示。

2. 管理视角下的组织架构

在业务管理方面,形成纳税服务、税源管理、政策支持、服务保障四大系

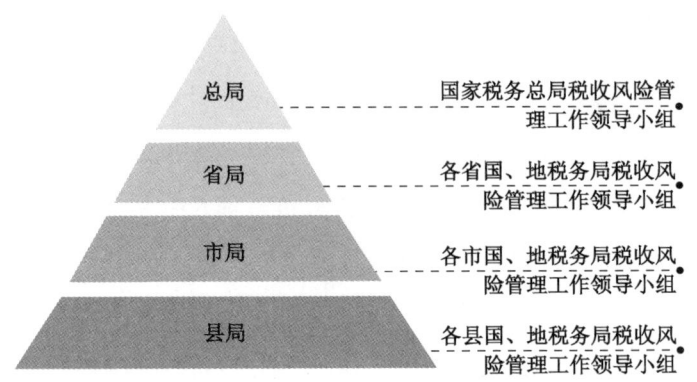

图 2-1 决策视角下的组织架构图

列的职能分工体系。税政、法规、征管科技部门承担政策支持的责任,积极发挥专家服务和税政研究、制定业务标准、参与税收风险管理等方面的职能作用。法规部门同时要承担法律救济、涉税争议调处等职能。服务保障部门分别承担风险应对质量和行政执法风险监控、人力资源和财力物力保障、信息化支撑、绩效评价等职能,确保新的征管体制的顺利运行。

3. 操作视角下的组织架构

以风险管理为导向的税源管理体系的组织架构设计,应当遵循以下原则:

一是效率优先原则,在分权制衡的基础上,优化配置人力资源,发挥规模效应。

二是精简集约原则,按照信息管税、风险管理和专业化管理的要求,重置税源管理事项,精简税收业务流程,实施任务集中管理。

三是团队协作原则,以专业化团队为管理主体,增强协作意愿和协作能力,保障目标完成。

在这三个原则的框架下,能够解决事多人少的矛盾,同时可以统筹数据管理、拓展税源管理方式,从而达到提高税源管理水平的目的。实施以风险管理为导向的税源管理体系,应当具有如图 2-2 所示的组织架构。

总局(监控分析领导小组)

| 货劳司 | 所得税司 | 财行司 | 收入核算司 | 征管科技司(工作小组办公室) | 纳税服务司 | 大企业司 | 国际司 | 稽查局 |

设计的征管模式及组织机构

总局监控工作小组

将各部门风险应对任务进行整合统一对下发布

省局(监控分析领导小组)

| 流转税处 | 所得税处 | 收入核算处 | 纳税服务处 | 征管科技处(工作小组办公室) | 大企业处 | 国际税收 | 直属局 | 稽查局 |

由领导小组指定牵头单位统一安排总局大企业、反避税和稽查等直接实施的全国性风险应对任务

将各部门风险应对任务进行整合统一对下发布

由领导小组指定牵头单位统一安排省局大企业、反避税和稽查等直接实施的全区性风险应对任务

省局监控工作小组

市、区局(监控分析领导小组)

办税服务和信息采集部门　风险监控管理部门

风险应对部门

办税服务厅(或第一分局)　风险分析团队

新征管模式打破管理员不分纳税人规模、类型、一人管多户的属地划片传统管理方式,实行团队式管理,即集中人员,按纳税人规模或类型和风险大小进行管理,将有限管理资源整合应对高风险领域和纳税人

| 大企业风险评估(或第×分局) |
| 中小企业(个体)风险评估(第×分局) |
| 个人税收风险评估(第×分局) |
| 国际税收风险评估(第×分局) |
| 政府及其他组织风险评估(第×分局) |

| 第一稽查局 |
| 第二稽查局 |
| 第三稽查局 |
| …… |

图 2-2　以风险管理为导向的税源管理体系组织架构

(1) 风险监控中心,是税源管理体系的核心机构,承担了信息流的中枢作用。一方面税源管理各部门采集的信息都需要到风险监控中心汇集;另一方面税源管理其他部门的任务均由风险监控中心派送。风险监控中心需要完成包括纳税遵从风险的分析、识别、排序、推送以及应对结果评价等一系列职能。此外,风险监控中心还承担与其他社会公关管理部门进行数据交互共享,拓展税源管理信息来源的职责。风险监控中心统筹所有税源管

理任务的发起和评价工作,统筹所有信息的管理工作,实现风险管理闭环,解决当前税务机关掌握信息不足的问题。

(2)税源管理分局,承担了主要的税源管理职责。但是与目前体制不同的是,这两个部门的设置需要突破属地划片的传统分类方法,可以按照规模、行业、类型等分类标准,对税源进行科学分类。按照地方税源的特点,设立相应标准,形成重点税源和一般税源的划分,分别实施管理。打破地域的划分,目的是有利于有针对性地识别风险、应对风险。重点税源管理部门和一般税源管理部门主要负责基础管理及中等风险应对,根据推送任务发起相关管理事项,由"普管制"向风险管理转变,将有限的人力资源优先投入到最能产生管理效益的领域,解决当前事多人少的问题。有意识地培养掌握行业情况的专业团队,解决当前征管深度不够的问题。同时,这两类部门还要承担主要的风险数据验证的职能。能否很好地履行该职能,是决定税源管理体系能否实现良性循环的关键。

(3)纳税服务中心,在税源管理体系中,主要承担信息采集、低等风险的应对,同时也承担了对纳税人的解释、沟通协调工作。其中,低等风险应对的主要方式是风险提示,即指采用信函、短信及网络信息等方式提示纳税人存在的低等风险信息,敦促纳税人及时修正纳税行为或者做出合理解释。风险提示是税务机关与存在纳税遵从风险的纳税人之间的第一道沟通环节,也是十分重要的环节。纳税人对风险提示的处理态度,是判断纳税遵从意愿的重要根据,将对纳税人风险等级的确定起到重要的影响。纳税服务中心要履行以上职能,就必须将突破传统,将工作重点从主要围绕固定办公场所开展服务转变为全方位、多角度实现便捷沟通,同时要特别注重拓展沟通渠道,充分利用网络科技、现代通讯科技的成果。

(4)稽查中心,主要承担高等风险的应对,同时承担了对具有行业代表性和趋势性问题的验证职责。以往稽查的案件选案来源主要是举报、移送和交办案件,缺乏系统性,难以发现行业性重大问题,难以达到以稽查促征管的效果。将稽查的选案调整成主要来源于风险监控中心,有利于提高稽查案件的针对性和有效性,有利于发现重点问题和突出问题,有利于实现对偷逃税高风险行为的精确打击,充分发挥税务稽查的威慑力,解决当前税收流失风险加大的问题。此外,税务稽查中心应当在打击税务违法行为的同时,着力发掘行业代表性问题和趋势性问题,进一步强化税收征管深度。稽查中心是否能很好地履行这些职责,是决定税源管理体系的实施能否有效提升税收管理整体水平的关键。

此外,这样的组织架构还有一个特点,即在各应对主体之间,任务不能互相转换,信息不能直接交互。这种方式一是税源管理信息能够得到统筹管理,保证有风险监控中心统一实现数据管理,保证税务机关数据的全面性和有效性;二是风险应对方式能够按照统一标准执行,保证公平对待纳税人。同时,这种方式也特别强调组织内信息沟通的有效性和及时性。

2.1.7.5　江苏地税系统机构设置和职能配置

1. 征:即纳税服务机构

各市、县地税局按规定设置纳税服务局(第一税务分局)。除履行现有规定职能外,其承担税款催报催缴、初次纳税鉴定、建筑房地产项目登记、低等风险任务应对、在纳税服务环节涉及的简易处罚等职能。

2. 评:即风险监控机构

各市、县地税局应独立设置风险监控机构。其主要承担风险归集、风险识别、风险等级排序、风险推送、风险应对结果评价等职能,参与风险指标和风险识别模型的建设和维护。内设综合管理、风险识别、风险推送机构。

3. 管:即税源管理机构

除国家级开发区分局允许属地设立以外,各市、县地税局要按照规模、行业及其他特定管理对象设置税源管理机构。其主要承担纳税服务局和风险监控机构推送的有关涉税事项的调查、确认和处理以及中等风险任务应

对职能。

4. 查：即稽查机构

其主要承担高风险应对、举报、移送或交办案件的查处。

 **2.2** 税收风险管理制度建设

在建立税收风险管理制度及施行时，会因为信息的不对称、人们的有限理性等原因面临诸多挑战，这些挑战包括制度政策目标的不协调、税收制度没能按照预期发挥功效、缺乏有效税收征管等。我国目前还没有税收基本法和税务机关组织法，税收法律制度建设还存在不完善的地方，具体可以总结为两点：其一是某些法律条款规定缺乏可操作性，其二是自由裁量权的使用缺少制约。税收风险管理方面的制度建设，还有很大的提升和完善空间。

2.2.1 税务风险管理在税收管理工作中的定位

税收风险管理是加强税种管理的有效方法和手段。在税种管理中，把税收风险管理的方法与税种管理特点紧密结合起来，研究各税种的风险发生规律，建立税种风险分析指标体系和模型，形成体现税种特点的风险任务，为开展综合性的统一应对提供专业支撑。

税收风险管理也是加强日常征管的有效方法和手段。在日常征管过程中，应用税收风险管理方法，按照税收风险管理流程，加强登记、发票、申报、征收等环节的管理。特别是要结合精简审批、减少环节、下放权力等创新税收服务和管理的要求，发挥税收风险管理的优势，加强事前、事中和事后的风险监控，堵塞管理漏洞，提高征管质效。

税收风险管理还是加强大企业税收管理的有效方法和手段。在大企业

税收管理过程中,运用税收风险管理的理念和方法,提升大企业复杂涉税事项的管理层级,发挥各级税务机关的系统优势,实现大企业由基层的分散管理转变为跨层级的统筹管理,促进税收征管整体资源的优化配置。

对于税收风险管理工作的定位有了深切理解,构建税收风险管理制度体系就有了目标和方向。

2.2.2　税收风险管理制度建设的概念及其重要性

国内学者对税收制度提出了很多不同的定义,其中被普遍接受的是"税收制度是国家各项税收法规和征收管理制度的总称"。税收制度一方面是为了约束纳税人行为,使其履行纳税义务;另一方面也是对税务机关的约束,保证税收征管过程符合税收制度。

税收风险管理制度则是税收制度中针对风险管理来制定的具体法规、管理制度,是以风险管理为手段,以提高纳税人遵从度为目标,依照目标规划、数据采集、风险识别、定等排序、风险应对及监督评价等方法,进行资源配置、优化管理的税收制度。

首先,我们应该认识了解制度的含义。制度是人类社会发展中的准则与规范,其存在的目的是为了调和及制约社会行为,预防风险发生并且将风险置于秩序之下。与风险相比,制度是确定的,因而为了预防税收风险发生,必须建立健全税收制度,以制度的确定来消除风险的不确定。为了预防和有效控制税收风险的发生,确保社会公正有序分配,税收制度的确立是必要条件。如果税收制度不完善或存在漏洞,那么就不能保障税制的顺利施行,导致执行结果与税制内容不一致,不能达到以税收制度预防控制风险的目标,更有可能因此而带来新的风险。正是因为如此,建立健全税收制度并保障其施行是税收风险管理的关键点。事实上,各国政府也都致力于健全税收制度预防控制风险。

税收制度健全时可发挥的作用主要有两部分。第一，当税收制度与国家政治经济同步、与社会发展相符时，能够削弱制度施行过程中的不确定，合理的税负既不会影响投资活动，也不会减少税收收入，更不会造成社会矛盾。第二，健全的税收制度能够强化税收收入能力。强化税收收入能力对于任何国家而言都是降低公共风险的必要手段。

总体来说，构建一个科学、规范、高效的税务内部管理制度体系，对于实现税收工作制度化、科学化、精细化管理，充分发挥税务部门的职能作用，提高税收工作效能，提高税收治理能力，实现税收现代化，促进税收事业发展具有重要意义。我们可以通过实施税收风险管理制度建设，实现税源管理专业化，推动服务管理方式创新，进一步提高税法遵从度，同时提高征税机关的依法治税水平和依法行政能力，从而大力完善税收征管水平。

2.2.3　税收风险管理制度建设方法

以风险管理为导向的实施税源管理，是对现有税源管理制度的颠覆性变革，因此必须要在法律和制度层面做出具体安排。要建立全面税收风险管理体系，应当建立税收风险管理的制度框架，如图 2-3 所示。

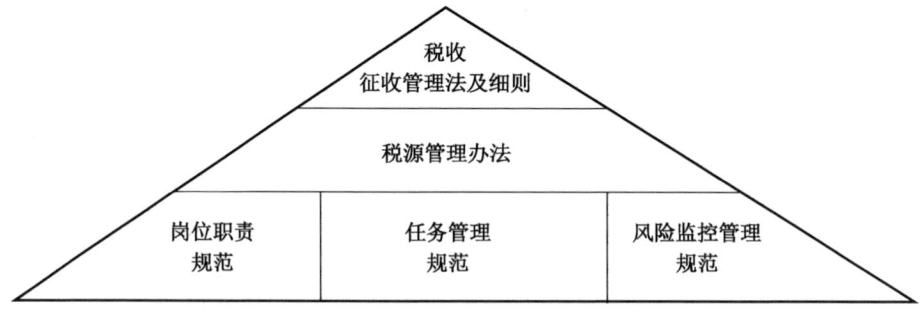

图 2-3　税收风险管理制度框架

2.2.3.1　税收风险管理制度建设的步骤

首先,实施税收风险管理,必须要有高位阶的法律作为保障。因此,应当在《税收征收管理法》中明确相关管理手段的地位:一方面,要明确税源管理在税收征收管理中的重要地位。2001 年实施至今的《税收征收管理法》并未明确提出税收风险管理的概念,应当在《税收征收管理法》及其细则中明确税源管理的范围以及在税收征收管理过程中的作用。另一方面,要明确税收风险管理应用的范围和相关内容的法律地位,要对实施风险管理必然产生的管理任务、采取的手段以及产生的后果等相关内容明确法律地位。有了法律的顶层设计,风险管理的实施才能得到有效的保障。

其次,在《税收征收管理法》及其实施细则的保障下,应当建立具体的《税收风险管理办法》。《税收风险管理办法》是实施以风险管理为导向的税源管理体系的总纲,应当对风险管理的基本概念、依据、管理目标、职能配置、管理内容、管理方法、实施条件、结果处理和过程监督等内容进行框架性阐述。

最后,在《税收风险管理办法》的指导下,建立包括岗位职责、任务管理和风险任务审查在内的三项规范。目的是对税源管理事前、事中、事后的具体流程和职能进行细化,使风险管理具有可操作性。

2.2.3.2　建立有效的税收征管机制

坦齐(1987)指出,税收征管对于决定实际的(或有效的)税收制度,而不是法定的税收制度,起着关键作用。没有税收征管变化的政策变化是空洞无效的。换言之,税收风险管理制度的建设必须以有效的税收征管机制为前提和保障。我国税收征管机制存在的问题可总结如下。

1. 纳税人信用意识淡薄,纳税遵从度低

纳税人对于依法纳税的认识不够深刻,出于维护自身利益的考虑,众多纳税人不能接受税收征管机制强行重新分配其收入的行为,即使抗税行为不多,但自觉足额缴税行为也较少,纳税人的税法遵从意识差。

2. 信用体系下的经济体制不完善

若信用体系不能跟上法律建设的步伐,则削弱社会税法遵从度。一般而言,信用体系一旦建立健全,信用体系下的经济体制自然会受到重视,因为这是人们声誉的代表。信用体系下的经济体制有:资产实名化、构建个人财产申报体系;相互协调和配合的各部门信用体系;建立社会中介机构信用评级制度。如果信用体系下的经济体制不能得到完善,税务机关不可能仅靠自己的工作彻底提升纳税人信用程度。

3. 低效税务管理使税收违法猖獗

税收违法行为不仅造成国家税收减少,又使征纳环境受损害。虽然税收违法与众多因素相关,但低效的税务管理是主要风险因素。

4. 税务征管人员素质产生的税收执法风险

毋庸讳言,税务人员的素质关系到税务机关的地位、形象,关系到税收征管质量。劳动者是生产力各要素中最富有创造性的,国家、组织、部门成功与否很大程度上由其人力资源优劣决定。若税务工作者素质不高,就会产生执法风险。一方面,税收事关纳税人的直接经济利益,征纳双方关系的不平等以及权力的可交换性可能使部分税务人员利用职权寻租。另一方面,倘若税务机关对税务人员权力的约束机制没有有效建立,就会产生较高的执法风险。其中,可从监督与制约角度下手,监督是针对特定职权的,而制约是针对职权之间的。基于以上分析,如果税务人员政治、业务素质低下,在对权力缺乏有效约束的条件下,在运用公权力的过程中就会增加税收执法的不确定性,产生一定程度的执法风险,从而干扰正常的税收征管秩序,产生税收风险。

2.2.4　税收风险管理制度建设的主要内容与评估

基础的征管制度是税收风险管理制度十分关键的部分,其主要作用是为税务机关提供高效执法环境,使税务机关有效发挥其职能。因为制度可以有效约束纳税人行为,税收风险管理征管制度建设对税务机关征管效果、征税成本等产生决定性影响。因此,征管制度建设举足轻重。

2.2.4.1　税收风险管理制度的内容

1. 税收风险管理征管制度的隐患

征管资源配置不合理。首先,现有组织结构受各因素限制未能按税收风险管理思想科学建立,岗位职责未准确划分。其次,未能合理安排人力资源,工作人员积极性不强,创新能力自然也得不到有效发挥,应将人才安排在与之能力相适应的职位,将优质管理者优先安排在技术性强的分析、监管职位或税收风险较大的行业地区。最后,资源配置倾向于业务审批及行政管理,造成行政管理人力充足而税收风险管理人力欠缺,特别是众多复合型人才被配置在行政职位,无风险管理职能,加剧了税收风险管理人力资源不足的情况,不能满足现实工作的需求。

信息管税不能为税收风险管理提供强有力支撑。一方面,由于现有税收征管制度并不能保证信息报送与申报义务,税务机关所能获得的数据质量较低,特别是资金流动与物品流动等对税收风险管理十分关键的数据真实度较低,造成税收风险管理不能获得有效数据支撑;同时,数据平台建设水平和信息集中度也不高。另一方面,已有案例、模型不具有较强的指导性,暂未健全风险管理指标、参数体系,且已有风险管理参数应用性不高,降低风险识别与定等排序准确性,从而削弱税收风险管理效果。

2. 税收风险管理征管制度的优化

完善税收风险管理组织结构,优化征管资源配置,建立考评激励机制。首先,现有组织结构未能按照风险管理理念构建,需要改进税务机关组织结构,重新设置岗位职能。依照风险管理流程划分工作职责,建立相应部门及岗位,逐步实现岗位职责实体化、专业化,完善相应管理体系构建。其次,建立各级税收风险分析机构,实现风险管理的战略指挥职能。再次,组建一支由税收管理专家、会计师、律师以及信息技术专家构成的团队,将这些优质团队安排在税收风险管理中心对高风险监控管理。最后,建立健全税收风险管理人员考核制度,完善奖励机制,鼓励复合型人才充分展现其风险管理领导能力。

夯实信息管税基础,为税收风险管理提供有力支撑。第一,以现有人工管理为基石,利用信息技术手段,建立健全风险管理信息化体系。第二,拓展税务信息获取渠道,逐步建立信息化数据管理系统,加快相关规定建立进程,夯实优质信息管税基础。第三,推进税收风险指标体系建设,加强风险分析监管方式及手段,实现税收风险管理增效。

2.2.4.2 税收风险管理制度的评估

通过税收风险评估指标体系的确立进行税收风险的评估,从而保障税收风险管理制度的平稳运行。一般而言,税收风险管理制度的评估有两类指标:制度类和征管类。税务部门可依据自身部门需求设置指标参考指数,为实现对税收风险管理制度的全方位评估,应针对风险点找出能够显示风险状态的参数,满足税收风险管理需求。

1. 制度类指标

1)集中度指标

即主税种税收收入占全部税收收入的比例。若仅凭主税种就可获得大比重收入,则说明制度透明,征管工作不会太难,税收政策实施效果会更好。

此指标越高越好。

2）分散度指标

即小税种数占所有税种数的多少以及其税收收入占全部税收收入的比例。若是小税种数多而所占收入比例小，则是税收收入分散的表现。小税种数增加则会造成征税成本上升与效率减低。小税种数及其收入比例都不应过高或过低，需适度。

3）税基侵蚀指标

即真实税基与潜在税基的差距。真实税基与潜在税基并不是完全一致的，一般潜在税基大于真实税基，理论税收收入也必然大于实际税收收入。需要尽力减少两者之间的差距，而税种不同税基相异，因此该指标需分税种计量，税基侵蚀度应尽量降低。

4）从量性指标

即从量税收入占全部税收收入的比例。从量税仅因课税对象数量改变而改变的，从最优税制角度看，从量性指标越小越好。

5）征收时滞指标

即缴纳税款时间超出规定期限的长短。税收收入占国内生产总值比重会因拖欠税而被利率、汇率及通货程度影响，因此，征收时滞越低越好。

6）执法刚性指标

即课税强制性与惩戒性。税收违法行为必须受到强制执行和严厉惩罚，否则就会损害税法刚性，扭曲税制。

7）税收成本指标

即税收成本与全部税收收入的比例。税收成本主要有征税成本、纳税成本及课税负效应，税收成本越低，税收风险越低。

8）税收效率指标

即税收制度能否优化资源配置，推进经济平稳运行，实现税收负担最小化与额外收益最大化。该指标高则显示税制相对优质，税收风险较低。

9）纳税人满意度指标

税收征管的合法合规、税务机关结构性质、税务人员素质高低及纳税服务质量等都会影响纳税人满意程度。客观上说，该指标越高，税收风险越小。

2. 征管类指标

1）税收收入质量指标

税收收入质量主要从以下几个角度综合考量：第一，税收弹性，即税收增长性与经济增长性之比，税收弹性越高，税收风险越小；第二，宏观税负，即税收收入占国内生产总值比例，主要用以考量政府可支配财力、征管力度、税收筹措能力、课税主体负担度等，宏观税负应适度；第三，微观税负，即课税主体纳税能力与负担水平，微观税负应适度；第四，税收收入结构，即全部税收收入中各税种占比。

2）税务征管水平指标

征管水平用以下指标考量：第一，登记率，即实际办理纳税登记税户数占应办户数的比例，考察税务人员登记管理水平，登记率越高越好；第二，申报率，即纳税期间课税主体自行申报的比例；第三，入库率，即实缴入库款与应缴入库款之比，考察纳税人履行其纳税义务的程度。

3）税收执法风险指标

税收执法风险一般从下面几个指标考察：第一，复议率及胜诉率，即税务机关受行政复议及诉讼的数量与其中维持判决或胜诉的比重；第二，执法过错率，税收执法中出现违法行为的次数，税收廉洁违法也在考量范围内。

4）纳税遵从度指标

纳税遵从度可以用以下指标考量：一是税收流失率，该比率说明纳税遵从度对税收收入的影响程度；二是纳税人违章率，一般是纳税人行为虽违背法律法规但未达到犯罪程度的情形，若该指标过大，税务机关则需要加强执法力度；三是纳税人犯罪率，即纳税人违法行为已达到司法定罪的情形，该指标高则说明涉税犯罪已危害正常经济及税收,风险程度较高。

2.2.4.3　税收风险管理制度的保障

1. 税收风险管理监督机制

1)构建纳税信用体系,加强惩戒措施

建立健全纳税信用体系,将诚信原则加入税收制度,准确规定违反该原则的法律责任,对违法者进行严惩,促使纳税人自觉履行其依法诚信纳税义务。同时,形成银行、公安、国税、地税、工商、海关等部门联合数据平台,借助此数据平台构建纳税信用体系,纳税人不诚信行为需记录在档案上,并进行披露,让其意识到信用的重要性,增大纳税人寻租成本,从而使税收工作更加透明,增强诚信纳税意识。

2)实施公开办税,推进"阳光税收"

公开办税能够有效减少税收腐败,推进"阳光税收"可从以下角度入手:办税手续过程公开,工作人员职权公开,办事结果公开,执法行为公开,税收处罚公开等。通过各种信息的公开可以增强纳税人知情程度,使税收工作更加透明,不为寻租者创造机会。税务机关也可以定期组织纳税服务、税收稽查等场所公开活动,接受社会的监督。

3)构建内部管理制度,实施有效监督

逐步建立执法责任机制,实施岗位责任与追责制并轨,加强税务人员的责任意识。明确各岗位职责,实现工作程序规范化,严密、规范的程序为税收规范提供支撑。建立税务机关领导团队信用档案,构建个人财产登记体系、廉政档案、渎职处罚记录体系等,对管理者实施有效监督。完善重点岗位规范制度,明确管理人员职权,针对重点岗位及中层管理岗位实施定期轮换岗,预防非法寻租行为的发生。

2. 税收风险管理的激励和惩罚相结合的保障机制

(1)产生寻租行为主要是因为可以获得收益,若在保证监督机制有效

运行的情况下,将税务人员的薪金水平适度提升,构建合理的激励体制,那么必然可以削弱税务人员违规动机。同时,建立健全惩处制度,增大税务人员寻租风险及成本,也可以减少其寻租的可能。

（2）对税务人员及依法纳税的纳税人实施激励制度。一方面,为鼓励纳税人依法纳税,对依法纳税的纳税人给予一定奖励,可以学习西方国家把养老保险金数额与纳税数额挂钩的方式。另一方面,建立税务人员激励机制,为提高其征税积极性,实施高等级薪金制度。

（3）针对税务人员及纳税人分别建立完善的惩罚制度。一方面,建立健全税务人员的德廉考评制度,并将考评结果与薪金及升职挂钩。依托信息技术手段,通过量化指标对税务人员的品德、廉政程度、能力、绩效、勤勉程度综合考察,并保证过程透明、结果公开。对于考评结果差的税务人员严肃处置,增大税务人员寻租成本及违规风险。另一方面,对纳税人实行严格惩戒措施,因为经济利益是纳税人偷逃税的主要动因,严格惩戒措施可以使违法的期望成本超过其期望收益,造成经济损失,进而降低纳税人偷逃税可能性。严厉处置税收违法行为,对税收犯罪行为严格处理。

2.3 税收风险管理相关制度介绍

我国税务机关推行税收风险管理以来,从总局到地方各个层面都出台了各种相关制度来为税收风险管理的有效运行提供保障。

2.3.1 国家层面税收风险管理相关规定

近年来,国家税务总局陆续出台了税收风险管理的相关制度,2014 年出台了《国家税务总局关于加强税收风险管理工作的意见》、2016 年出台了

《国家税务总局关于进一步加强税收风险管理工作的通知》、2017 年出台的《国家税务总局关于转变税收征管方式提高税收征管效能的指导意见》明确提出进一步推动税收征管方式转变的总体思路为"以推行纳税人自主申报纳税、提供优质便捷办税服务为前提,以分类分级管理为基础,以税收风险管理为导向,以现代信息技术为依托,推进税收征管体制、机制和制度创新,努力构建集约高效的现代税收征管方式,进一步增强税收在国家治理中的基础性、支柱性、保障性作用"。

按照税务总局贯彻落实《方案》统一部署,2017 年全面改进并分步扩大《征管规范(2.0 版)》试点范围,在试点省份全面实施纳税人分类分级管理和税收风险管理,合理配置岗责体系;其他省份在中心城市地区(设区市的城区)率先推进纳税人分类分级管理和税收风险管理,在其他地区优化税收管理员制度,稳步推行税收风险管理。2018 年在全国全面推行《征管规范(2.0 版)》、纳税人分类分级管理和税收风险管理。

2.3.2 　地方层面税收风险管理相关制度

率先实行税收风险管理的省份也先后出台了地方层面的税收风险管理制度。江苏省国税局 2010 年出台了《江苏省国家税务局关于深化税收风险管理推进税源管理专业化的工作意见(试行)》,指导思想为以科学发展观为指导,学习借鉴国际先进的管理思想,以改革的思路创新管理理念和方法,以创新的精神健全和完善体制机制,按照科学化、精细化的管理要求,全面深化税收风险管理,大力推进税源管理专业化,更好地适应工业化、信息化、城镇化、市场化、国际化的发展需要,不断提高税收管理现代化水平。江苏省地税局 2011 年出台了《〈江苏省地方税务局税收风险管理暂行办法〉》,明确了税收风险管理的概念、部门职责和运作流程。广东省国税局 2015 年出台了《广东省国家税务局关于实施税收风险管理的指导意见》,其指导思想

是构建以风险管理为导向的税收征管工作体系,建立税收风险管理制度,合理划分各层级、各部门税收风险管理工作职责,采取有差别的风险应对手段防控税收风险,以提高管理效能,促进纳税遵从,不断提升税收管理水平。

税务机关实体化运作

实体化就是把多态的抽象构架或虚拟构架转变为主观形态的物质构架,呈现出实体状态。亚里士多德认为实体是独立存在的东西,是一切属性的承担者。具体来说,税务机关的实体化运作是要求其自身不断提高承担税源管理的职能比重,在税收专业化改革进程中实现机关职能由以行政管理为主向以税源监控与行政管理并重转变,工作方法由以指挥部署和调度监督为主向以直接参与和协同管理为主转变,使机关工作更高效。

2.4.1 推进税务机关实体化运作的现实意义

1. 全面实施风险管理的需要

以风险管理为导向的税源专业化管理,就是将全面实施风险管理的理念和方法贯穿税源管理全过程,根据税收风险发生规律对纳税人进行科学分类,并按照风险分析识别、等级排序、应对处理等要求进行专业化的职能配置。推进税务机关实体化运作、确立其在风险应对中的主体地位是实施税收风险管理的内在要求,有利于施行风险监控、风险应对任务安排的扁平化处理,以及风险应对的团队化运转、跨层级的应对管理。通过不断整合、简并行政事务性工作,实现高等级风险的专业化应对,可以解决当前风险应对质效不高的突出问题。

2. 实施税源专业化管理的需要

随着企业核算不断推进专业化进程,税源愈加复杂,管理工作愈加困难且风险也随之增大,征纳双方的信息不对称问题更加严重,以往依靠税收管理员按属地管户的方式已不能满足现有环境的需求。税源专业化管理是一种集约化的管理模式,即对税源实行分级分类管理,这就要求原先只承担业务指导和行政管理职责的相关税务机关必须参与到直接管理税源的行列。

3. 优化人力资源配置的需要

在目前的地税机构框架中,基层地税机关(分局)承担了大部分的税源管理任务,与此职能定位相适应,必然要求税源管理的高端和专业人才向基层征管一线集中。而现实情况是,各级地税机关的高端专业人才大都集中在县以上地税机关,最需要人才的基层一线却人才匮乏。因此,增加县级地税机关直接管理税源的职能是最大程度发挥地税机关人才优势的有效方式之一。

4. 防范税收执法风险的需要

税源专业化管理模式下,岗位职责的专业化分工对基层税务人员的专业素养提出了更高要求。而目前工作在基层一线的税务人员中,能够达到较高职业素养的人才较为缺乏,有可能因为管理数据失真、巡查不到位、评估不准确引发税收执法风险。通过推进税务机关的实体化运作,组建专门的风险应对团队,可以缓解基层税收人员不能适应高等级风险应对需要的矛盾,解决目前风险管理模式所固有的制约监控不力、管理效能不佳、风险应对不到位的问题,从而有效防范税收执法风险。

2.4.2　推进税务机关实体化运作的可能性

在此,主要从理论支撑、技术支撑以及理念支撑三个方面对税务机关中的实体化运作在可能性上予以肯定。

1. 理论支撑

数十年前，西方国家的税务机关就引进现代管理理念，形成税源管理一体化，并依托信息技术手段有效降低税收风险，增强工作成效。管理理念的引入与推行为税务机关实体化运作提供理论支撑，一般包括风险管理理论、客户关系管理理论与模块化理论。

风险管理是以组织目标为核心，在组织运营中实施风险管理流程，并借鉴信息技术手段，构建相应机制，合理安排人力、物力的管理模式。当风险管理应用于税务机关时则是为不断提升税法遵从度，降低税收流失率，依照风险识别、定等排序、风险应对与反馈评价的流程进行风险管理，并按风险等级分配资源。

客户关系管理理论以顾客为中心，依托流程重组实现信息整合，优化客户关系管理，使组织内部共同享有客户资源，以实现优化与客户的关系之目的，在降低组织管理成本的同时，也为客户带来更优质、更便捷、更经济的服务或产品。将该理论应用于税务机关则是转变现有强制管理理念，以纳税人为中心，将理念贯彻于税收管理工作中，不断提升纳税遵从。此外，对税务机关进行重组，以服务于纳税人为中心点推进税务机关实体化运作，形成税源专业化模式，逐步推进管理差异化、服务个性化。

模块化理论是利用独立且能实现整体功能的较小的模块（系统）构建复杂的业务或产品，借助管理系统追踪管控并平衡各模块关系，从而将各模块责任与能力组成完整体。以模块化理论实行税务机关实体化可以实现下述成效：

（1）结构扁平化，通过减少管理层级，实现效率的提升。

（2）边界模糊化，打破原有边界，通过将非核心业务外包给专业组织，实现资源优化。

（3）核心集中化，税务机关将战略核心业务集中，优化创新环境，且能够及时并有针对的应对纳税人需求。

2. 技术支撑

网络与计算机的普及实现税务机关实体化运作所需的技术支撑。网络与计算机的普及使组织内外、上下之间的信息传递更为直接、方便,信息交换与交流的渠道更为通畅顺利,传统模式下个体管控的范围远比不上现在。同时,第三方信息的合理使用也能使所采集的数据信息更加真实、完整,逐步完善信息不对称的问题。计算机、互联网特有的信息化、数据化为机关实体化的信息管税提供了技术保障。

3. 理念支撑

完整的方案并不能保证实体化运作,需要税务机关上下一心,严格依照确定的目标、要求,开拓思路,实施有效举措,确保各项工作完善,避免表面化工作。因此,实体化运作需要组织成员思想统一、理念更新。而在机关实体化运作过程中,机关成员更加看重的是授权和参与式管理,更加重视人、尊重人、实行自我管理,这就需要赋予其适度自主权,并保证工作本质使其满意。实现自我管理可以使工作人员自主发展低成本高成效业务,积极改进流程,自觉优化服务,进而提高效率。

2.4.3　推进税务机关实体化运作的主要内容

机关实体化运作的主要内容有两点,机构改革和职能转变。机构改革是中国行政体制改革的"表",政府职能转变是中国行政体制改革的"里"。改革开放以来我国行政体制改革的推进历程表明,机构改革与职能转变应"由表及里",良性互动。

2.4.3.1　机构改革

我国现行税务机构设置存在税收管理交叉、税收执法权交叉、税收立法权交叉、税务机构重叠等主要缺陷。税务机构改革必须结合我国实际情况,

保证与我国体制不冲突矛盾,保障税制统一。此外,应借鉴国际成功经验实现税务机构优化改革。

下面将从税务机构"扁平化"、人力资源优化、税务征管流程优化三个方面来论述税务机构改革的实体化运作。

1. 税务机构"扁平化"

传统机构模式已不能满足迅速变化的宏观环境需求,而扁平化组织模式更加顺应时代发展要求,因此得到越来越多的关注。

1) 概念

扁平化组织是一种利用削减管理层级,精简人员构建的紧凑且高弹性的组织结构,具有快速、高效、灵活等特点。扁平化组织最大的特征是等价化与机动化并行,拥有不同才能的人才散布在组织各部分,借助空间与时间双重压缩,实现组织绩效最大化。

2) 优点

扁平化组织的优点可以从以下四个方面体现:

(1) 有效削减管理支出。组织扁平化后中间层级被削减,相应地,传统体制内"将多兵少"问题也不复存在,此举也会为税务机关削减管理支出。

(2) 提升沟通与决策效率。扁平化组织管理层级少,因而上下级沟通便捷快速,同时减少传递中信息缺失、错误,管理层级进行决策速度更快且可以及时反馈,税务机关应对更迅速。

(3) 员工参与管理。扁平化组织使员工更多的参与管理,实施员工责任制,可以有效提升其积极性,增强其使命感,充分发挥其创新能力。此外,消除等级限制,给员工自主发挥的机会,能够促进优质人才养成。

(4) 有利于目标一致化。与传统管理模式相比,扁平式的组织形态更加重视人、尊重人。对于税务机关的管理工作来说,扁平化使得机关人员既是决策的参与者,又是决策的执行者。税务机关里,所有人都受到重视,便于协调个人与组织之间的目标一致性。

3）需关注的问题

在推行扁平化组织结构的同时需要关注下列问题：

（1）扁平化改革应以工作流程为中心点。业务流程再造是改革的重中之重，其会对税务机关组织结构、上下员工、管理与规章制度等产生决定性的影响。因此，在税务机关进行扁平化改革时，不是漫无目的的扩张管理范围，而应该将工作流程作为中心点进行再造。

（2）上级要对下级适度授权。与其他组织结构相比，扁平化组织的高层需要更多的管理者，人际关系也更为复杂化，因此，上级对下级适度授权便十分重要。

（3）采用合理方式对团队业绩考评。在上级授权后，下级员工一般会组建团队来进行工作，且团队绩效要高于个人绩效的简单相加。然而，团队也会造成难以对个人绩效评估，因为只能获得团队的工作数据而非个人的。若是将团队绩效平均给个人，由于搭便车问题的存在，将会削弱员工积极性。因此，如何合理评估团队在扁平化组织中的绩效需重点关注。

（4）确保部门横向联系。由于扁平化组织管理范围大，部门之间是否紧密称为关键。强化部门的横向联系主要有以下方式：一是要构建跨职能的平台，利用信息技术可以使各部门之间有效沟通交流，保证信息交换畅通；二是使连接人发挥其功能，在扁平化组织中，有效的连接人不仅可以实现部门上下级之间的沟通，也可以使部门之间横线联系交流。若是要实现众多部门的横向沟通，单一连接人就不能满足这一需求，那么就需要采取任务组模式来解决这一问题。任务组是为解决某一问题临时组建的各部门提供代表的委员会。任务组模式可以有效解决扁平化组织的临时横向沟通问题。

2. 人力资源优化

某些特殊的税收征管工作不可能仅凭税收管理员单一力量就承担，属地税源管理有时也难以完成任务，这就需要实体化团队的辅助。实体化团

队需要依靠专家力量,同时保证团队中专业知识互补,以满足知识共享、创新的需求。在组建实体化团队的具体操作层面上,可以在风险管理部门组建数个管理团队,负责大企业风险、行业性风险及深层风险识别等。此外,定期组织团队研讨、培训等,优化团队力量。

在社会化管理方面,可从以下几个方面进行人力资源优化:

一是将办税服务的受理、后勤服务等业务外包。

二是推行个体税款银行代征代缴,实行国税与地税联合管理。

三是某些地方可以采用国税、地税共用办税服务厅,实现办税统一、便捷。

四是逐步推进网上办税,节约人力、物力。将这些方面节约的人力安排在税源管理方面,合理配置资源。

同时,人力资源的优化配置也需要提升人力资源的素质培养。按岗位建立专业知识及技能培训机制,同时强化绩效考评体系,重新制定考评方式,改进考评指标与手段,实现征管质素的提升与绩效的改善。

3. 优化税务征管流程

税务征管流程优化再造的必要性包括以下三方面:

一是税务系统信息化建设的不断深入为流程优化打下基础。信息技术的应用不仅带来新的管理理念,同时也实现传统管理模式的根本性变革。众多税务信息集中起来,经过加工、提炼、萃取可以方便地应用于征管工作本身,这又推进了征管信息运用的广度和深度。

二是通过对各类管理要素和服务资源的有机整合,实施征管流程优化,在竞争之外并行构建协作制度,保证流程化操作、规范化处理及团队式合作,优化资源配置,按职能分配部门方法下的空置资源与重复工作问题就不复存在,真正实现"一岗多人、一人多岗"。

三是有利于进一步提高税务部门的管理和服务意识。优化流程要求税务机关必须改变服务观念,以提高纳税人满意度为导向,提高办事效率和服务质量,精简程序和节约时间,为纳税人节省纳税成本,保障税务机关高效形象。

处于当前人手紧缺的客观条件下,复杂的征管流程导致税务人员工作压力加大和效率降低,这使得人力资源紧张的负面影响进一步凸显。因此,科学简化办税程序,借助信息化建设减少流转环节是优化纳税服务、提高服务满意度、推进作风建设必须考虑的问题。

税务机关可以依托信息化手段,优化征管流程。

首先,依托互联网技术的发展,构建网上办税平台和无线办税平台,充分发挥远程办税高效率低成本的优势,为纳税人提供丰富的网络服务项目和无线办税应用。借助 CA 技术认证,远程办税应用可全面覆盖办税服务厅的所有涉税事项,实现"一站式"办税。纳税人可以通过登录远程服务平台,完成税务登记、纳税申报、打印凭证、一般纳税人认定申请、信息查询、互动咨询等涉税事项办理。税务部门则可通过远程服务平台完成发票管理、信用评定、监控提示、异常预警、网上预约、网络预审甚至远程审批等功能。同时充分利用门户网站和手机应用,及时发布政策信息,开展满意度调查,推行税务信息定制服务,为纳税提供全方面的办税服务。让纳税人和税务管理人员足不出户就能完成双向涉税事项办理,真正实现"网上能办的网上办,现场办的当场取",降低场地成本、时间成本与沟通成本,大大减轻前台压力,提高服务效率。其次,税务机关可借助 CA 数字认证、网上抄报税等技术力量,深入推行无纸化办税,进一步简化办税流程。做到"一件事一张纸",减少报表、通知单和回证等文书使用。税务机关可借鉴银行服务模式,利用数据库中的工商登记信息为纳税人自动生成申请表格、文书,纳税人只需在确认书上签名确认即可完成表格填写,减免重复填写表格的环节,大大节省纳税人的办事效率,提高数据应用效率,减少流转环节。

其次,税务机关可通过计算机完成批量定制机械重复流程,如处罚的流程、预警监控设置、定税延期等。运用信息手段进行数据采集、比对、处理,

如免抵退审核、各种数据的定期统计等,减少简单的人力操作,为征纳双方节省重复往返办事的时间成本。

最后,高效的信息共享机制的建立有助于实现同城通办、一窗通办和异地办税等业务,减少纳税人奔波往返的环节,平衡镇区差异,减少前台压力,有效分流办税人流。远程办税应用必须具备完善的日志记录功能和数据储存备份功能,因此网上办税平台、无线办税平台的开发应用为涉税数据的深度应用打下基础。纵向上,建立省级集中、市级分析、基层应用反馈的三级数据处理机制,实现专业数据管控。横向上,逐步建立政府引领、税务管理、部门协作、司法保护、社会联合、技术支持的"1+X"综合保障机制。深度上,设立专业的数据处理部门进行数据的分析、挖掘和数据模型的探索。税务部门可以通过涉税数据库掌握纳税人的每一笔纳税申报、发票认证等操作与历史记录,为征管工作提供真实可靠的数据支撑,有助于税收经济分析、纳税评估、税源监控、税务稽查等各项工作的开展。

2.4.3.2 职能转变

税务机关作为国家重要部门,与纳税人直接接触,亟须走上职能转变的艰辛道路。税务总局也为职能转变工作指出前进方向。

一是减少和下放税务行政审批项目。对国务院决定取消的税务行政审批项目,任何一级税务机关都不得截留。对税务总局下放管理的税务行政审批项目,有关税务机关切实负起责任,做好承接,加强规范,把后续监管做到位。

二是减轻纳税人的办税负担和基层税务机关的工作负担。增强税收政策的透明度、纳税咨询的确定性和办税服务的便利性,避免税务检查的重复性,逐步取消所有税务行政性收费,清理和规范各种达标、评比、检查活动,优化和整合应用软件,着力为纳税人和基层税务机关减负。

三是减少职责交叉和分散。按照同一件事由一个部门负责的原则,理顺各级税务机关内部部门间职责关系，转变税收管理方式，根据职责调整情况合理配置人力资源，加强预算管理，进一步优化职能配置，提高行政效能。

四是提高服务大局能力。准确掌握纳税人各方面基本情况，为领导决策、指导工作、加强管理提供支持。加强税收分析、税收政策效应分析和税源监控分析，通过税收反映经济社会发展的苗头性趋势性问题。加大税务稽查力度，推进税收信用体系建设，营造公平竞争的发展环境。积极获取和提供第三方涉税信息，提高税收管理科学化水平。

五是加强依法行政。坚持用法治思维和法治方式履行职能，让行政权力在法律和制度的框架内运行。加强税务部门制度建设，坚持科学民主依法决策，严格规范税收执法行为，积极推进政务公开。

六是强化绩效管理。建立和完善绩效考评机制，深入开展绩效考评工作，奖优罚劣。推进依法行政综合绩效考核试点，加强考核结果运用。加强对绩效管理的监督检查，实施问责制。

2.4.4　推进税务机关实体化运作的实例

以我国东部某省为例，其所辖的诸多市级地税机关已开始推进实体化运作，其中，A 地方税务局的实体化运作可以视为其中的一个成功范例。

A 地方税务局综合考虑实体化运作的推进，将目标定为：工作中心前移、业务下沉，承担风险管理事务，参与处理重难点业务，推进实体化运作。同时，重新构建业务流程、建立岗位职责与相关制度，以满足税源专业化与实体化运作需求，保证日常工作完满、协作紧密、事项管理完善、责任落实到位，实现效率为首、互相协作、顺利运行的工作目标。

在具体实施实体化运作层面，A 地税局以机关参与风险管理、构建扁平化机构、改进业务流程、完善岗位职责、健全制度规章为五大主要内容。为了确保机关实体化的稳步推进，A 地税局还制定了如下五项保障措施：

（1）加强宣传引导，提升对机关实体化的认知水平。

（2）加强教育培训，提升对机关实体化的驾驭能力。

（3）加强基础工作，提升对机关实体化的数据支撑。

（4）加强信息管税，提升对机关实体化的技术保障。

（5）加强督促检查，提升对机关实体化的落实质效。

A地税局创新了市级一级稽查体制，实行机构扁平化、管理集约化、作业标准化。机构扁平化，将各县（区）地税局稽查局作为市局稽查局的派出机构，设立一个跨区域的重点行业检查分局，专司全市建安、房地产行业高风险的检查、执行。管理集约化，在全市推进案源管理、检查实施、案件审理、组织执行、人员调配、绩效评价、成果利用"七个统一"；成立专业化的办案中心，实施封闭式、一站式管理；建立全省地税系统首家纳税遵从教育基地。作业标准化，配套出台案件管理、案件审理、成果利用和激励评价等四大类18项制度体系；推行以预案式为主，结合审计式、简易式的检查方法体系。

A地税局成立税收风险管理专业团队，实施风险机构扁平化，把各县（区）风险监控局作为市局风险监控局的派出机构，按序列加挂一、二、三、四分局，实施人员调配、计划制定、分析识别、风险推送、应对复审以及绩效评价的"六个统一"，形成了"统一分析监控、分类分级应对"的集约化风险管理体制。构建"上下联动、左右互动、内外协动"的风险管理联动运行机制，2012年统筹建设并部署使用了22个风险识别模型和179个风险指标，在全省模型竞赛中获得优异成绩，风险识别有效性始终保持在80%以上。建立风险管理关键绩效指标（KPI）评价体系，设立了21项评价指标，通过系统自动分析的方式，对风险管理流程节点和相应责任单位在风险管理中的绩效进行评价，提升风险管理的效能。

 **国外的税务机关发展趋势与启示**

我国正走上税制改革之路，将来的改革方向以及如何在改革道路上走下去等问题都是亟待思索的。在税制改革方面，发达国家走在前面，因此，我国需要借鉴其他国家的改革经验为己所用。美国在税务管理方面的做法就对我国有巨大借鉴意义。下面主要从税收管理机制、数据管理、风险管理及纳税服务几方面介绍。

2.5.1　税收管理机制

美国主要遵循自主申报、强化评估、重点稽查的税务管理机制。首先，相信纳税人诚信度，认为其申报真实可靠，同时纳税人也需要负担相应责任。其次，严格处理税收违法行为，增大纳税人违法成本。最后，采用科学方法管理税源，构建扁平化组织结构，精简机构的同时不断提升征管成效。我国改进美国的方式，实行规模、行业及特定对象相结合的税源管理方式。

2.5.2　数据管理

美国良好的税务数据管理必然与其本身条件脱不了关系，同样地，我国也会受到国情及环境的限制。失去可靠数据源和有效的指标模型，改革就很难进行。因此：

（1）推进制度改革，学习美国的做法，将身份证号作为经济活动的唯一识别号。此外，推进个人信用体系建设，借鉴美国《国内收入法典》，以法律形式规定涉税第三方提供相关信息的义务，保证真实涉税信息渠道，防范信息虚假带来的税收流失。

（2）政府应积极建立各部门及机关的信息共享平台，将各方数据整合至平台，实现数据信息化，方便信息交流与沟通。

（3）美国税务机关计算机硬件条件并不比我国好很多，但由于其软件设计合理有效，从而为税务机关的征管工作提供技术支持，实现效率优化。

2.5.3 税收风险管理

美国依靠长期工作经验设立风险模型，且每年调整风险参数，保证税收风险管理有效。首先，需要进一步完善风险识别模型，根据地区具体情况设置参数条件，可分行业、分地区进行定等排序，再推送至各应对部门。其次，推进纳税人自主管理平台建设，在平台上公开行业或地域风险信息以及各税种信息，引导纳税人自我管理，进而提高其遵从度。最后，重视控制企业重大税务风险，有针对性地与纳税人沟通，严格区分风险类型，将风险理念引入税收管理。

2.5.4 纳税服务

我们应该清晰认识到，美国公民依法纳税的良好意识不是一朝一夕形成的，我们需要深入开展税法宣传普及教育；学习其将纳税人视为客户的理念，时刻以提供优质纳税服务、保障纳税人权益为导向；还可学习将服务分为无偿与有偿两种形式并行，同时可以将某些业务外包，改善服务质量，构建社会化纳税服务体系。

税收风险管理的目标规划

明确税收风险管理的根本目标和研究制定战略规划,是税收风险管理的开始阶段。税收风险目标规划是指管理层在对外部环境和内部条件进行认真分析研究的基础上,对一定时期内税收风险管理的工作目标、阶段重点、方针策略、主要措施、实施步骤等做出的具有系统性、全局性的谋划。为了统领和指导税收风险管理工作,各级税务机关结合税收形势和外部环境,确定税收风险管理工作重点、工作措施和实施步骤,形成系统性、全局性的战略规划和年度计划。

 **税收风险管理战略规划**

从整个管理体系的角度看,研究制定风险管理战略规划是整个风险管理的基础性环节。简单地说,战略规划是在现有和未来条件下,如何达到既定目标,建立严密高效的税收风险管理运行机制。

3.1.1 战略规划编制的原则

1. 目标导向原则

税务机关在各个阶段的工作目标都不尽相同。风险管理战略规划要围

绕各个阶段的主要工作方向来制定。2015 年 10 月由中央全面深化改革领导小组第十七次会议审议通过《方案》，提出到 2020 年建成与国家治理体系和治理能力现代化相匹配的现代税收征管体制。近一阶段，全国各级税务机关的风险管理战略规划的编制均应围绕这一目标来制定。

2. 风险导向原则

将税收风险管理的理念和方法贯穿税收管理全过程，科学分类税源和管理职责，按纳税人风险特点实行集约化管理，按重要事项和环节进行分工，提高税收征管质效。

3. 优化资源配置原则

根据风险管理的要求，在现有机构框架下，进一步调整优化机构职能和人员岗责，合理划分税源管理职责，规范业务流程，优化人力资源配置，减少管理层级，推进风险管理运行体系的扁平化，提高管理效能，防范执法风险。

4. 信息化支撑原则

适应信息技术发展和大数据时代的要求，加强税收征管业务与信息技术的融合，以信息化推动税收风险管理，促进税收服务和管理创新，建立符合信息化条件下的税收征管新格局。

5. 因地制宜原则

根据不同地区的经济发展水平、税源分布、征管机构、人员状况等具体情况，制定具体的战略目标，将大企业、重点税源企业、重点行业的税收遵从风险，以及税收征管盲点、难点、热点及薄弱环节作为税收风险管理的重点，因地制宜地开展风险应对工作。

3.1.2 战略规划编制的方式

战略规划是分层次的，战略规划不仅在高层要有，在中层和基层也应有。税收风险管理战略规划包括四个层级，国家税务总局制定全国统一的战略规划,省(自治区、直辖市)级、市级、县级国家税务局和地方税务局分别按照管辖区域和职责范围制定的战略规划。在战略规划编制过程中,常出现以下几种类型。

1. 高度集权型

高层领导拿出方案,上级税务机关的制定战略规划,由基层去贯彻执行,上下级之间沟通互动较少,完全是服从命令听指挥。

2. 高度分权型

基层税务机关拿出方案,然后逐级汇总到高层决策部门,但是没有形成统一的整体战略规划方案,各地想怎么发展就怎么发展,百花齐放,百家争鸣。

3. 自下而上型

方案先由基层提交到高层,经过高层集中以后再反馈到基层,基层再次深入研讨,将意见反馈到高层,最后形成统一的方案。

4. 自上而下型

领导层授意或拿出方案,向基层征集修改意见和建议,基层结合客观实际情况将意见反馈上去,领导层认真听取意见,修改完善最初的方案,再交基层执行。这种方式制定战略规划,总体目标明确,上下经过充分沟通和互动,有利于形成共识,后续贯彻落实偏差最小。

实际工作中,以上方式往往是相互结合在一起来操作的。具体问题要具体分析,运用一切可用资源制定规划,从而实现战略目标和重点。

3.1.3　战略管理工具——平衡计分卡

科莱斯平衡记分卡(Careersmart Balanced Score Card),源自哈佛大学教授 Robert Kaplan 与诺朗顿研究院的执行长 David Norton 于 1990 年所从事的“未来组织绩效衡量方法”一种绩效评价体系。该计划的目的,在于

找出超越传统以财务量度为主的绩效评价模式，以使组织的策略能够转变为行动。经过将近 20 年的发展，平衡计分卡已经发展为集团战略管理的工具，在集团战略规划与执行管理方面发挥非常重要的作用。平衡计分卡被誉为近 75 年来世界上最重要的管理工具和方法。平衡计分卡的出现，使得传统的绩效管理从人员考核和评估的工具转变成为战略实施的工具，使得领导者拥有了全面的统筹战略、人员、流程和执行四个关键因素的管理工具，使得领导者拥有了可以平衡长期和短期、内部和外部，确保持续发展的管理工具。

平衡记分卡（BSC）方法贯穿于战略管理的三个阶段。由于制定 BSC 时，要把组织经营战略转化为一系列的目标和衡量指标，此时管理层往往需要对战略进行重新审视和修改，这样 BSC 为管理层提供了就经营战略的具体含义和执行方法进行交流的机会。同时，因为战略的制定和实施是一个交互式的过程、在运用 BSC 评价组织经营业绩之后，管理者们了解了战略执行情况，可对战略进行检验和调整。在战略实施阶段，BSC 主要是一个战略实施机制，它把组织的战略和一整套的衡量指标相联系，弥补了制定战略和实施战略间的差距。传统的组织管理体制在实施战略时有很多弊端：或是虽有战略却无法操作；或是长期的战略和短期的年度预算相脱节；或是战略未同各部门及个人的目标相联系，这样，使战略处于一种空中楼阁的状态。

一个结构严谨的平衡计分卡，应包含一连串连接的目标和量度，这些量度和目标不仅前后连贯，同时互相强化。建立一个战略为评估标准的平衡计分卡须遵守三个原则：

（1）因果关系。

（2）成果量度与绩效驱动因素。

（3）与财务联结。

此三原则将平衡计分卡与企业战略联结，其因果关系链代表的流程和决策,会对未来的核心成果造成哪些正面的影响。这些量度的目的是向组织表示新的工作流程规范,并确立战略优先任务、战略成果及绩效驱动因素的逻辑过程,以进行企业流程的改造。其实施步骤是:

(1) 定义远景。

(2) 设定长期目标(时间范围为 3 年)。

(3) 描述当前的形势。

(4) 描述将要采取的战略计划。

(5) 为不同的体系和测量程序定义参数。

在构造公司的平衡记分卡时,高层管理人员强调保持各方面平衡的重要性。

3.1.4　战略规划编制的样例和说明

1. 指导思想

以党中央和国务院关于税收征管体制改革要求和"放管服"改革等相关精神为指导,以推行纳税人自主申报纳税、提供优质便捷办税服务为前提,以分类分级管理为基础,以税收风险管理为导向,以现代信息技术为依托,推进税收征管体制、机制和制度创新,努力构建集约高效的现代税收征管方式,进一步增强税收在国家治理中的基础性、支柱性、保障性作用。

2. 基本原则

如依法征管、权责清晰、科学效能、统一规范、分类管理、分工协作、分步推进等。

3. 战略目标

中长期总体目标:到 2020 年,建成与国家治理体系和治理能力现代化相匹配的以风险管理为导向的现代税收征管体制。

可以将中长期目标进行细化和分解。将总体目标细分为若干个具体

的、可量化的目标,并将这些细化目标分解到各个阶段或年度,分步推进和落实。通过细化目标的实现带动总体目标的真正实现。

4. 主要任务

完善税收风险管理运行机制,全面推行税收风险管理,将有限征管资源配置于应对税收风险或税收集中度高的纳税人,构建立体化、全闭环、持续改进的风险防控网络,提升税收征管效能。建立现代税收征管基本程序,建立以纳税人自主申报纳税为前提,由申报纳税、税额确认、税款追征、违法调查、争议处理等主要环节构成,与税收风险管理流程相融合的现代税收征管基本程序;构建分类分级的专业化管理体系,改革属地固定管户模式,在科学分类税源和涉税事项基础上,发挥各层级各部门比较优势,分级分岗承担涉税事项管理职责,逐步建立与分类分级相适应的专业化组织体系;优化征管资源配置,改变同质化设置征管机构、平均分配征管资源的传统做法,逐步建立与转变税收征管方式相适应的税务组织体系,解决征管资源配置的结构性问题;提高信息化支撑,做好国家税务总局金税三期决策二包的落地实施建设,适应"大数据"时代的要求,建设数据应用平台,提升数据资源的深入挖掘和分析利用;加强人才培养,结合国家税务总局"全国领军人才"培养计划,主动适应税收风险管理、专业化管理工作需要,进一步加强人才队伍建设,建立专业化人才队伍;健全征管质量监控评价体系,建立由一套制度、一套指标体系、一个信息化平台、一支专业化队伍组成的征管质量监控评价体系,实现税务总局对省税务机关、省税务机关对本级和下级税务机关,人机结合、机考为主的税收征管质量监控评价,全方位、立体化评价和展示税收征管质效、纳税人税法遵从度和税务人主观努力度。

5. 组织实施

如加强税收风险管理工作领导小组统筹安排和组织协调等各项工作,各有关职能部门大力支持和配合,上下级税务机关之间协调共进,细化制定工作方案,完善工作机制,落实工作责任等。

3.1.5　战略规划的调整与执行

3.1.5.1　战略规划的调整

中、长期发展战略的制定依赖全过程中每一阶段的结果是否正确。战略制定的基础是相关信息的收集，如果没有充分收集信息，则无法做好相关战略的制定。战略分析和预测是有局限性的，并不是所在方面都是可以预测的，对未来 3 年甚至 5 年的发展前景的预测结果很可能是不准确的，需要采取"预测＋假设＋调整"三步骤来有效解决，对战略规划实行"滚动式"式管理。

3.1.5.2　战略规划执行过程的障碍

1. 沟通与共识上的障碍

根据有关调查结果显示，一个组织中少于十分之一的员工了解组织的战略及战略与其自身工作的关系。尽管高层管理者清楚地认识到达成战略共识的重要性，但却很难有效地转化成被基本员工能够理解且必须理解的内涵，并使其成为员工的最高指导原则。由于战略规划总是要考虑外部的变化，因而要求进行内部的变革以适应外部的变化，这种变革又往往是这些企业人员不欢迎的，这样他们就有可能在实行这种战略规划时持反对态度。

2. 组织与管理系统方面的障碍

据调查，组织的管理层在例行的管理会议上花费近 85％ 的时间，以处理业务运作的改善问题，却以少于 15％ 的时间关注于战略及其执行问题。过于关注各部门的职能，却没能使组织的运作、业务流程及资源的分配围绕着战略而进行。

3. 信息交流方面的障碍

管理层已经意识到信息的重要性，并对此给予了充分的重视，但在实施

的过程中,信息基础设施的建设受到部门的制约,部门间的信息难以共享,只是在信息的海洋中建起了座座岛屿。

3.1.5.3 战略规划的有效执行

如何制定好一个战略规划,如何执行好战略规划,又是战略规划的主要内容,这些叫战略规划的操作化。为了执行好战略规划,应当做到以下几个方面。

1. 做好思想动员

让各种人员了解战略规划的意义,使各层干部均能加入战略规划的实施。

2. 把规划活动当成一个连续的过程

在规划制定和实行的过程中要不断进行"评价与控制",也就是不断的综合集成各种规划和负责执行这种规划的管理,不断调整。

3. 激励

税务机关上下级之间应进行思想沟通,明确战略规划的重要性,改变员工的压抑心情,改变税务机关的精神面貌,对风险管理战略规划编制和改进有贡献的人应给以奖励。

税收风险管理年度计划

制定风险管理工作计划是对执行战略规划的具体落实。税收风险计划管理,是指税务机关在一个年度内,根据税收风险管理工作需要,对税收风险管理的工作目标、工作事项、实施步骤等做出的综合安排,主要包括计划制订、计划执行和计划监督。

3.2.1　计划制订原则

1. 全面性原则

在全面性原则下,税收风险的计划内容覆盖要"全"。税务机关及时召集各业务科室共同研究年度计划,以征管指标和税种管理为核心,将发票管理、财务报表、建筑业行业、房产税、土地使用税管理等全部纳入年度风险计划。同时以综合治税为保障,以第三方信息交换平台、互联网涉税公开数据抓取工具为载体,重点将工商局股权转让信息、国土局土地转让和出让信息、供电、供水和供气信息、房产交易信息等纳入全年风险管理计划。当然,各税务机关根据自身所处环境的不同而制定不同的"全面性"维度,努力减少遗漏项目,通过计划制定的全面性来保障税收风险管理最终实施的全面性。

另外,全面性原则也指人员参与的全面性。税务机关的各级领导以及税收风险管理的相关部门税务人员都应高度重视税收风险的计划管理工作,并能积极参与其中,及时提供必要支持。税务机关建立和完善税收风险计划管理的完整体系,实行统一的计划制定,各专业部门各司其职,严格保障税收风险信息的提供、数据的分析等工作的进行。使税收风险的计划管理更加体系化、全面化。

2. 重要性原则

在税收风险的计划管理中,税务官员必须首先对重要性做出判断,这就要求税务官员能够通过以往的税收数据分析,结合积累的风险管理经验,充分考虑纳税单位的规模、行业属性、以前年度的纳税遵从情况等方面,初步评估其重要性,重要性高的纳税单位则明确列入计划,为风险管理具体实施计划奠定基础。在做出重要性判断时,通常会运用重要性水平。重要性水平是做重要性判断时必须考虑的数量因素,它是重要信息和不重要信息的

分界线。需要注意的是,重要性判断必须将数量和性质并重,不能绝对依赖于任何百分比数字界线,绝不能将重要性判断公式化。数量和性质因素是相互作用的,性质因素可能使数量很小的错误在性质上达到重要性,例如,违反国家法律法规偷税、漏税的小规模企业也可列为风险管理的重点单位。

重要性原则贯穿税收风险计划管理的全过程,其与成本效益原则等有着密不可分的联系。在税收风险的计划管理中发挥重要性原则的作用,对促进实施其他原则,保障税收风险管理的顺利进行有着重大意义。

3. 成本效益原则

成本效益原则要求税收风险管理必须统筹考虑投入成本和产出效益之比。具体来说,税收风险管理的实施需要耗费一定的人力和物力,但是资源是有限的,税务机关不能也不应该为税收风险的管理毫无节制地投入资源,而是应该权衡税收风险管理的实施成本和预期收益,以适当的成本实现有效的风险管理控制。在税收风险管理的计划制定过程中,税务机关谨慎考虑成本效益原则,保证税收风险管理实施的可行性、高效性。

税收风险管理中有的控制成本及效益难以量化,因此主观性强。而主观性强极有可能造成错误,错误则可能影响风险管理的顺利进行,产生不良后果,也可能导致成本超支,降低效率。所以需要对成本及效益实施适度管控,改善风险管理中的主观随意问题。成本效益原则不是税收风险计划管理的唯一原则,所以应与其他计划管理中应遵循的原则相互协调。比如,税务机关的资源一定时,应采取重点管理,将成本用在高风险、税收遵从度低的纳税大户上,如此提高税收风险管理的效率。实际上或许会有某些机关过度强调风险管理的完整与严密,死守体制,造成流程复杂化,反而增大了成本。这种方式则完全不顾税务机关实际职责,造成风险管理无法顺利进行,同时也会产生低效率问题。

4. 可持续性与可操作性原则

税务机关在税收风险的计划管理过程中,应当注意当前计划和长远发展的关系,以区域税源管理为核心,突出风险计划的持续性和可操作性。需要强调的是,税收风险的计划管理是一个循序渐进的过程,不可能一蹴而就,应强调各类计划之间的衔接,做到"年度计划有前瞻、季度计划有目标、月度计划有成效"。税收风险的计划还应在实施过程中不断调整,对随时可能出现的新情况做出反应,努力做到计划能赶上变化,增强计划管理的可持续性。与此同时,片面强调高目标而忽略实际操作难度系数的计划是不可取的。这将会使得税收风险的计划脱离实际,可操作性差。由此产生的预期目标难以实现的问题会严重打击税收风险管理操作人员的工作积极性,如此恶性循环下去,甚至会导致计划的可信度大幅降低、使计划流于形式、形同虚设。因此,税务机关在制定税收风险管理计划时应该严格遵守计划的可持续性与可操作性原则。

3.2.2　计划制订理论

税收风险管理计划需要一定的理论作为支撑,以下理论从不同的方面为税收风险的计划管理提供了一定依据。

3.2.2.1　产业结构关系理论

税收作为宏观调控的重要手段,同样也对产业结构有重要影响,主要体现在两方面。一方面,是根据经济运作状况,为满足政府目标设置差别税率,或调整税率以调节市场结构,进而影响投资结构,最终实现对产业结构的改变。另一方面,由于企业天生倾向追逐利益,通过推行税收优惠来支持行业发展,使企业自发转向受支持行业,自然也就改变了产业结构。为使税收产生上述作用,保证税收执法严格是前提也是必要条件。以收入为中心的指令式模式过度强调税收收入计划,反而将依法治税推至次要位置。但若是依法治税不再占据首要位置,国家也不能实现以税收治产业的目标。

税收相关法律法规原有设立目的是为了改善产业结构,实际却因指令式税收收入计划而不能实现该目标。同时,指令式计划并不是与地区经济紧密关联,因而造成全国税负不统一。税负不均不仅不能满足市场经济需求,也不能实现资源高效运作,又极可能造成地方保护问题而使市场总体不均衡。所以,需要改变税收计划现有的指令式模式,逐步将其转向指导式。

相应地,税收风险计划也应以税收与产业结构关系理论为指导,统筹产业间风险计划的均衡。税收风险计划同样要发挥积极促进产业结构调整的效能。

3.2.2.2 系统理论

系统是有机整体,它会产生原有要素均没有的新特质,且各要素之间也紧密相连,在系统中拥有各自的独特功能。系统理论主要体现在以下四个方面:

(1)系统是要素的相互联结以及要素与整体的互相作用所构成的综合体,由要素"量"的组合跃至系统的"质"。

(2)系统是要素之间联结构成的,要素之间有相互作用,并不是简单的相加。

(3)系统的功能主要体现在其与外部环境沟通联系的过程,在此过程中实现物质、信息与能量的交互,同时也是系统对外部环境产生作用的时刻。只有系统发挥其功能时,系统才能保持稳健。

(4)不仅需要关注系统静态结构与功能等问题,更需要关注系统的演进过程,考察系统是如何实现无序到有序的转变、低序至高序的进化以及系统是如何完成动态平衡的。

整合风险评估是系统理论的方法之一,其将风险识别、风险衡量、风险评价整合在一起,从而形成一个环节紧凑的系统。税务机关可依靠该方法对纳税人风险进行全面评估,对评估出的不同风险纳税人,设置具针对性的风险计划,发挥系统的最大功效。同时将该方法应用至风险计划过程,将税收风险看作系统,根据风险等级,将不同纳税人视为潜在征管对象,实行评估进行定等排序,完成无序至有序的改变。

3.2.2.3　概率论和决策论

概率论主要是用量化的数据判断事件发生的可能,是一种预测手段。概率的准确程度与信息质量挂钩,信息质量不高会影响判断结果的精确度。风险是具有不确定性的,而概率论则为风险评估提供有效指引。对于不同企业风险的一个量化认识恰恰可以为风险计划的管理奠定基础。

决策论则给予解决问题的手段,由于问题一般较为复杂,其中不确定性也很高,决策论则是通过不同可能来判断最终结果。对于结构化问题即可采取决策树方式或者使用计算机模拟。

税收风险管理依托信息技术手段,让使用概率论思维指导风险评估成为可能。此外,决策论也可为风险应对提供指引,并为风险计划提供支持。

3.2.3　风险管理计划制订、执行和监督

3.2.3.1　计划的制订

要想税收风险计划管理的工作能够顺利展开,税务机关首先明确其工作目标,指明风险管理的计划编制的大体方向,从而为计划的编制提供依据。

1. 计划制订要求

1) 注重经验累积,风险评估全面

税收风险各有不同属性,有自然性的、经济性的、制度性的还有管理性的。因此,税收风险的计划管理比较复杂,工作难度较大,只有在日常生活

中注意经验累积才能确保计划顺利进行。因此,在完成某阶段工作后,就需要根据风险计划对税收风险评估,针对不同风险特性进行风险分析,归结各类风险发生概率、影响程度等,并形成材料归档,方便下一步风险识别。

2)注重风险预警标识的确定工作

一般来说,编制了风险管理计划后,相关的税收风险管理机关就将计划工作视为结束。实际上风险管理计划主要作用是发挥在风险识别过程中,而非风险发生后的应对。需要在风险管理计划中实施预警措施,建立相应标识,确保及时预防风险发生。此外,预警标识还可用于如风险计划进度、预算控制等众多方面。对于高风险纳税人针对性进行分析,明确特有风险预警标识、预警方式及重要活动等。

3)注重团队参与性

不管是风险识别还是风险预警都不能离开人的力量,因此,税收风险管理也需关注团队成员。计划是基础,能否完成计划有效执行是关键。在税收风险管理中,必须明确人员职责,确保发生风险时团队人员均应对及时。所以,保证团队参与性是计划顺利制定与执行的必要条件。

4)注重信息化系统的充分利用

随着信息时代的来临,信息技术在我国税收风险管理中的应用已经取得了长足发展,税务信息化建设成为了趋势。税务信息化建设是依托信息技术手段进行税务管理,进一步挖掘有用信息,以实现不断提升税收征管与纳税服务的目标,同时推进业务重组、流程再造等工作,逐步实现税务管理现代化。税收风险管理是税务管理的重点环节,信息化建设在税收风险的计划管理中必须受到足够重视。税务机关充分利用网上共享平台。构建税务信息共享平台是为了充分利用税务信息,以满足信息使用者管理、决策等需求。同时,税务信息可与外部进行共享交换,一方面是与银行、工商、海关等众多部门或机关联网,实现信息共享;另一方面是与外部网络连接,保证经济信息共享。在税收风险的计划管理过程中,通过税务信息网络平台,税务机关可以较便捷地获取客观、实时的相关数据,在进行分析、筛选过后,这些数据便可作为确定风险计划的输入信息的一部分。信息化系统的有效使用会使税收风险的计划管理工作更加便捷,同时也能提高有关的风险信息获取和分析的效率。

2. 计划制订步骤

1) 开展风险状况分析

为全面有效识别税收风险,制定科学的税收风险管理工作计划,开展风险状况分析是十分必要。风险分析是指辨识和预估某地区、行业、税种或特定事项的纳税遵从风险,并在此基础上制定应对风险的各种行动路线和方案。风险分析是风险管理的重要环节,是提出风险管理事项、发起风险任务的重要依据。

风险状况分析应全员参与,包括各级税务机关所有内设的业务管理部门及直属机构、派出机构。各单位、各部门根据管辖范围、职责分工开展风险分析。

风险状况分析原则如下:

(1) 完整性原则。税务机关全面完整地识别出影响目标实现的所有潜伏的税收风险,采用多种风险分析方法,多角度地识别风险,不仅要考虑分析对象本身情况,还应研究周边的环境,不能因为主观原因而遗漏某些税收风险。

(2) 重要性原则。为保证风险管理的有效性,风险分析应有所侧重,重点分析预期损失较大的风险和重要的行业、税种、特定事项方面存在的风险。

(3) 科学性原则。一是资料来源的科学,风险评估所依据的数据应根据相关统计数据和调查报告分析得出;二是评估方法的科学性,风险的识别和衡量要以严格的数学理论作为分析工具,在普遍估计的基础上,对各项历史数据进行统计和计算,加强第三方涉税信息比对,以得出比较科学合理的

分析结果,同时要积极利用业务骨干、基层一线的经验,做到主观与客观相结合。

(4)持续性原则。风险分析既要针对税务机关作为完整系统的全部风险,也要随着税收政策、管理措施、内外部环境的变化进行连续不断的、制度化的分析。

风险状况分析报告。风险分析报告包括:风险分析范围、风险情形及分析方法(专家调查法、工作—风险分解法、情景分析法、故障树分析法、事件树分析法等)、风险后果严重性及发生概率分析等;风险成因分析,重点从税务部门角度分析风险发生的原因,如税收政策情况、征管措施及手段、管理习惯等;风险分析结论及建议,对各个风险进行比较和评价,确定风险等级或先后顺序,从整体出发,厘清各风险事件之间确切的因果关系和相互转化条件,提出化解风险的工作建议或措施,对分析出的风险领域提出相应的风险指标建设的建议等。

在实际操作中,各级业务管理部门和下一级税务机关围绕税种和行业税收管理要求,依据年度重点工作安排,确定年度税收风险管理工作事项,在每年年底前编制下一年度《税收风险管理工作事项表》并报税收风险管理工作领导小组办公室(简称"风险办")。

2)制订计划草案

税务机关可以根据风险状况分析结论,参考历史税收数据的统计分析情况、税收风险管理的实地考察情况、相关政策的指导思想以及税务机关本身的资源状况(人员配置、资金等)等因素,编制税收风险管理计划的草案。草案在确定后,需要上报计划,保证税收风险的计划在整个税务机关各部门的计划中保持综合平衡。如有必要,还需对计划指标进行一定的测算和调整。

3)风险计划审议和批准

各级税务机关成立税收风险管理工作领导小组,一般由单位主要负责人担任组长。每年初,召开税收风险管理工作领导小组全体成员会议,审批通过风险管理年度计划。

4)江苏地税的风险计划管理

为了规范税收风险管理工作计划管理,保障税收风险管理工作科学、有序和高效开展,江苏省地税局早在 2012 年就制定相关办法全面落实税收风险管理的计划管理工作。风险计划管理实行"统一管理、分级负责"。省局负责全省统一组织实施的风险计划和省局局机关风险计划的管理,指导全省风险计划管理工作。市、县级税务机关分别负责本地区风险计划管理工作。

在组织管理方面,税收风险管理工作领导小组是税收风险计划管理的决策机构,负责审定年度风险计划,研究解决风险计划执行中的重大问题。税收风险管理工作领导小组办公室负责收集整合风险管理工作事项,结合上级机关的年度风险计划,编制本级年度风险计划。业务管理部门负责对业务管辖范围内重点税收风险领域和风险特征进行分析,结合下级业务管理部门需要,提出相应税收风险管理工作事项,并对其完成情况进行评估。风险管理部门是风险计划的管理和监督机构,主要负责编制月度风险计划,协调并处置各类风险计划执行中的问题,监督和评价风险计划的执行情况。

我们可以看到,江苏省地税局对税收风险计划管理工作高度重视。在省局的指导下,江苏各地方税务局纷纷积极响应,根据各地不同情况制定税收风险计划管理的工作安排,并且取得了一定成效。对于我国税务机关来说,税收风险的计划管理还在起步阶段。各税务机关之间应该相互学习经验、教训,通力合作,根据我国国情逐步完善税收风险计划,让计划真正发挥效用,促进最终税收风险管理目标的实现。

3.2.3.2 计划的执行

计划的执行是将制订的计划付诸实际行动的过程,是风险计划管理的

核心。在草案获审批后,形成文件传达至各相关部门执行。如果计划是年度性的,一般为保证稳定不进行修改。为了增强计划的实操性,可将年度计划化为季度性,也可进一步化为月度性。这样做是为方便对计划执行情况监督,同时也便于考评。月度计划可由税务机关根据年度计划要求以及上月的计划完成情况调整本月计划,在获得审批后可以确定为新的计划,下达执行。

税务机关按年度和月度风险计划组织实施税收风险管理工作。税务机关内设的业务管理部门负责按照风险计划组织建设税收风险识别模型和指标,风险监控机构负责按照月度风险计划在规定的工作日内进行风险识别和应对任务推送。风险应对机构则按照税收风险应对任务,在规定的时限内开展风险应对和结果反馈工作。

风险计划在执行过程中,如遇下列情况之一的,业务管理部门、风险监控机构和风险应对机构均可提出中止、变更或撤销计划的建议,由风险办报经领导小组批准后执行:

(1) 在风险计划执行过程中,相关税收政策发生重大调整。

(2) 完成风险计划所需的数据信息、人力资源、技术条件等尚未落实。

(3) 其他需要中止、变更或撤销风险计划的情况。

3.2.3.3 计划执行的监督

制订计划是风险管理计划管理的开端,对计划的监管则是风险管理计划的重点。计划管理人员需要定期跟踪计划实施进程,记录计划完成度,特别需要关注重点风险领域的工作,以满足日后考评的需要;同时,若发现完成计划时出现冲突,则需生成分析报告。出现计划实施困难或遇到新问题的,应向上级报告,并对计划进行修正,保证计划可按时有效完成。

对税务人员的工作绩效进行与月度计划相挂钩的考核,能起到激励税务人员、调动他们工作积极性的作用。同时,计划的考核也能持续追踪税收风险管理的计划的实施情况,为月度计划的调整提供依据,为年度计划高效保质的完成提供有力保障。在计划的考核这一环节中,我们应确保公正性、公平性及公开化。这就离不开考核制度的建立健全,只有这样才能保证有法可依。总而言之,计划考核的顺利开展能够进一步促进计划的全面实施。

在实际操作中,风险管理部门加强对风险计划执行情况的监督,并定期形成税收风险管理工作报告。风险监控机构负责对应对任务的执行情况进行跟踪和督办,并在计划执行时间终了后,对风险点加工、积分、排序、等级确定、任务推送和应对情况进行分析,并将分析报告报送风险管理部门,为监督、评价和评估提供依据。风险应对机构应积极配合风险监控机构和风险管理部门开展税收风险管理的分析、评价和监督工作。风险管理部门在收到风险监控机构相关分析报告后向任务发起部门反馈。

税收数据情报管理

税收数据情报管理在税收风险管理中发挥着重要的基础性作用，是开展风险识别的前提，也是风险应对选案和案头分析的基石，只有全面、准确的税收数据情报支撑才能确保风险管理各项工作的有效开展。税务机关收集宏观经济信息、第三方涉税信息、互联网涉税公开信息、企业财务信息、生产经营信息、纳税申报信息，整合不同应用系统信息，分析形成各类有价值的税收数据情报。

 数据情报管理概述

4.1.1 税收数据情报管理基本概念

税收数据情报是指各级税务机关在日常税收征管活动中，使用合法手段获取、经过专业技术分析加工、采取一定标准格式、通过规定程序批准，传递给各级风险管理部门使用的，用以解决税收风险管理中具体问题的特定涉税知识和信息，税收数据情报包括税务机关各项管理活动中由各种内部数据信息转化而来的情报，以及对加强税收管理有一定作用的外部情报。

税收数据情报从税收管理的不同应用层面可以分为战略性情报和操作性情报。战略性情报能够为高级决策者提供洞察力和目标指引，以全面设定战略和制定政策。操作性情报能够在计划编制、资源调度和选案活动中支持所有层次的决策，并在具体实施中提供支持。

税收数据情报有以下不同形态：数据（data）、信息（information）、情报（intelligence）、知识（knowledge）。

（1）数据是指未经加工处理的与税收征管相关的数字、符号、图表、影像等总称。

（2）信息是指税务机关运用计算机程序处理，对税收数据进行挖掘、分类、分析和提炼产生的，对税收征管具有某些指向性意义的结果。

（3）情报是指在税收征管活动中，对解决特定税收征管问题具有决策支撑作用的数据信息，具有知识性、传递性和效用性。

（4）知识是指人们从实践经验中总结出来且被新的实践所证实的规律及经验的总结，是可以用于推理的规则。知识反映规律性，具有的普遍性，不会随时间变化而变化。在条件不变的情况下，知识是稳定的、可重复利用的。

税收数据情报管理的工作内容概括为"四项工作、两个领域"。"四项工作"是指搜集数据情报工作、建立数据情报库工作、数据情报研究工作以及数据情报风险推送工作。"两个领域"，一是把数据情报收集起来，建立检索系统，以便于使用；二是将信息激活变成可以利用的数据情报。在此过程中，为了给税收风险管理工作提供准确、可靠的依据，税收数据情报管理将采用合理的方式，收集有关税收管理、税收系统内外部数据、企业的涉税信息进行分析和处理。

4.1.2 税收数据情报管理的特征

税收数据情报管理，涉及内部数据整合、第三方数据采集、互联网涉税

信息采集等不同层面和类型,具有其特殊性。同时,税收数据情报管理很可能涉及纳税人的个人信息或商业秘密,这就要求税收数据情报管理要注重保密要求。另外,有些地区、部门和国家在程序上也予以限制,只有为税收目的才能进行数据情报交换而不能移作他用。因此,税收数据情报管理具有保密性和限制性、目的性、权利义务对等性等特征。

1. 税收数据情报管理具有保密性和限制性

税收信息往往涉及个人隐私或者是商业秘密,税收数据情报在管理过程中也应作为密件进行处理。在国家税务总局颁布的相关文件中对税收数据情报的使用和披露都作出了限制:《国际税收情报交换工作规程》第 16 条规定,由外国税务主管当局提供的税收情报应作密件处理。制作、收发、传递、使用、保存或销毁税收情报,应按照《中华人民共和国保守国家秘密法》《中共中央保密委员会办公室、国家保密局关于国家秘密载体保密管理的规定》《经济工作中国家秘密及其密级具体范围的规定》以及有关法律法规的规定执行。

2. 税收数据情报管理具有目的性

税收数据情报管理具有特定的目的性,它依据信息化技术,有效实现税收数据情报与税收风险的统一管理,充分发挥税收数据情报的实时性、有效性和针对性,切实提高税收风险管理应对水平、科学化决策水平,更加高效地服务税收中心工作。

3. 税收数据情报管理具有权利义务对等性

税收数据情报管理制度是不同地区、部门和国家按照对等原则,经过部门间、政府间磋商,为调节其相互之间的税收信息共享机制和加强税收合作而制定的规范性文件。各地区、各部门和各国家都是在创立一种行为规则,即每一方所负担的义务表现为他方所享有的相应权利。实际上,各方的权利义务之规定就是相关各方必须遵守的规则。这些权利义务,总的来讲是对等的。税收数据情报管理,同样也具有对等性的特征。

4.1.3　数据情报管理存在的问题及对策

1. 税收数据情报管理实践中存在的问题

1）信息数据的采集存在困难

涉税信息主要来源于纳税人自主申报、税务机关采集以及第三方数据采集，其中第三方数据尤为重要。第三方数据采集有赖于政府各部门的协调配合，实践中并没有明确的规章制度要求各政府部门及时提供数据，因此政府有关部门的协助意识不高使得采集渠道不通畅、透明度不够、更新不及时。

2）信息数据的质量不高

由于征管立法等方面的局限，很多纳税人申报的信息数据真实性较差；各级税务机关采集涉税信息的途径及权限有限，使得信息数据数量不足，准确性不高，及时性不强；而第三方数据的采集因为缺乏统一的外部数据交换渠道和平台，使得信息数据的共享和应用效率较差，直接影响了分析识别的质量。

2. 加强税收数据情报管理的对策

1）提高对税收数据情报管理重要性的认识

税收数据情报的应用贯穿整个税收风险管理工作，通过有效采集和运用税收信息和数据，利用科学技术方法，能够有效降低征收成本，提高风险管理的质效。因此，提高对税收数据情报管理重要性的认识尤为重要。要广泛加强宣传和培训，提高税务人员的自身意识，深化他们对税收数据情报在税收风险管理中的重要性和影响的理解。应当充分认识到税收数据情报管理不仅是税收风险管理方法手段的变革，更是指导思想、制度机制、组织结构等各方面的重大变革；应当充分认识到税收数据情报管理不仅是税务机关内部的管理工作，还需要各级政府相互配合，形成全社会协助治税的

氛围。

2）进一步拓宽采集的渠道和来源，建立健全综合治税平台

（1）拓宽税收数据情报的采集范围。在不断完善税务机关系统内部涉税信息采集的同时，进一步加强对纳税人涉税信息的采集，即深入到纳税人的生产经营环节，获取纳税人的第一手税收信息和数据。加强第三方数据信息的采集，如从工商部门、国土部门、统计部门、公安部门、金融机构等征纳第三方获得涉税信息，构建综合治税平台，实现税收信息和数据的传递和共享。开展互联网涉税信息采集，将散布于互联网上的纳税人生产经营信息、行业信息等涉税信息转化为能够为税收管理服务的税收情报。

（2）扩大税收数据情报的采集内容。采集全面系统的静态税收数据和信息，如纳税人在生产经营过程中有关生产流程、材料耗用、存货规模和结构等方面的资料。注重跟踪和监控纳税人的动态信息变化和趋势，如成本变动、收入变动、利润及税负变动等，为有效开展税收数据的分析和利用提供丰富的信息资料。

4.1.4 税收数据情报管理的意义

税收数据情报管理是税收风险管理的基础环节，对整个风险管理工作的顺利进行具有重要意义。在风险指标建立完善后，需要利用有关税收数据和信息对指标进行加工处理，计算指标数据和预警值等，为后续的风险识别、定等排序和推送提供依据。如果没有完备准确的数据情报，税收风险管理就会失去意义。

税收数据情报管理是信息化发展的必然趋势，也是顺应国际税收风险管理的潮流的选择。现代信息技术在税收风险管理中的应用、创新与发展，促进了税收风险管理的观念、业务流程、制度机制、管理质效等方面的转变，推动了现代税收风险管理从低效率的手工计算向更高效率的计算机测算转变。此外，国际税收风险管理正逐步转变为以信息数据和计算机信息技术为依托，美国、英国、澳大利亚等发达国家的实践提供了先进的理念和经验，因此，我国的税收风险管理工作应当在此基础上充分利用税收数据情报，结合现代信息技术手段，实现管理方式的变革和发展。

 ## 4.2　税收数据情报来源

根据我国的税收管理实践，涉税数据情报主要来源于三个方面，税务部门内部数据、从第三方获取的数据、从互联网采集的数据。

4.2.1　内部数据

4.2.1.1　内部数据定义

内部数据是指税务机关运用数据抽取工具从内部各业务系统数据库中抽取数据，包括各层级税务机关之间交换的数据、金税三期系统下的国地税共享数据。按照采集方式可分为直接采集和间接采集。

1. 直接采集

直接采集是指本级税务部门直接获取涉税数据，包括纳税人自行申报的数据以及税务部门依法运用自己的职权从纳税人处采集的数据。

2. 间接采集

间接采集是指各级税务部门通过内部共享、内部传递、内部交换的方式取得涉税数据。其中，内部共享是指不同税务部门之间相互间直接获得对方的数据；内部传递是指税务部门经具有直接隶属关系的税务部门同意后获得其涉税数据；内部交换是指税务部门从不具有直接隶属关系的税务部

门交换取得的数据。

4.2.1.2　内部数据分类

1. 登记认定数据

税务登记数据：基本情况、开业登记、变更登记、注销登记、扣缴义务人登记、银行账号信息等。

资格认定数据：税种认定、扣缴义务人税种认定、增值税一般纳税人资格登记、出口退税认定、残疾人就业企业认定、税收优惠资格认定、防伪税控认定、个体定额核定情况、个体工商户停复业认定、非正常户认定等。

2. 申报征收数据

申报表数据：增值税申报表、企业所得税申报表、消费税申报表、营业税申报表、个人所得税申报表、车辆购置税申报表、土地增值税申报表、房产税申报表、扣缴税款申报表、各类基金、规费申报表。

延期申报数据：延期申报申请核准表。

财务报表数据：包括资产负债表、利润表、现金流量表、所有者权益变动表(或股东权益变动表)和财务报表附注。

征收情况数据：征收信息、缴款信息、退还税款、延期纳税、滞纳金信息等。

欠税情况数据：欠税信息、留抵抵欠信息等。

3. 发票数据

发票基本情况数据：购票资格、购票信息、发票验旧、发票结存、发票缴销、发票丢失被盗等。

发票抵扣信息数据：增值税专用发票抵扣信息、海关完税凭证抵扣信息等。

金税信息数据：报税信息、认证信息等。

代开信息数据：代开普通发票信息、代开专用发票信息。

网络开具普通发票数据：网络开具普通发票信息、网络开具代开普通发票信息、网络普通发票真伪查询等。

4. 税种、专业管理数据

增值税、所得税、出口退税、国际税收申报数据、重点税源报表数据。

5. 历史应对数据

纳税服务提醒的主要内容、历次风险扫描的风险信息、中等风险应对的处理过程和结果、税务稽查的处理过程和结果。

4.2.2　第三方数据

4.2.2.1　第三方数据定义

第三方数据，是指除了税务部门和纳税人以外的其他机关、企事业单位、社会团体及行业协会等提供的，与税务部门的征管活动或者纳税人的生产经营活动相关联的数据。这些来自外部门的数据一方面丰富了纳税人的涉税信息资料，另一方面这些数据之间可以与内部数据相互印证。随着税收征管的难度越来越大，对于第三方数据的需求迫在眉睫。经过加工、转换和提炼后的第三方数据信息对于增加税收收入、减少税收流失都有着重要作用：

（1）降低税收风险。第三方数据的采集能缓解纳税征管中的信息不对称问题。税务部门可以通过第三方数据资料来获悉纳税人的资产状况和经营状况，加强了税源管控能力，能够从多方面对纳税人的申报情况进行核查，有效降低税收风险。

（2）提高工作效率。第三方数据的采集弥补了税务部门内部数据的大片空白，提高了税务部门获取涉税信息的能力和效率，为能够充分利用现代信息技术进行数据分析和数据挖掘工作奠定了基础，使得整个风险管理工

作及纳税征管工作能够有效进行。

4.2.2.2 第三方数据采集工作思路

为了持续高效地采集第三方数据,需要建立起完善的第三方数据采集机制,利用信息化手段开发全社会的综合治税平台,主要思路如下。

1. 获得政府支持,深化部门协作

第三方数据主要来源于税务部门以外的其他机关和事业单位,因此必须获得引起政府部门的高度重视,依托社会综合治税平台,制定相关办法,明确各部门单位的职责,开展常态化信息交换工作,并将综合治税纳入政府年度目标考核,不断强化税务部门与外部门的协作和配合,推动综合治税平台的纵深发展,保证及时有效地采集第三方数据。例如,2008 年某省人民政府号发布了《税收征管保障办法》,明确了"县级以上地方人民政府应当以政府信息网络为依托,建立地方税收征管保障信息交换平台,组织有关部门和单位实现涉税信息的共享。"以《税收征管保障办法》为依托,该省逐步形成了较为顺畅的第三方数据采集、交换机制。

2. 加强理论研究,完善平台建设

第三方数据的采集有赖于综合治税平台,它改变了现有的征管模式,对税收实体法体系及政府经济管理都会产生深远的影响。因此,在推动综合治税平台建设的过程中,应加大相关理论研究的力度,为有关方面的相应调整打好理论基础。此外,西方发达国家在第三方数据信息共享方面已经积累了长期的经验。税务部门基于我国实际情况,结合国外相关经验和教训进行研究,充分利用后发优势,构建完善的第三方数据采集机制。

3. 建立联动机制,规范管理监督

为了确保第三方数据采集机制的良好运行,必须建立健全配套制度,明确各部门的职责,委派专人负责第三方数据采集的规划和日常管理,有效组织、协调和指导有关部门和人员的综合治税工作,定期对第三方数据采集情况进行跟踪评价及反馈,形成有效闭环,提升数据采集的效率。

4. 构建数据标准,实现信息化支撑

不同部门在形成各自信息、数据时依托的信息化条件不同、数据库不同,业务内容也千差万别,这就使得不同来源的第三方数据格式相差很大。为了能够有效归集和使用第三方数据,就要求从采集环节起,就要确定数据采集标准。例如,某省地税编制了《第三方数据交换标准》及《第三方数据交换数据元标准》,明确了第三方数据的分类方法及、数据元定义、数据描述方法、代码规则、命名规则、采集频率、需求格式等内容,规范了该省地税系统第三方数据的采集、加工与分析利用。为支持和规范全省各级税务机关对第三方数据的采集、加工和应用,该局开发建设了第三方数据管理平台,支持各层级获取第三方数据,提供统一的加工匹配工具、实施分级分类统一存储,并支持各层级对第三方数据的共享应用。

4.2.2.3　第三方数据分类

以某省局编制的《第三方数据交换标准》,举例说明如何按数据来源对第三方数据进行分类,并通过赋予数据代码,编写数据采集清册。

表 4-1　部分数据类别

数据大类	数据类别
国家税务局	案件信息、车购税信息、登记信息、个体定额、工资及三项经费、国地税共管户稽查查补信息、国税局变更登记信息、国税局非正常户核销信息、国税局非正常户认定信息、国税企业信用评级信息、开票信息、免抵退、纳税人财务报表、企业工资费用支出信息、企业所得税汇算清缴表、申报入库信息、税务机关公告的企业或单位欠税信息、税务机关公告个体工商户的欠税信息、退税信息、外来施工企业登记、信用等级、增值税消费税的查补入库数据、增值税消费税的入库数据、增值税消费税的申报数据、增值税消费税的退税数据、注销户信息、综合治税国税信息落实反馈汇总表、服务贸易等项目对外支付税务备案表

续表

数据大类	数据类别
安全生产监督管理局	非煤矿山企业(独立生产系统)安全生产许可证审批(变更)信息、非药品类易制毒化学品经营许可证登记(变更)审批信息、非药品类易制毒化学品生产审批(变更)信息、机构资质认定(变更)信息、煤矿企业(矿井)安全许可证审批(变更)信息、危险化学品经营许可证登记(变更)审批信息、危险化学品生产企业安全生产许可证审批(变更)信息、行政处罚信息、许可证注(撤)销信息、烟花爆竹经营(批发)许可证登记(变更)审批、烟花爆竹生产企业安全生产许可证审批(变更)信息
机构编制委员会办公室	行政事业单位变更信息、行政事业单位基本信息、行政事业单位年检信息
财政部门	财政拨款情况表、财政对纳税人的专项资金使用信息、财政返回拨款奖励信息采集表、财政奖励、补贴补助(奖励)、财政奖励、补贴补助信息、财政预算执行情况、财政专项资金拨付、车辆维修定点单位/结算信息、城建资金、单位项目预览信息采集表、发放企业财政补贴信息、房地产项目土地返还款、机关事业单位闲置房屋出租信息、集中支付工资薪金、津贴或奖金信息、土地拨付或减免款项信息、土地收储信息采集表、行政事业单位基建投资拨款信息、行政事业单位收费的相关信息、政策性拆迁补偿信息、政府奖励信息、政府招标采购信息、政府专项基建立项及资金拨付信息、职业技能培训补贴数据、资产评估机构认定信息
残疾人联合会	残疾人证发放统计数据、福利企业信息、企业安置残疾人信息
城市管理行政执法局	广告工程信息
出入境检验检疫局	出口企业注册登记审批、国境口岸储存场地卫生许可证、国境口岸服务行业许可证、国境口岸食品生产经营单位卫生许可证审批(变更)信息、免验企业信息、卫生检疫许可证
人民法院	对涉及动产不动产无形资产处置的裁定判决调解信息、对涉及动产不动产无形资产处置的拍卖信息、对涉及动产、不动产、无形资产处置的执行信息、法院案件信息、法院部门经济案件判决明细信息、法院律师代理案件明细信息、法院执行案件信息、民商事案件审理信息、民商事案件执行明细信息、破产案件涉税信息、企业破产信息、涉税违法案件中需查补的涉税信息、相关人群信息、执行案件当事人

续表

数据大类	数据类别
工商行政管理局	吊销营业执照信息、董事会信息(变更)、非自然人股东(发起人)信息、高级管理人员信息(变更)、工商变更登记信息、工商股权转让信息、工商年检结果信息、工商设立登记信息、工商信用等级信息、工商行政处罚信息、工商注销登记信息、股权变更登记信息、股权结构信息、集团企业信息、监事会信息(变更)、企业增资信息、商标代理机构认定信息、外国企业常驻代表机构名单、著名商标信息、注册资本明细信息、自然人股东(发起人)信息
供电公司	非居民用电信息、供电部门工程建设项目招投标信息、供电建设项目涉税数据
公安部门	安全技术防范产品许可证、爆破工程信息、查处经济案件信息、电动车上牌数据、房屋租赁登记信息、户籍信息、机动车驾驶培训经营许可信息、机动车驾驶员培训信息、机动车上牌信息、驾校报名培训信息、驾校培训考试发证人员信息、金融机构营业场所和金库建设审批、经营性停车场信息采集表、境外常住人员信息、旅馆行业客房入住统计信息、旅馆许可证、旅馆业登记信息、涉税案件数据、外籍人员(含港、澳、台同胞)入境登记信息、外籍人员办理居住证信息、网吧上网登记信息、消防验收、行政处罚、因私出入境中介机构行政许可证审批(变更)信息、因私出入境中介机构许可证
国土资源部门	采矿权审批信息、采矿许可证发放及收费信息、地质勘查资质信息、耕地占用信息、矿业权估价师、矿业权评估中介机构注册信息、探矿权审批信息、土地估价师注册信息、土地评估中介机构、土地权属登记信息、土地使用权出让信息、土地使用权转让信息、土地使用证发放信息、土地征用信息、卫星测量占地信息、行政处罚信息、许可证注(撤、吊)销信息、应税矿产品开采信息
知识产权局	年检(年审)信息、行政处罚信息、专利代理机构设立许可信息、专利侵权纠纷当事人信息、专利侵权纠纷信息、专利实施许可合同备案信息、转让专利权的个人名单信息、转让专利权的企业名单信息
质量技术监督局	标准化良好行为企业、获得"C"标志企业记录、获得国家、省名牌产品称号的企业及产品信息、某省工业企业质量信用评价信息、某省质量信用产品、气瓶充装行政许可审批、认证咨询机构审批信息、社会公正计量行(站)、实验室资质认定(计量认证/审查认可)信息、特种设备产品监检台账、特种设备维修行政许可审批(变更)信息、制造计量器具行政许可审批(变更)信息、组织机构代码发放信息、组织机构代码证废置信息

4.2.3 互联网涉税信息

4.2.3.1 互联网涉税信息定义

互联网涉税信息综合起来就是运用大数据、云计算和搜索引擎技术等，在加强内部数据、第三方数据等互联的基础上，强化对互联网上海量数据信息的提取、挖掘和分析，经过加工整理后，形成的有用的涉税风险信息。

2015年国务院正式提出推进"互联网＋"行动，国家税务总局也据此提出了《"互联网＋税务"行动计划》，在顺应税收信息化和互联网发展的大趋势下，各地税务机关积极运用"互联网＋税收"理念，以互联网涉税信息采集为基础，逐步构建起互联网涉税信息采集、内外部信息关联、信息整合应用、增值增收提效的管理链条。互联网涉税信息的采集和应用是税务部门转变税收理念，顺应新思维、应用新手段，提高税收现代化发展的必然选择。

4.2.3.2 互联网信息采集的内容

对互联网信息采集内容应按主题进行分类管理，下面是某省地税局经过多年实践，形成的股权信息、并购重组、不动产、招投标等16大类83小类常态化采集内容（见表4-2）。

表 4-2　互联网采集主题

序	大类	中类	小类	网站名称
1	企业基本信息	A股企业	A股基本信息	巨潮资讯网
2		新三板企业	新三板基本信息	全国中小企业股份转让系统
3		私募基金	私募基金产品	中国证券投资基金协会
4			私募基金管理人	中国证券投资基金协会
5		一般企业	注销（吊销）企业	全国工商全国企业信用信息公示系统
6			基本信息	全国工商全国企业信用信息公示系统

续表

序	大类	中类	小类	网站名称
7	股东信息	一般企业	私募基金高管	中国证券投资基金协会
8			投资方信息	全国工商全国企业信用信息公示系统
9			投资人变化	巨潮资讯
10		A 股企业	十大流通股东	巨潮资讯网
11			十大股东	巨潮资讯网
12			限售解禁	巨潮资讯网
13			限售股东	巨潮资讯网
14		新三板企业	上市前股东变化	全国中小企业股份转让系统
15			新三板十大股东	全国中小企业股份转让系统
16			发起人持股	全国中小企业股份转让系统
17	高管信息	A 股企业	高管信息	巨潮资讯网
18		新三板企业	新三板高管信息	全国中小企业股份转让系统
19	对外投资	A 股企业	参股信息	巨潮资讯网
20		一般企业	对外投资	全国工商全国企业信用信息公示系统
21		新三板企业	新三板参股信息	全国中小企业股份转让系统
22	司法诉讼	裁判文书	被执行人信息	裁判文书网
23			失信执行人	裁判文书网
24			代理人信息	裁判文书网
25	信用信息	行政处罚	行政处罚	信用江苏
26	上市事件	国内	国内上市	私募通
27		国外	国外上市	私募通
28	项目工程	招投标	工程获奖	江苏省公共资源交易平台（建设工程）
29		工程建筑	施工许可	江苏省住房和城乡建设局
30			竣工备案	江苏省建设工程质量监督信息网

续表

序	大类	中类	小类	网站名称
31	股权信息	一般企业	股权转让	江苏产权交易所
32		A股企业	高管持股	巨潮资讯网
33			股本变动	巨潮资讯网
34			股权减持	巨潮资讯网
35			股权增持	巨潮资讯网
36			配股信息	巨潮资讯网
37			定向增发	巨潮资讯网
38		新三板企业	上市前股权转让	全国中小企业股份转让系统
39			上市前资本变化	全国中小企业股份转让系统
40			新三板股本变动	全国中小企业股份转让系统
41			新三板行权安排	全国中小企业股份转让系统
42			新三板股权激励	全国中小企业股份转让系统
43			上市前转增	全国中小企业股份转让系统
44			新三板减持	全国中小企业股份转让系统
45	并购重组	收购	发行对象明细	巨潮资讯网
46			收购信息	巨潮资讯网
47			被收购股东明细	巨潮资讯网
48			重大重组（收购）	巨潮资讯网
49			发行股份募资	巨潮资讯网
50		出售	出售股东明细	巨潮资讯网
51			出售信息	巨潮资讯网

续表

序	大类	中类	小类	网站名称
52	不动产	土地	土地划拨	江苏土地市场网
53			土地转让	江苏土地市场网
54			土地出让	江苏土地市场网
55		房产	商品房销控信息	南京、无锡、苏州等市商品房信息发布平台
56			楼盘信息	365网上房地产
57			物业费	无锡等市商品房信息发布平台
58	招投标	设备材料	设备招标	江苏建设工程招标网
59			政府采购	江苏政府采购网
60		建筑工程	房屋建筑	江苏建设工程招标网
61			电力工程	江苏建设工程招标网
62			水利工程	江苏建设工程招标网
63			园林绿化	江苏建设工程招标网
64			交通工程	江苏省公共资源交易平台
65		设计监理	工程监理	江苏省公共资源交易平台
66			工程设计	江苏建设工程招标网
67		招投标	企业招标	中国采购与招标网
68	其他	A股企业	竞拍资产	巨潮资讯网
69			股息红利分配	巨潮资讯网
70		新三板企业	新三板股息红利分配	全国中小企业股份转让系统
71		一般企业	捐赠信息	红十字会
72			被拍卖信息	北京产权交易所
73		自然人	自然人捐赠信息	红十字会
74		电商	电影售票	时光网

续表

序	大类	中类	小类	网站名称
75	拍卖	无形资产	股权拍卖	司法拍卖
76		房产	房产拍卖	司法拍卖
77		土地	土地拍卖	司法拍卖
78		车辆	车辆拍卖	司法拍卖
79	新闻	财经新闻	公司公告	金融界新闻库
80			企业分析	同花顺
81			企业经营情况问答	全景网
82	涉税线索	并购重组	并购	私募通
83			收购	私募通

4.2.3.3 江苏地税互联网信息采集实践

自 2013 年起,江苏省地税局开始探索互联网涉税数据的采集应用,为税收风险识别提供有效的数据支撑。2015 年在全省正式推广应用统一的互联网数据采集分析平台。

1. 平台基本功能

1)高性能搜集网络数据

将网络数据采集分为三类:一类是全网数据检索,通过关键字进行全网数据搜集;二是针对信息公示类网站和页面,进行定点抓取;三是对新闻类信息进行收集。

2)高技术含量的图文解析

互联网数据搜集后,数据量大,价值密度低,如何由系统自动判断搜集数据的涉税价值成为一个难点。平台采用了文字密度算法、最佳视觉算法(用于判断正文所在)、涉税事项初步筛选算法(拆解正文,判断是否涉税)、相似择优算法(去重复)、数字占比过大算法(去干扰)等方法,分析并拆解出管理需要的信息正文,便于后续应用。

3)智能化关联匹配

平台包括内网、外网两部分,外网部分负责数据采集,内网负责数据处理和利用,外网和内网通过网闸设备进行数据的传递和信息的交互。利用第三方数据平台的智能筛选和过滤,自动与税务登记进行关联匹配,并对涉税状况进行二次分析,确保涉税关联度。这部分内容是最费工夫的,通过两年多的磨合,主要采用三种不同算法,对获取的不同数据进行分类匹配,效果较好:对网站获取的列表式数据,相似度 90% 以上的约为85%;对标题类数据,匹配率约 60%;对信息正文中出现的纳税人,匹配率约 40%。

4)分类高效的管理应用

按照"业务主题"和"纳税人"两个维度对涉税数据进行管理应用。从税收角度对互联网数据按业务主题进行分类定义,所有的采集内容都归集到具体的某个主题当中,如股权信息主题、并购重组主题等,在业务主题下再按纳税人归集。

5)灵活的采集任务调度

平台提供快速采集任务、手动采集调度和系统调度采集任务三种数据采集过程控制。系统调度采集任务允许使用人员约定时间点采集及循环采集,按照预先设置的采集频率,系统自动运行采集功能,并记录采集结果。

6)人工数据分析

分为两个环节:一是涉税数据价值初始判断,通过业务涉及税种、所得税管辖权、税款所属地等综合因素,确认平台自动提交的数据是否具有涉税价值,与国税有关还是和地税有关;二是价值深度分析,对人工初步分析具有较大价值,需要进一步深入分析的复杂事项进行再分析,明确管理对象、要求等,确保搜集信息得到高效应用。

2. 平台突出特点

1) 安全性高

采用三层架构,由无固定 IP 的采集终端发起采集程序,采集数据通过HTTP 协议和外网服务器交互,内网机器通过网闸的物理控制访问外网服务器前置机。

2) 成本低

借助网络的搜索引擎和传统的关系型数据库即可达到很好的效果,在存储数据前已经通过网络引擎和平台自身两层筛选,因此筛选后的数据可利用价值非常好,大大节约了存储空间的成本,确保了数据不会非必要地过快膨胀。

3) 采集效率高

采集分指定页面和网络搜索,指定页面的采集主要是格式化的表格数据,这样的数据即使把分页计算在内的话也是毫秒级,借助搜索引擎最主要的作用就是过滤无关数据、限定采集时间,在测试的情况下一天可采集2 000万条互联网数据。

4) 解析准确度高

数据解析模板利用中文分词技术,能快速把无序的文本语言解析成结构化的数据库存储对象,大大提高机器智能解析的准确度,减少人工干预处理造成的工作量。

5) 匹配速度快

数据匹配过程在不使用并发处理技术的情况下,在 90 分钟内能匹配完成 800 万条记录,每分钟匹配处理的数据量达到 2.0 万～2.2 万条。

6) 数据智能过滤

平台在数据采集过程中可智能甄别互联网上的相似新闻内容,判断重复新闻内容的完整度。

4.3 税收数据情报管理工作流程

税收数据情报管理的工作流程包括了数据标准化管理、数据质量管理、涉税数据采集、数据加工等步骤。

4.3.1 数据标准化管理

随着信息技术的迅速发展,信息化建设需要对不同结构和层次的信息内容进行整合和控制,如何以一种有序、规律的方式有效管理海量数据信息变得越来越关键。数据作为一种描述和传递信息的工具,其准确性、可靠性、可控性以及可校验性是保证信息交换、处理和共享的重要前提,这一目标主要依靠数据标准化来实现。对数据进行标准化有利于数据的查询检索以及与其他用户的数据交换,可加强数据在系统间及环境间的实用性和共享性,提高数据的长期使用和再利用的价值。

4.3.1.1 数据标准化

数据标准化是指对数据基本单元的含义、标识、分类编码、表示形式等各个方面进行规范和统一。经过标准化的数据是信息系统的基石,它可以确保各项业务以完整、有效、高效的方式运行。

税收数据的标准化就是对税收数据进行的有组织地制定、修改和贯彻标准的过程。税收数据处理工作包括数据的采集、传输、处理、存储和控制,要实现这一过程的有序循环,必须遵循一定的标准,否则无法保证信息系统的正常运行,会给数据的整合及再利用带来不必要的麻烦,从而影响整个风险管理的效率。

【例4-1】 国土资源部门的"土地使用证登记信息"数据标准(见表

4-3、表 4-4）

表 4-3 土地使用证登记信息数据标准

标识符	Wbsj040	版本	1.1
中文名称	土地使用证登记信息数据		
简称	土地使用证登记信息		
数据来源	国土资源局		
关联数据元	JSDE005949 单位名称，JSDE006468 土地证面积，JSDE 000292 土地证号，JSDE006664 土地等级，JSDE006531 用地性质，JSDE006562 发证日期_N，JSDE005954 电话号码，JSDE006469 土地坐落地点，JSDE006665 土地用途		
用途说明	采集用地单位的土地信息，用于与系统财产登记的土地信息进行比对，发出风险预警		
约束条件	所有数据元均为非空		
频度	按月获取		

表 4-4 《土地使用证登记信息采集表》

单位名称	证书号码	土地面积	土地等级	用途	性质	位置坐落	发证日期	联系电话

4.3.1.2 税收数据标准化的重要性

税收数据情报管理是税收风险识别工作等的基础，后续的风险指标体系及风险模型的建立、风险识别、风险排序及推送都依托于税收数据及信息。税收数据的来源广泛，形式多样，要实现不同数据库的数据信息相互匹配就需要对数据进行标准化处理，确保数据能够被使用。因此，税收数据的标准化具有以下意义。

1. 提高数据的运用效率

随着税收信息化的推进，大量的税收数据及信息集中到税务部门，这些数据有的来自税务部门自己的征税业务,有的来自纳税人,有的来自第三方。税务部门在采集这些数据时,如果没有制定统一的标准,会导致数据和信息之间无法匹配,产生大量的无效数据及冗余信息,一方面不利于数据的开发和利用,另一方面,由于数据缺失及不准确、信息不充分,将直接影响税收风险的分析和识别,不利于税收征管。因此,对于数据信息,尤其是第三方数据,最好在采集时就制定一定的规范和标准,确保获得的数据都是有效且可用的;在获得了这些原始数据后,无论格式如何,都应该确保其进入下一环节使用前经过转换处理后成为统一标准、统一格式的数据内容,为后续的分析工作提供便利,从而提高数据的运用效率,减少无效数据及信息。

2. 便于对数据进行管理、监督和控制

数据标准化对于数据的监管和控制十分重要,当数据量庞大且来源多样时,如果缺乏统一的存储标准,则在调用数据或者进行数据比对等工作时会带来极大的不便。此外,当需要抽样核对多方数据、对数据管理进行控制时,杂乱无章的数据类型同样影响了工作效率。

4.3.2 数据质量管理

4.3.2.1 数据质量特征

数据质量既包括了数据本身的质量,还包括数据在使用、存储和传输等过程中的质量。数据的一致性(consistency)、正确性(correctness)、完整性(integrity)和可用性(availability)在信息系统中得到满足的程度即数据质量。在税收征管信息系统中,数据质量具体有以下特征。

1. 合法性

合法性是指数据质量应当符合法律法规。税务部门进行风险管理所需

的各种数据以及这些数据的加工、处理、存储、输出都是税务机关及其工作人员依法行政的一种表现形式,其质量均要符合法律、法规的要求。

2. 客观性

数据质量的客观性是指数据来源于客观的现实世界,反映某一客观存在的事物。例如,纳税人实际应纳税额为5万元,而申报缴纳的税额为4万元,其反映的实际申报额4万元是一个客观事实,少申报一万元也是一个客观事实。

3. 精确性

精确性是指数据本身应该是精确的,没有弹性空间或值域的,即精确值具有唯一性。在办税系统中存储的一些信息和数据,如纳税人识别号、身份证号码、税务机关代码等都是精确唯一的。

4. 逻辑性

逻辑性是指数据与数据之间内在联系的程度,既包括了同类数据之间的联系,也包括了多个数据类别间的相互联系,这些联系能够反映客观事实间的联系。例如数据间的这些逻辑关系能够反映其所对应的纳税人信息、经济业务等间的相互联系。

5. 时效性

数据如果脱离了时间来采集就会失去意义,其反映的客观事实与时间存在一定的内在联系。

4.3.2.2 税收数据质量管理

税收数据的质量管理就是对税收数据的采集、录入、处理、存储和备份、交换、恢复和维护的过程进行全面质量管理,确保数据能够客观反映税收征纳状况和税收征管质量。税收数据质量管理的目的,是通过对数据质量的把控来防止数据失真,提高税收数据信息对税收征管工作的支撑作用,为税收风险识别提供全面、真实、准确的信息,形成可靠的基础数据。

1. 税收数据质量管理的工作机制

数据质量管理应该建立"规范采集、录入把关、定期审核、整体联动、全面提升"的工作机制,严格把控数据的采集和录入,保证源头数据的质量,同时对整个数据管理流程进行监控,定期实施审核,确保税收数据的质量符合风险识别工作的需要。

此外,应设立专门分管数据采集的职能部门或岗位,明确相应的职责范围,相关执业人员按照数据采集规范要求进行相关涉税信息数据的采集和录入,保证后期信息的维护,对于数据管理中审核出的数据问题及时进行修改和完善。

2. 数据质量审核和反馈机制

数据采集和录入部门建立数据质量审核和异常数据的反馈机制,数据流经的各个环节或岗位都应对数据质量承担相应审核责任,相互衔接、相互监督。

(1)数据录入前,对数据信息进行全面审核,确保原始信息的准确、完整和规范。

(2)数据录入中,对已进入系统内的数据与原始信息进行核对,防止漏录、错录,确保系统存储数据与原始信息保持一致。

(3)数据录入后,按照岗位职责开展调查、核查、巡查等管理事项的同时,对纳税人征管信息系统数据的真实性、准确性和完整性进行全面审核,并及时维护和更新系统。

3. 税收数据的审计机制

各业务部门和数据管理部门根据工作重点,结合日常工作加强实地抽查,检查系统数据的真实性、准确性和完整性。各税务机关的数据管理部门负责对数据质量审计监控,按照分项采集、集中比对、管住增量、强化责任的原则,全面运用数据审计规则,对数据采集、录入和处理的真实性、准确性、完整性、合法性、逻辑性、及时性进行审计,及时、全面地发现各类问题数据,

并及时下发各责任部门,要求严格按照数据维护规定的权限和程序开展修正工作。

4.3.3 涉税数据采集

涉税数据的采集是风险管理部门根据工作目标,有组织有计划地对纳税人的涉税经济活动相关的信息和数据进行统计调查、收集整理,以全面系统了解纳税人的经济活动和风险特征,为有效进行税收风险管理工作提供高质量的数据资料。

4.3.3.1 税收数据采集的原则

1. 专业性原则

指税务机关设立专门的数据采集岗位,由专门的人员采用合理的方法实现专业化税收数据的采集。

2. 准确性原则

数据信息的准确性是进行有效风险识别的前提和保障,因此保证税收数据的准确性是数据采集工作必须遵循的原则。

3. 时效性原则

纳税人的涉税信息和数据需要及时更新,动态地了解其变化,才能有效掌握和发现纳税人生产经营过程中的税收风险点,为构建和完善税收风险指标及模型提供及时有效的数据资料。

4. 共享性原则

加强涉税信息的交互使用和传递,使得采集的数据可以重复利用,减轻纳税人和数据采集工作人员的负担,降低采集成本,提高涉税数据和信息的利用效率。

4.3.3.2 税收数据采集的流程

（1）制定税收数据采集工作规程，制定相关的管理制度和实施方案，方便税务人员按照规程合理办税，提高工作效率。

（2）明确税收数据采集岗位的职责，确定相关岗位的人员，就采集工作规程、实施原则、注意事项及涉及专业调查的方法等内容对人员进行培训。

（3）根据税收风险管理的工作计划制定全年和阶段性工作目标和重点，确定采集对象，明确采集目的、内容和渠道。

（4）确定税收数据采集的具体方式和方法。

（5）实施标准化采集程序。

（6）对采集到的税收数据进行审核、筛选和录入，剔除对税收风险相关性不大的信息数据，进一步分类汇总后形成阶段性数据采集成果。

4.3.4 数据加工

4.3.4.1 数据加工概念

数据加工是指解决未经加工的各种来源的内外部数据无法用于正常数据分析的问题。通过数据抽取、清洗、转换、匹配、聚合等加工功能，实现内外部各种形式数据源的标准化、格式化，成为数据分析的可选资源，服务各层级的分析应用。

4.3.4.2 数据加工的工作内容

数据加工的主要工作内容包括数据清洗、数据转换、数据匹配、数据汇总、数据归集、数据字典、日常运维等。

1. 数据清洗

数据清洗是指根据预先设定的清洗规则，对原始信息库中存储的数据

进行一定程度上的自动化修改的处理过程。运用数据处理工具,根据各业务部门与技术部门共同确定的清洗数据项目和清洗规则,对原始信息库中存储的数据进行数据清洗,并做好数据清洗规则备案和清洗数据目录发布。

2. 数据转换

数据转换是对非结构化数据进行结构化处理,对不同结构的数据进行结构统一,实现内外部数据在结构上的同质化。即按照各业务部门与技术部门共同确定的转换数据项目和转换规则,对原始信息库中的数据进行结构转换、代码统一、度量统二等处理,满足数据分析的需要,并做好数据转换规则备案和转换数据目录发布。

3. 数据匹配

数据匹配是指将逻辑上有参照关系的数据建立起明确的、符合要求的映射关系。该功能对保证后期数据可利用性至关重要,是数据加工处理中的重要一环。数据匹配一般在代码转换之后实施。即按照各业务部门与技术部门共同确定的匹配数据项目、匹配规则和数据的归属关系,根据一定的映射关系对原始信息库中的数据进行归集,为基于纳税人的数据分析应用创造条件,并做好数据匹配规则备案和匹配数据目录发布。对于第三方数据和互联网涉税信息,提高数据匹配的准确性是提升风险识别精准度的前提和基础。

4. 数据汇总

数据汇总是对原有明细数据进行多个层次上的汇总,形成面对不同分析要求的数据集,提高分析的效率,降低数据分析的难度。即按照各业务部门与技术部门共同确定的汇总数据项目和汇总规则,对原有明细数据,按照不同字段、不同维度进行汇总,形成面对不同分析要求的数据集,提高分析的效率,降低数据分析的难度,并做好数据汇总目录的备案和汇总数据目录发布。如销售发票的开票额,按照月度、季度、年度进行汇总,方便与不同税种月、季、年的申报数据进行比对分析。

5. 数据归集

数据归集是把不同系统、不同库表结构的数据项按照业务分析的方向存放在一起，真正实现数据表向数据项单元的转化，直接面对使用。如将建立某一行业模型所需增值税、所得税申报表、财务报表、发票明细表的相关字段集中到一起。即按照各业务部门与技术部门共同确定的归集数据项目和归集规则，把不同系统、不同库表结构的数据项，按照业务分析的方向归集存放，形成主题数据库，实现数据表向数据项单元的转化，并做好数据归集目录的备案和归集数据目录发布。

6. 数据字典

数据字典是从业务和技术角度对信息平台归集和加工的数据表和数据项进行详细描述的说明。即按照确定人编数据目录，参照规范化的数据字典模板，统一代码设置，将数据加工的结果编制成数据字典，定期通过管理工具进行动态维护，并做好人编数据目录的备案。

7. 日常运维

日常运维是对数据加工情况进行日常巡检，解决各渠道反映的数据加工方面的问题。即按照日常巡检和各渠道提交的运维需求，确定运维目录，及时实施维护处理，解决存在的问题，保证数据加工的准确性、及时性和有效性，并做好运维目录的备案。

税收风险识别

　　税收风险识别是指围绕税收风险管理目标,应用科学合理的方法、模型以及指标体系,对涉税数据进行分析加工,判断其类型,形成并存储风险点的过程,主要包括数据整备、指标模型管理、加工产生风险点三个部分。

 税收风险识别相关概念

5.1.1 税收风险识别定义

　　风险识别是指管理人员利用有关的知识和一定的方法就经济单位和个人面临的风险加以判断发现风险因素的过程。风险识别实际上就是收集有关风险因素、风险事故等方面的信息,发现导致潜在损失的因素。

　　根据税收风险管理理论,税收风险识别是整个税收风险管理流程的第一个环节,在这一环节,需要确定税务部门面临的所有可能的风险来源以及这些风险对税收收入的影响程度。因此,税收风险识别就是围绕税收风险管理的目标,依据所掌握的涉税信息数据,运用相关学科的原理以及定性与定量相结合的方法对潜在的税收风险进行分析,寻找税收风险点,并评估纳税遵从风险及税款流失的严重程度,以便在此基础上提出应对风险的方案。

根据以上定义,税收风险识别的目的包括两个方面:

其一是要从错综复杂的纳税环境中辨别出税收风险发生的源头、方向和具体目标,明确所面临的主要风险行业、风险区域、风险纳税人及具体的风险点。

其二是对税收风险发生的概率及潜在的税收流失的严重程度进行定性和定量的估计和预测,使得税务人员充分了解每种税收风险的潜在损失,进而有助于对各种风险分情况应对,提高应对效率。

5.1.2　税收风险识别作用

税收风险识别是税收风险管理工作的基础。在整个税收风险管理工作中具有重要作用,主要表现在以下三个方面。

1. 税收风险识别是税收风险管理的必要途径和关键环节

随着社会经济不断发展,纳税环境越发复杂,只有通过科学的税收风险分析方法,才能了解和掌握税收风险发生的一般规律,从而更有效率地发现潜在的税收风险,进而采用有效措施开展针对性的控制和排查,提高税收风险管理的针对性和有效性。

2. 税收风险识别体现税收风险管理过程的科学性

税收风险识别过程是将传统的税收风险管理业务与现代计算机信息处理技术相互融合的过程,两者相互补充、相互验证。借助计算机信息技术,运用统计学、计量经济学等领域的学科知识,结合税收规章制度,借鉴税务人员的经验,实现对税收领域多角度、全方位的分析和研究,更准确地找寻税收风险发生的领域和概率。因此,税收风险识别是最能体现税收风险管理的科学技术性的环节,是税收风险管理的发展趋势,对提高税收风险管理

的有效性和准确性具有重要意义。

3. 税收风险识别是税收风险定等排序和推送应对的基础

只有税收风险识别科学准确，风险定等排序和应对才有意义。税收风险识别为后续的风险定等排序提供了全面、具体的量化信息，为风险应对提供了指导方向和分析思路。随着税收风险识别方法和经验的日益积累和发展，整个税收风险管理的循环也会日益高效。

5.1.3 税收风险识别原则

1. 系统化原则

税收风险的产生和发展具有系统化的特征，所以税收风险识别同样应当遵循系统化的原则，制定合理的流程，系统地分析税收风险发生的一般规律和特殊情况，多层次、多角度、全面地识别税收风险点，评估风险后果，为采取相应应对策略提供完备依据。

2. 规范化原则

对于整个税收风险识别工作而言，必须遵循税收风险管理工作中制定的各项制度和标准，建立起风险识别工作的管理机制，明确风险识别的岗位职能，结合各地的税源情况和工作能力，合理安排各层级识别工作的内容和流程，制定标准化的识别方法及流程，并通过绩效考评机制规范整个识别工作。对于已识别出的税收风险，实行集中管理和监督，一方面为后续的应对工作提供方便，另一方面也利于实现风险识别成果的再利用。

3. 专业化原则

税收风险涉及不同行业和领域、不同性质和损失程度，因此风险识别工作的专业性和综合性很强。在选择识别方法时，应当依据不同的风险特征，结合已有的数据资料研究适用于不同特征的风险识别算法和参数，分类建立风险分析监控模型，提高风险识别的专业化水平。

4．人机结合原则

对税收风险的识别应当将定性与定量分析相结合，将计算机技术与人脑相结合，在严密的数学方法作为分析工具的基础上，发挥税务人员自身的知识和经验。具体而言，就是要在统一规范的前提下，充分发挥各单位及相关税务人员的主观能动性，在计算机处理的基础上，对于特殊情形融入人工的主观判断，在以风险模型识别的基础上，进一步加强税务人员的分析判断，特别是对大企业、关联企业等的分析，发挥税务人员的经验优势和专业特长，对税务信息和数据进行充分和全面的挖掘，提高税收风险识别的准确性和有效性。

5.1.4 税收风险识别内容

5.1.4.1　税收风险识别对象

税收风险识别的对象是税收风险。税收风险是指在税收管理过程中遭遇的损失和不确定性，表现为税收制度不健全带来的矛盾性、税收征管水平不高带来的损失性和纳税人纳税遵从不高带来的流失性，具体可分为制度性风险、管理性风险和经营性风险。

制度性风险是因税收法律不健全、不完备，税收政策不确定，税收管理机制不规范等带来的风险。例如，第三方信息的提供在法律上没有规定性，税务机关在税收风险管理中因数据缺失，或信息传递不及时导致的税款流失；管理性风险是指因为税务管理职能交叉，或者是税务执法人员对税收政策理解、执行失范造成的税款流失，形成在税收风险管理中的管理风险；经营性风险是由于企业自身组织机构庞大、分支机构众多、经营复杂、核算方式复杂、有意进行税收筹划等原因造成的没有遵从税法，导致的法律制裁、财务损失和名誉损失等。

5.1.4.2　税收风险识别层次

税收风险识别是一个综合体系，从风险识别的层次来看，包括宏观层面的风险识别和微观层面的风险识别。

1. 宏观层面的税收风险识别

宏观层面的税收风险识别是指从总体上描述每个风险领域纳税人的风险状况，主要是通过宏观经济趋势、相关法律制度、纳税人群体特征等角度，从整体层面上关注税收风险发生的主要区域、行业和事项等，为宏观税收风险管理政策提供依据。宏观层面的税收风险识别主要包括三个方面。

1）宏观经济趋势分析

通过对宏观经济背景的分析来预测未来税收遵从水平的发展趋势。例如，通过 GDP 变化与税收收入变化的相对关系，如果 GDP 增长速度快于税收收入增长速度，可能意味着存在税收收入的流失。

2）相关法律制度分析

通过对税收相关的法律法规、制度文件等的分析，可以及时发现哪些政策制度增加税收收入流失的可能性，哪些征管办法在执行中存在问题等，有利于税务机关不断完善规章制度，从政策层面降低税收风险。

3）纳税人群体特征分析

从宏观层面，根据纳税人的群体特征对纳税人进行分类识别，是提高风险识别效率的重要手段。纳税人通常按照规模、行业、税种、风险类型等进行划分。每个群体的纳税人具有相似的风险特征，全面分析每个纳税群体的特征和风险领域，有利于高效准确地识别特定群体纳税人的遵从风险。

【例 5-1】　风险指数分析

用于分析特定行业、特定区域或特定纳税群体的宏观风险状况。通过风险指数的比较,筛选出税收风险较大的行业、区域或纳税群体。

1. 确认风险指数

1）税源影响度指标

该类指标反映特定分析对象,在户数和税收收入中所占的比例。

（1）税户影响度＝上年特定分析对象纳税户数/全体正常纳税户数。

（2）税收收入影响度＝上年特定分析对象税收收入/全体税收收入。

2）税收负担指标

该类指标反映特定分析对象的实际税收负担情况。税收负担过重纳税人可能会有更高的偷逃税收意愿,税收负担过轻则可能存在较高的税收流失率。

（1）税收毛利负担率:上年特定分析对象除个人所得税外,国地税收收入总额/同类纳税人毛利总额。

（2）个人所得负担率:上年特定分析对象代扣代缴的个人所得税/同类纳税人个税明细申报的个人收入合计＋股息红利所得计税依据合计。

3）诚信指标

该指标反映特定分析对象在税务机关的各管理环节的税收遵从程度。

户均违章次数＝上年特定分析对象违章次数合计/同类纳税人正常纳税户数。

4）税收审计指标

该类指标反映特定分析对象风险损失的高低:

（1）未审计面＝上年特定分析对象未被纳税评估或纳税检查的户数/同类纳税人正常纳税户数。

（2）税收补征率＝上年特定分析对象被纳税评估或纳税检查补缴税款总额/上年被纳税评估或纳税检查的特定分析对象同所属期实际缴纳税款总额。

（3）税收流失面＝上年特定分析对象纳税评估或纳税检查补缴税款大于零的户数/上年特定分析对象被纳税评估或纳税检查的户数。

2. 确认风险指数的严重程度

即给每个项风险指标计算结果,根据税收风险对税源管理目标的影响程度,赋予权重。

3. 计算出宏观风险指数

计算出宏观风险指数,并进行比较,确认税收风险管理方向。

2. 微观层面的税收风险识别

微观层面的税收风险识别是指针对纳税人的税收风险的进一步深入分析与识别,找出每个纳税人具体的风险环节和风险领域。具体而言,就是以税务部门搜集到的来自自身及第三方的数据和信息为基础,利用统计分析、数据挖掘、经验判断等方法,构建风险指标及模型,识别出每一个纳税人具体的遵从风险环节和情形,并对其纳税遵从度做出判断。

 5.2 税收风险识别主要方法

针对税收风险的两个层次,其识别方法主要思路包括两种:税收能力估算法和关键指标分析法。前者主要是从宏观角度出发,在一定的宏观经济背景和既定的税收制度下估算的理论税收收入与实际税收收入数据进行比较,分析某一区域、行业或税种是否存在税收风险;后者主要是从微观角度出发,通过对一些关键指标的纵横向比较,找出异常变动的指标并分析其潜在风险。同时,随着"大数据""互联网+"的兴起,以大数据挖掘为基础的综合分析方法进一步拓宽了税收风险识别的思路。

5.2.1 税收能力评估法

如前所述,税收能力估算方法是通过比较一定经济量、经济结构和税收

制度下的理论税收收入与实际税收收入间的差额找寻潜在风险的方法。这种方法主要关注的是国家、行业、地域、税种等宏观层面的潜在税收,具体而言,可以分为自上而下和自下而上两种途径。

5.2.1.1　自上而下法

所谓自上而下,就是利用各项宏观经济指标,基于税收制度和政策,应用税收经济学、统计学和国民经济学等相关学科的原理、模型和方法,从国家到地区、再到行业和具体纳税人的层次,自上而下地估算税收能力和税收流失额度的方法。这种方法主要有两种思路,一种是寻找宏观数据中与税基比较接近的指标,再根据有关的税收法律和政策进行调整,从而估算出税收能力。常用的方法包括投入产出法、增加值法和可计算的一般均衡法(CGE)等,这些方法用到的宏观经济指标与税收的政策对应关系比较明确和紧密,主要应用于某个地区、行业或税种的税收能力估算。另一种是根据税收与经济的关系,构建税收经济模型,再利用宏观经济面板数据或实践序列数据估算税收收入能力。常用的方法包括随机边界模型法、数据包络模型法等,这几种方法主要应用于国家或地区总体税收能力的估算。

自上而下法依托于宏观经济数据信息,其优点是数据易于获得,采集和整理的成本较低,操作相对简便。该方法的主要缺点包括:一是难以界定是否包含了地下经济和非法经济活动;二是假设条件较多,无法准确体现税收政策,从而影响估算的准确度;三是提供的信息比较粗略。

5.2.1.2　自下而上法

所谓自下而上法,与自上而下法相对应,是指利用微观纳税人的涉税数据和信息,包括税务机关掌握的纳税人申报信息、专项检查信息以及政府及其他部门、企业等第三方获得的涉税信息等,运用统计学相关原理(如随机抽样等)估算纳税人潜在税收收入,进而推算出总体税收能力的方法。这种

方法主要应用于税制较为复杂、税基对应的宏观经济数据不易获得的税种的估算。

自下而上法需要对纳税人样本进行随机抽样,抽样时可以不做任何类别的分类,也可以根据地区、行业、规模等类型分类后抽样,分类越细,提供的信息越多。此外,自下而上法还需要对样本数据进行相应的税务审计工作,因此税收调查、纳税评估及税务稽查等信息十分重要。国际上很多国家运用自下而上法对个人所得税和企业所得税进行估算。

自下而上法的优点是随机抽样及审计工作使得估算的结果更加准确可靠,同时相较于自上而下法能够提供更加详细的信息。其缺点是对样本的抽样可能不能完全遵循随机原则,抽样调查还可能出现无响应或低报等情况,账证不健全或灰色交易的存在也会影响估算的精确度,此外相比较而方,自下而上法的数据采集、整理等工作量较大,成本较高。

自上而下法和自下而上法各有优劣势,因此在实践中不能绝对地使用某种方法,而应当将两者互补结合使用。

5.2.2 关键指标判别法

关键指标判别法是指通过对一些与税收相关的关键指标的异常变动来分析和识别税收风险的方法。税收关键指标是指那些能反映税收风险特征并对税收收入影响重大的税收指标。

税收关键指标判别法既可以用于对行业、地域等宏观税收风险的识别,也可以用于进行微观层面的纳税人风险识别,应用相对比较灵活。在应用时,必须保证指标在计算口径、计量单位、计算方法等方面的一致性和可比性。通常而言,税收指标的异常可以通过比较分析法、控制计算法、相关分析法等方法发现。

5.2.2.1　比较分析法

所谓比较分析法,是指通过实际数与基数之间的差异比较来分析经济活动的一种方法。在税收领域就是指将企业财务指标、纳税申报资料、第三方数据等涉税信息中提炼出的关键指标在相关的时间段、行业、地区、相关纳税人等之间进行动态或静态的对比分析,从中发现疑点并识别风险。根据形式的不同,通常分为绝对数比较分析法和相对数比较分析法。

1. 绝对数比较分析法

绝对数比较分析法是指将相互关联的涉税指标的绝对值直接进行对比,来揭示和发现它们之间的差异,并根据这些差异判断问题的性质和程度。例如,对企业不同时期的销售收入进行对比,对不同企业或同一企业不同时期的纳税金额进行对比等。通过这种对比,可以反映相关事项的增减变动是否正常,从而发现潜在的问题和风险。

2. 相对数比较分析法

相对数比较分析法是指对涉税数据中内容不同但相互关联的税收指标进行对比计算,根据对比基础的不同,又可以分为比率相对数比较、构成比率相对数比较。前者是通过计算有关项目的百分比、比率或比值结构等进行比较来揭示其中的差异,如应收账款周转率、存货结构、税负率等都属于比率相对数比较。后者是通过计算某项经济指标的各个组成部分占比来分析其构成比率的变化,并从中发现异常升降,如对企业外购货物构成比率是否与销售货物和期末存货的构成比率具有同一性的计算,可以发现企业是否存在虚假进货或隐瞒销售收入的情况。

在税收风险识别中,由于经济环境日益复杂,纳税人在不同纳税年度间的变化可能比较大,所以运用相对数往往比绝对数更为准确,也更易于发现问题。因此,在运用绝对数比较分析相关事项后,可以运用相对数比较分析加以验证,以确保分析判断的准确性。

一般而言,在运用比较分析法判断关键指标时,应当注意两个问题:

其一,在比较分析前,应对用于对比分析的项目所涉及内容的正确性予以确认。

其二,用于分析比较的指标必须具有可比性,且对比的指标口径应当保持一致。

5.2.2.2 控制计算法

控制计算法又称平衡分析法,是指通过税收指标之间存在的平衡关系式来推测、验证相关信息的真实性,从而发现问题的一种风险识别的方法。在经济领域的应用主要有:以产控销、以耗控产、以支控销等。具体而言,控制计算法的流程包括四个方面。

1. 确定分析对象

即根据税收风险管理的工作计划和目标,确定需要进行分析识别的事项。

2. 采集该事项所需的相关数据和信息

根据确定的分析对象的特征,拟定相应的参数、指标等,并采集所需的数据信息,可以是纳税人自身的财务数据,也可以是整个行业的宏观值等。

3. 建立数学模型

数学模型是控制计算法的基本条件,对同一事项的分析比较可以构建多种数学模型。

4. 结果比较与分析

即比较根据数学模型计算出的数据与实际数据间的差异,核实和发现纳税人经济活动中的不平衡状况,帮助分析人员进一步发现涉税问题。

在运用控制计算法进行风险识别时,需要注意两个方面问题:

其一,进行分析的对象必须是可以建立数学模型的,即必须能够确定分析事项之间存在内在的依存关系。

其二,所选用或建立的数学模型必须具有充分的科学性,计算过程必须进行认真演算和复核，确保准确。

5.2.2.3　相关分析法

相关分析法是指将存在关联关系的事项进行对比分析。纳税人的每一项经济活动的发生，必然会引起一连串相关活动的变动，这是由经济活动的相关性决定的，反映了经济活动的内在规律性。具体而言，在税收领域，相关分析法应包括三个方面内容。

1. 经济活动是否涉税的判断

并非企业所有的经济活动都涉及税收，有些与税收活动直接相关，有些与税收活动间接相关，还有一些是无关的；有些经济活动在发生时就涉及税收，而有些在发生后的一段时期内涉及税收。因此，在运用相关关系法识别税收风险时，首先应当确认该项经济活动与税收活动的关系。

2. 找出经济活动事项间的关联关系

判断经济活动涉及的关联关系，主要考虑经济活动中哪些事项是相关联的，在哪些方面相关联，属于何种性质的关联以及关联的程度如何等。重点关注的是那些与税收活动直接相关的关联事项，同时也不能忽视间接相关的关联事项。任何一项经济业务，如果客观上与税收相关联，而在会计处理上并没有反映税收关系，即经济活动的事项间的关联不存在，则很有可能存在税收风险，因此，找出经济活动的各个事项之间与税收活动的关联是关键。

3. 从相关事项的异常中把握问题的本质

对经济活动的各事项分析的结果，只是提供了一个抽象的判断，是否确实存在税收风险问题，需要从异常现象中把握本质。并非所有的异常现象都会构成税收风险，需要再进一步验证。

5.2.2.4　指标逻辑关系推断法

指标逻辑关系推断法是指利用有关涉税数据和信息间内在的逻辑关系

来推断指标体系中某一特定指标的真伪性和合理性。例如,在企业财务报表中,各项收入和支出之间按照会计准则应当具备一定的逻辑关系,如果某一项指标违背了准则要求,就会破坏本应存在的逻辑关系。指标逻辑关系推断法就是利用数据间的这种逻辑关系发现问题、识别风险。运用这种方法要求从事风险识别的工作人员既具备良好的数据加工技术,同时要求他们具有深厚的会计制度和税收制度的知识背景。常用的逻辑关系推断法包括以下四种。

1. 配比比率分析法

配比比率分析法运用数理统计学的知识对大样本数据进行挖掘,对企业财务上存在内在配比关系的若干指标进行相关性分析比对,判断其合理性。

2. 跨期数据稽核法

跨期数据稽核法运用会计核算的基本原理和分析方法对企业不同时期的数据资料进行核查,判断变动的合理性。企业的财务指标代表了某个时点或某段时期的资产构成状况和经营情况,因此各项指标间存在跨期的衔接性。

3. 杜邦分析法

杜邦分析法利用几个财务指标间的相互关系来综合反映企业财务状况的方法。

4. 因素分析法

因素分析法从数据样本中概括和提取出几个相关联的因素,用相关因素的变化来反映和解释结果的变化原因,揭示出分析对象中因变量和自变量的联系。

5.2.3 大数据挖掘分析法

采用先进的大数据分析方法对海量涉税数据进行深度分析和挖掘,揭示数据当中隐藏的历史规律和未来的发展趋势,为税收风险识别分析提供参考。大数据分析主要依赖支持向量机、神经网络等面向复杂数据的机器学习方法及大规模计算。

近年来，随着机器学习热点的形成，机器学习是一个广义的名词（broad term），而在狭义的定义上，机器学习则可以分为有监督学习和无监督学习。监督式学习算法包括一个目标变量（因变量）和用来预测目标变量的预测变量（自变量）。通过这些变量可以搭建一个模型，从而对于一个已知的预测变量值，得到对应的目标变量值。重复训练这个模型，直到它能在训练数据集上达到预定的准确度。属于监督式学习的算法有回归模型、决策树、随机森林、K 邻近算法、逻辑回归等。与监督式学习不同的是，无监督学习中我们没有需要预测或估计的目标变量。无监督式学习是用来对总体对象进行分类的。它在根据某一指标对客户进行分类上有着广泛应用。属于无监督式学习的算法有关联规则，K-means 聚类算法等。传统的计量经济学模型是指定某个模型后，通过其他备选模型来检验其鲁棒性。与计量经济学方法相比较，许多机器学习方法，是交叉检验来选择模型的，即机器学习反复在部分数据上估计模型，然后在另一部分数据上检验模型，并通过复杂性惩罚项，来找到最合适的模型。这种特点被概括为所谓的施加约束性（regularization）和系统性的模型选择（systematic model selection），在更长序列、更宽变量、更多粒度选择的大数据经济分析环境下，或许将会变成经济学实证分析的标配。

5.2.3.1　决策树

决策树（Decision Tree）是在已知各种情况发生概率的基础上，通过构成决策树来求取净现值的期望值大于等于零的概率，评价项目风险，判断其可行性的决策分析方法，是直观运用概率分析的一种图解法。由于这种决策分支画成图形很像一棵树的枝干，故称决策树。在机器学习中，决策树是一个预测模型，他代表的是对象属性与对象值之间的一种映射关系。

Entropy＝系统的凌乱程度，使用算法 ID3、C4.5 和 C5.0 生成树算法使用熵。这个算法可以把一个总体分为两个或多个群组。分组根据能够区分总体的最重要的特征变量/自变量进行。决策树易于理解和实现，在学习过程中不需要使用者了解很多的背景知识，它能够直接体现数据的特点，只要通过解释后都有能力去理解决策树所表达的意义。

5.2.3.2 随机森林法

随机森林法（Random Forest）是 Leo Breiman 和 Adele Cutler 发展和推论出的算法，是用随机的方式建立一个森林，森林里面有很多的决策树组成，随机森林的每一棵决策树之间是没有关联的。在得到森林之后，当有一个新的输入样本进入的时候，就让森林中的每一棵决策树分别进行一下判断，看看这个样本应该属于哪一类（对于分类算法），然后看看哪一类被选择最多，就预测这个样本为那一类。

建立每一棵决策树的过程中，需要注意采样与完全分裂。首先是两个随机采样的过程，random forest 对输入的数据要进行行、列的采样。对于行采样，采用有放回的方式，也就是在采样得到的样本集合中，可能有重复的样本。假设输入样本为 N 个，那么采样的样本也为 N 个。这样使得在训练的时候，每一棵树的输入样本都不是全部的样本，使得相对不容易出现过拟合（over-fitting）。然后进行列采样，从 M 个 feature 中，选择 m 个（$m \leqslant M$）。而后就是对采样之后的数据使用完全分裂的方式建立出决策树，这样决策树的某一个叶子节点要么是无法继续分裂的，要么里面的所有样本的都是指向的同一个分类。每一棵决策树就是一个精通于某一个窄领域的专家（因为我们从 M 个 feature 中选择 m 让每一棵决策树进行学习），这样在随机森林中就有了很多个精通不同领域的专家，对一个新的问题（新的输入数据），可以用不同的角度去看待它，最终由各个专家，投票得到结果。

5.2.3.3　支持向量机法

支持向量机法(SVM)是一个分类算法。这个算法将每一个数据作为一个点在一个 n 维空间上作图(n 是特征数),每一个特征值就代表对应坐标值的大小。比如说有两个特征:一个企业的总资产和总收入,我们可以将这两个变量在一个二维空间上作图,图上的每个点都有两个坐标值(这些坐标轴也叫做支持向量)。在图中找到一条直线能最大程度将不同组的点分开。两组数据中距离这条线最近的点到这条线的距离都应该是最远的。这样根据数据点分布在这条线的哪一边,就可以将数据归类。

SVM 的关键在于核函数。低维空间向量集通常难于划分,解决的方法是将它们映射到高维空间。但这个办法带来的困难就是计算复杂度的增加,而核函数正好巧妙地解决了这个问题。也就是说,只要选用适当的核函数,就可以得到高维空间的分类函数。在 SVM 理论中,采用不同的核函数将导致不同的 SVM 算法。

5.2.3.4　K-均值算法

K-均值算法(K-means)是一种解决聚类问题的非监督式学习算法。这个方法简单地利用了一定数量的集群(假设 K 个集群)对给定数据进行分类。同一集群内的数据点是同类的,不同集群的数据点不同类。K 均值算法划分集群包括四个步骤:

(1) 从每个集群中选取 K 个数据点作为质心(centroids)。

(2) 将每一个数据点与距离自己最近的质心划分在同一集群,即生成 K 个新集群。

(3) 找出新集群的质心,这样就有了新的质心。

(4) 重复(2)和(3),直到结果收敛,即不再有新的质心出现。

如果在每个集群中计算集群中所有点到质心的距离平方和,再将不同

集群的距离平方和相加,就得到这个集群方案的总平方和。随着集群数量的增加,总平方和会减少。但是如果用总平方和对 K 作图,在某个 K 值之前总平方和急速减少,但在这个 K 值之后减少的幅度大大降低,这个值就是最佳的集群数。

5.2.4 其他分析方法

5.2.4.1 故障树分析法

故障树分析法(FTA)是由美国贝尔公司于 1962 年提出的,这种方法被广泛应用于各种复杂大系统的风险辨识。具体而言,就是根据一定的逻辑关系,利用自上而下逐级建树的形式,将大的故障分解成各种小的故障,并对各种引起故障的原因进行分析,因而称为故障树。其实质就是借用故障树对引起风险的各种因素进行分层次的辨识。故障树经常用于直接经验较少的风险辨识,其优点是全面分析所有故障原因,包括人为因素,因而包括了系统内、外所有失效机理,比较形象化,直观性较强。不足之处是用于大系统风险分析时,容易产生遗漏。

在税收领域,故障树法可以将相关税收活动面临的潜在风险层层分解成若干细化指标,再进行深入分析,最终找到风险点及风险产生的原因。

5.2.4.2 案例分析法

案例分析法是选择具有典型代表意义的税收风险识别应对的案例,进行深度剖析,分析案例中所反映出的风险发生的环节、产生机制及应对方法等,从中提炼出经营活动的性质、核算方式、财务数据等方面的税收风险特征的共性,从而形成相关行业的通用的税收风险识别方法。

案例分析法通常选用的案例来自税务稽查,具有较强的实用性和可操作性,对案例所在的行业类别及相关纳税人税收活动的各个环节风险的识别有较强的针对性。

5.2.4.3　德尔菲法

德尔菲法又称专家调查法,是依靠专家的知识和经验,采用背对背的方式征询专家小组成员的意见,最后做出符合未来发展趋势的预测结论。在实践中,税务机关可以针对需要调查的风险事项或环节聘请若干税务专家,这些专家来自不同领域,包括税务系统内外,他们构成专家小组,由税收风险管理人员向专家小组提出问题,专家们根据有关涉税资料提出自己的意见,最后由税收风险管理人员汇集整理专家们的意见并反馈,最终获得趋于一致的结果,得出相应的结论。

对于税收活动中存在的较为复杂、影响较大同时一般的分析方法又无法识别的重大税收风险,德尔菲法是一种十分有效的识别方法。

5.3　税收风险识别指标和模型

税收风险管理的核心内容包括了风险识别、风险排序以及风险应对,其中风险识别指标和风险识别模型是在信息化的依托下全面识别风险、反映和描述税收风险特征的一种技术工具。

税收风险指标反映了税收风险特征的范畴和具体量化数值,然而,仅仅依靠单一、孤立的指标无法全面系统地反映税收风险的特征和规律,不能有效揭示纳税人的风险状况。因此需要构建由若干相互联系、相互影响的涉税指标组成的指标集合,来系统全面地反映税收风险,这个指标集合就是税收风险指标模型。因此,一般认为税收风险识别模型构成元素是风险指标。税收风险指标是指可以通过计算,衡量具体风险内容和风险严重程度的方

法,包括一系列的规则算法和相关参数。而一个或多个具有内在逻辑联系的税收风险指标,则可以共同构成税收风险识别模型。

5.3.1 税收风险指标

5.3.1.1 税收风险指标的概念和分类

随着税收风险管理工作信息化的不断推进,税务数据系统集中了海量的数据和信息,通过对这些数据和信息的分析和定义可以提炼出大量涉税资料,从而为识别税收风险提供依据。

税务风险指标就是将各个分析定义过的数据项按照一定的方式相互关联,形成用于分析纳税人税收风险的计算公式及其属性的标识。在税收风险管理工作中,风险识别必须通过建立完备的风险指标体系来实现,全面、及时、准确地识别出纳税人存在的税收风险,而构建这样一个体系的关键就在于收集有效的税收风险特征、建立科学的指标。

根据风险指标所针对的风险特征,风险指标可分为以下类别。

1. 按照风险指标层级

根据税收风险指标的层级关系,可以将税收风险指标分为宏观税收风险指标、微观税收风险指标。

宏观税收风险指标主要用来反映宏观经济发展水平与税收收入之间的数量关系及特征,包括宏观税负、平均征收率等;微观税收风险指标用来反映具体纳税人的生产经营活动与税收收入之间的数量关系及特征,包括税收收入增长率、企业实际税负等。

2. 按照税收风险类型

根据不同风险类型对应的税收风险,可以将风险指标分为税收流失类、涉税行为类。

　　税收流失类风险是指纳税人不遵从风险能够用税款金额计量的风险指标。税收行为类风险是反映纳税人税务登记、纳税申报、税款缴纳、发票管理以及其他在行为上应当遵从未遵从,难以确认具体税款流失金额的风险指标。

　　3. 按照税源管理特点

　　根据不同税源管理特点,可以将风险指标分为行业类、税种类、管理事项类。

　　4. 按风险指标分析方法

　　根据风险指标分析方法,可以将风险指标分为逻辑性分析法、完整性分析法、基准性分析法、配比性分析法、类比性分析法、波动性分析法。

　　5. 按风险指标分析方法性质

　　根据风险指标分析方法的性质,可以将风险指标分为定性分析、定量分析、定性与定量结合分析。

5.3.1.2　税收风险特征

　　税收风险主要来源于纳税人不遵从行为和税务人员的不作为,其发生具有一定规律性。税收风险特征就是在收集与辨别税收风险因素的基础上,归纳提取的反映规律性的抽象风险特性。税收风险特征库的建立一方面全面、详细地描绘税收风险,另一方面也为进一步设计税收风险指标提供基础。

　　税收风险特征库建立,将税收征管活动中可能发生的各种风险事项一一列举出来,并结合宏观政治、经济活动及其运行情况对这些风险进行综合分析考察,使得风险管理人员能够据此对风险的性质及其可能产生的后果做出合理的判断,并研究采取何种对策来防止风险的发生与蔓延。风险特征库的建立,为风险管理人员对纳税人涉税信息的分析提供了索引,也为下一步税收风险指标和模型的建立打下基础。

税收风险特征的基础是税收法律法规、税收征管实践,可以从政策分析、税收分析、案例分析、经验分析、数据分析等角度入手,寻找税收风险源和税收风险发生规律。从政策角度来看,税收法律、法规、规章、政策等各种规定,在实际执行过程中所形成的对纳税人的控制难点极可能引发风险;从税收角度来看,利用各种经济和税收入库信息,研究税收的增长和缺口,以及税收的增长和缺口与行业、区域、纳税人类型等方面的关系,可以分析出可能存在税收流失的重点区域;从案例角度来看,根据大量的税收管理案例和税务稽查案例,可以分析风险在不同行业、不同经营方式、不同经济性质、不同核算形式等纳税人的分布情况;从经验角度来看,根据日常管理中掌握的纳税人情况和积累的管理经验,可以分析纳税人的风险状况。从数据分析角度来看,通过数理统计分析方法以及与之相关的专门调查,可以分析税收风险间的关联关系。

【例 5-2】 风险特征库建设规范

税收风险特征是判断纳税人是否存在税收风险的业务分析规则。税收风险特征建设包括基本情况分析、实地调研、风险特征提炼三个部分。

(一)基本情况分析

基本情况分析是从中观和微观两个角度,通过数理分析发现行业纳税人可能存在的风险领域,为税收风险特征的建设,指明建设方向,确定设计思路。

1. 税收政策分析

对分析对象所涉及的各个税种、税目的相关政策法规进行梳理分析,重点为纳税义务、纳税环节判定、计税依据确认、税率确认、税收抵免等内容。

2. 企业结构分析

确认分析对象税源重点,包括上一年度税户、税收收入总体规模、纳税评估和纳税检查税户结构及补征税款情况,以上各项在不同管理机关和经营规模等维度上的占比情况。

3. 税种结构分析

用于确认分析对象主体税种,包括上一年度税户,缴纳各个税种户数、入库税款的总数和占比。

4. 历史风险分析

用于确认分析对象以往年度在税源管理中发现的税收风险领域,包括上一年度稽查、评估入库税款中,各税种、税目查补户次及入库税款总数和占比。

(二) 实地调研

实地调研采取典型调查方式,调查步骤及调查内容如下。

1. 调研步骤

1) 调研企业选择

应当选择不低于 5 户的企业,开展实地调研。选择条件:①调研企业缴纳税种较为全面,包含了税种结构分析确定的行业主体税种、税目;②调研企业为该行业的大、中型企业。

2) 前期准备

开展实地调研前,应归集企业的各项涉税数据,包括税款、发票、财务报表、个税明细申报等内部征管数据以及已具备的外部门交换数据,并对这些数据进行深入分析,预判企业各个税种可能存在风险点。设计《调查表》,便于调查后的数据归集分析。

3) 实地调研

实地调研可采取纳税评估方式。调研时以问询、填写《调查表》为主,必要时也可以查阅企业财务报表和账册。

4) 分析整理

对实地调研情况进行归集、整理,形成《调研报告》。

2. 调研内容

1）经营运作模式

分析对象主要盈利模式、经营方式、企业组织形式、主体业务的生产经营流程、环节、行业特点等。

2）政府管理模式

政府及其下属行政管理机关,对该行业的管理模式,管控重点及可能获取的与税收相关的第三方交换数据。

3）会计核算特点

分析对象会计核算流程,涉及税收主要会计处理方法及会计要素。

4）税收管理难点

分析对象主体税种的征收管理模式,行业主要涉税经济行为履行税收义务的情况,日常征管工作中发现的管理难点和薄弱环节。

（三）税收风险特征提炼

税收风险特征提炼主要依据调研阶段的工作成果,将理论推演和实际管理经验相结合,全面系统地梳理提炼行业风险特征。形成《税收风险特征信息归集表》(参见表 5-1)。

表 5-1 《税收风险特征信息归集表》

风险模型名称			创建人	
风险特征名称				
纳税人属性	行业			
	其他（文字描述）			
涉税经济行为	□取得收入 □支付成本费用 □所得计量 □占用非现金资产 □所有者权益变动 □其他经济行为		其他（文字描述）	
税收权利义务	税种		税目	
	（税收政策要点描述）			

续表

风险模型名称		创建人	
风险行为特征	风险特征类别	☐计税依据少计　☐抵减额多计 ☐低选税率　☐税额抵免多计	
	行为判定规则 （义务判定条件）		
	风险成立规则 （风险特征描述）		
	风险解除规则 （例外情况）		
	风险成因	☐故意　　☐过失　　☐选择	

1. 风险特征提炼方法

（1）穷举行业的主要涉税经济行为，从而推导其税收义务及风险特征。

（2）穷举行业的税收义务，反推涉税经济行为，并最终确定其风险特征。

2. 风险特征提炼要素

1）纳税人属性

纳税人属性具体包含自然属性，如行业、注册类型、地域等；以及管理属性，如征收方式、征收类型、税种登记鉴定等。纳税人属性的最终确认，应遵循和纳税人税收义务相关的原则。

2）纳税人涉税经济行为

涉税经济行为是纳税人各项税收权利义务产生的基础，按照各税种征税对象，可以分为以下类型：

（1）取得收入：如广告代理收入、预收商品房收入、转让无形资产收入、政府补贴收入等。

（2）支付成本费用：如支付借款利息、支付员工工资等。

（3）所得计量：入固定资产列支、提取公积金等。

（4）占用非现金资产：如购建使用房产、购置使用土地等。

（5）所有者权益变动：如分配股利等。

（6）其他经济行为：如签订借款合同、租赁合同、缴纳流转税等。

3）税收权利义务

纳税人涉税经济行为一般而言应当指向一个明确的税收义务，但是部分经济行为可能会指向多个税种的税收义务，如提供劳务或产品销售，可能会同时涉及营业税、企业所得税等。在确定税收权利义务时，应按照经济行为首先区分税种税目，其次归集计税依据确认（包含了纳税义务、纳税环节、纳税期间的确认）、计税依据抵减项确认、税率确认、税额抵免确认等方面的税收政策要点。

4）风险行为特征

判定纳税人存在税收风险的行为标准，具体包括以下内容：

（1）特征分类：可分为四类，包括计税依据少计、计税依据抵减项多计、低选税率、税额抵免多计。

（2）涉税经济行为的判定规则：确定纳税人发生了某项涉税经济行为，是确定纳税人是否具有相应税收权利义务的基础。例如，纳税人使用发票或利润表中主营业务收入大于零或流转税计税依据大于零，是纳税人取得收入的判定规则。

（3）税收风险成立的判定规则：即确定纳税人未依法履行税收义务或享受税收权利的规则。例如，房地产开发企业销售不动产营业税计税依据小于土地增值税计税依据，是销售不动产营业税计税依据少计，税收风险成立的判定规则。

（4）税收风险解除的判定规则，即税收风险不成立的例外规则。依照前例，如分析期间内，房地产开发企业进行了土地增值税清算，则前例中的税收风险解除。

（5）数据来源：上述判定规则所依据的数据源。需要说明的是该数据源是规则需要的数据源，而非一定是目前税务机关已掌握的数据源。

5.3.1.3 税收风险指标设计思路

在一定的经济制度和税收制度背景下,一定的经济活动对应一定的税收能力,但在税收实践中,由于征纳双方的主客观因素,普遍存在着税收流失。因此,税收风险指标的构建首先要考虑经济决定税收这一基本原理,通过构建税源的经济指标,然后构建税收指标,再将两者进行对比,判断税收指标是否能反映经济指标,两者是否相一致,从而进一步反映税收风险特征和变化规律。

构建税收风险指标体系时,应考虑以下几个方面的因素。

1. 税源因素

税源因素包括税源所处的经济环境、经济发展水平和趋势,区域发展水平和趋势,重点行业发展特点,重点行业经济周期等方面。按照税源税收风险管理的理念,首先选择重点区域的重点行业作为构建税收风险指标体系的着重点。

2. 税制因素

税制决定了税收收入的构成和特点,要综合考虑税制改革的发展趋势及调整因素,明确各个税种的结构特点与税收风险之间的关系和规律。随着经济活动的日益复杂,纳税人涉及的税收结构也越来越复杂,因此应据此调整税收风险指标体系的变量。

3. 涉税经济活动因素

涉税经济活动可以分为单一经营和多元化经营。单一经营的企业涉税活动相对单一,税制简单,具有区域性和行业性;而多元化的经营的企业不仅涉及的税种丰富,还存在跨区域、跨行业的问题,涉及关联方交易、非居民业务等,使得监管更加困难。因此,单一经营纳税人的税收风险指标体系涵盖的指标相对更少,而多元化经营纳税人的税收风险指标体系涵盖的涉税业务及税种更复杂,涉及的指标也更丰富。

4. 指标的干扰因素

干扰因素一方面指宏观经济调控、经济周期、自然灾害等客观不可控因素对指标波动的影响,另一方面指征纳双方博弈的影响。

对于能够通过技术手段固化的风险指标,为了保证风险指标在信息传导上的统一性,应建立规范化的风险指标设计模板(见表5-2)。

表5-2　指标名称:存货周转率与销售收入变动率弹性系数异常

风险特征	存货周转率与销售收入变动率弹性系数异常分析	指标类型	[ ]涉嫌偷逃骗税类 [√]一般税收流失类 [ ]税收行为管理类
适用范围	企业所得税查账征收企业(制造业、批发零售业)	主题事项(指标分类)	企业所得税财务报表分析
适用税种、税目	企业所得税	涉及会计科目	存货、销售费用、主营业务收入
税收政策依据及内容摘要	1.《中华人民共和国企业所得税法》; 2.《中华人民共和国企业所得税法实施条例》; 3. 国家税务总局关于印发《纳税评估管理办法(试行)》的通知(国税发〔2005〕43号)		
相关法律(含行业管理规定)及内容摘要	略		
数据来源(可多选)	[ ]税务登记 [√]认定信息 [√]财务报表 [ ]代开发票信息 [ ]申报表 [ ]入库税款 [ ]国际税收情报交换数据 [ ]第三方数据(××局、互联网采集数据) [ ]其他数据		
数据内容	认定信息—企业所得税查账征收;财务报表—资产负债表—存货;财务报表—利润表中主营业务收入、销售成本		

指标属性	积分度量类别	指标层级	指标性质	是否需要反馈	是否适用纳税提醒
	[ ]计税依据 [ ]税款[ ]比例[√]其他	[√]一级指标 [ ]二级指标	[ ]主要 [√]辅助	[ ]是 [√]否	[ ]是 [√]否

续表

指标描述	存货周转率与销售收入变动率弹性系数异常,可能存在少报、瞒报收入,请核实原材料验收、入库、产成品发售相关记录。
指标公式	【存货平均余额】＝(【存货期初数】＋【存货期末数】)/2, 【存货周转率】＝【销售成本】/【存货平均余额】, 【存货周转率变动率】＝【本期存货周转率】/【上期存货周转率】－1; 【销售收入变动率】＝【本期销售收入】/【上期销售收入】－1, 【弹性系数】＝【存货周转率变动率】/【销售收入变动率】 【主营营业收入】大于 500 万时,(1)弹性系数＞1.1(2)0＜弹性系数＜0.9 (3)弹性系数＜0 且存货周转变动率＞0,销售收入变动率＜0
风险识别 条件	(【国标行业】like 'C％' or【国标行业】like 'F％')and【主营营业收入】＞【预警值 1】and[(【弹性系数】＞【预警值 4】)or(【弹性系数】＞【预警值 2】and【弹性系数】＜【预警值 3】)or(【弹性系数】＜【预警值 2】and【存货周转变动率】＞【预警值 2】and【销售收入变动率】＜【预警值 2】)]
预警 参考值	【预警值 1】＝5 000 000【预警值 2】＝0,【预警值 3】＝0.9,【预警值 4】＝1.1
加工周期	(与数据所属期不同)[ ]月[ ]季[ ]半年[√]年[ ]一次性
警参考值 维护级别	[√]省[ ]市[ ]县(市、区)
税务机关 提示信息	【纳税人名称】(【纳税人识别号】):该单位在【年度】年度资产负债表存货期初数为【存货期初数】元、存货期末数为【存货期末数】元,利润表主营业务收入为【主营业务收入】元,存货周转率与销售收入变动率弹性系数异常,是否存在少报、瞒报收入,原材料、产成品成本结转是否存在风险,请核查。 具体指标公式为:"存货平均余额＝(存货期初数＋存货期末数)/2,存货周转率＝销售成本/存货平均余额,存货周转率变动率＝本期存货周转率/上期存货周转率－1,销售收入变动率＝本期销售收入/上期销售收入－1,弹性系数＝存货周转率变动率/销售收入变动率"
纳税人 提示信息	【纳税人名称】(【纳税人识别号】):您单位【年度】年度存货周转与销售收入增长异常,是否存在少报、瞒报收入情形,请核实

续表

应对策略	一、风险数据的系统校验(案头审核) 1. 通过查询统计(核心征管)—申报—财务报表申报查询(通用查询岗)—纳税人财务报表—资产负债表—存货期初数、存货期末数; 2. 通过查询统计(核心征管)—申报—财务报表申报查询(通用查询岗)—纳税人财务报表—利润表—主营业务收入、销售费用; 二、询问约谈资料要求(报送资料) 企业存货、销售成本、销售收入等财务核算资料;企业存货周转率变动率和销售收入变动率异常的情况说明; 三、核查内容 1. 核查企业基础登记信息和认定信息的准确性。 2. 审核企业成本核算是否健全,存货领用及发出业务是否正确,是否存在多列支出、存货成本结转不准确、应当资本化的项目直接进入相关成本等; 3. 将库存商品明细账、销售成本明细账与收入明细账核对;分析企业的收入核算是否准确,是否存在隐匿收入等情况; 4. 分析企业各月销售成本与收入比例及趋势是否合理,核查纳税人是否存在少报或瞒报收入的情况; 5. 存在少缴纳税款情形的,通知纳税人补缴并按规定加滞纳金
备注	

编写说明:

(1)指标名称:是对用于识别该风险的指标的精简描述,要力求简练、准确。

(2)指标类型:是指标所用来识别的风险是属于哪个类型。如果只用于描述纳税人未按期或未按要求履行义务,则属于税收行为管理类;涉及税基的,则根据税收风险的严重程度,分别对应一般税收流失类和涉嫌偷逃骗税类。

(3)风险特征:描述该指标用于识别纳税人具体哪方面的风险,要尽量细化,定位精确。

(4)适用范围:是指该指标用于识别哪个行业、注册类型或其他特定种类的纳税人风险,是否具有特别的针对性。依据为集中的代码表或全省可统一定义的分类。

(5)适用税种税目:是税收类指标所要识别的风险对应哪些税种,明确指向税目的,应指明税目。如果指标是行为类的,不填需写。

（6）指标描述：是对该指标进行简要的文字描述，主要描述指标具体含义以及风险识别的依据。

（7）指标公式：是用于识别该项目是否具有风险的计算公式或者比较公式。除了正常的计算逻辑外，还应描述清楚计算过程中存在的特例情况，包括业务管理中的特殊情况（例如：是否存在差额征税、是否存在免税政策）、技术取数中的特殊情况（例如：出现基础数据缺漏项时如何处理、存在数据重复报送时如何处理）等。税收类指标计算公式要尽量计算出可能少缴的税款金额。

（8）数据来源：是指构成公式中的各数据分别来源于哪里。

（9）数据内容：是指公式中所涉及的数据名称及具体数据项目。应详细描述数据的业务取数来源，例如：大集中系统内部获取的数据取自于某个业务功能的某张表、证、单、书中符合某类条件的某项数据。如果是包括第三方数据，需要描述数据来源于哪个部门，数据取得的途径，数据存放的表结构及具体含义。

（10）加工周期：指标适合于多长时间加工一次。

（11）预警参考值：是根据指标公式加工（计算）产生的数值在多少范围内（外）属于异常，用于识别风险。要描述清楚测算该预警值的具体方法（包括计算公式和取数来源、取数口径等）。

（12）预警参考值维护级别：是指哪一级管理机关可以对参考值进行修改维护。

（13）分值区间及计算方法：税收风险点分值的划分区间，及具体的分值计算公式。

（14）税务机关提示信息：进行应对任务推送时，应对人员在应对任务中能够看到的风险点描述信息。

（15）应对策略：是对纳税人出现风险点的风险描述，具体说明纳税人在该项目上存在哪方面的风险异常，针对具体的风险特征，应对过程中需要采取的具体方法、核查的具体内容。

（16）备注：其他需要特别说明的事项。

5.3.1.4　税收风险指标常用的数据分析模型

根据税收风险特征分析方法，采用针对性的数据分析模型，是税收风

险指标建立的主要渠道。根据当前税务部门可掌握的数据和比较成熟的技术,常用的数据分析模型主要有逻辑性数据分析模型等六种类型。

1. 逻辑性数据分析模型

逻辑性数据分析模型是指根据已知的条件、经验、常识,在假设已知条件、经验、常识正确前提下,采取事件顺推或风险逆推发现风险的分析模型。

通用数据模型:

$$\frac{a_1}{a_0} \geqslant \frac{Y_1}{Y_0}$$

其中:a_0、a_1 为参考期与风险识别期的参考值;Y_1、Y_0 为参考期与风险识别期计税依据或应纳税款。

【例 5-3】 "一般而言,土地出让金占契税计税依据的比例达 90% 以下",但如果达到了 100%,则可能存在市政配套费及补偿费用未纳入契税计税依据的风险。

"一般而言经营稳定情况下,营业费用不会有太大变动",通过财务费用本期与上期的数据的比较,如变动较大,则可能存在风险。

2. 完整性数据分析模型

完整性数据分析模型是指根据企业业务、税种、税目、所属期、税率、减免税等要素的完整性,分析并发现风险的分析模型。

通用数据模型:

$$Y_1 = 0$$

其中:Y_1 为风险识别期特定要素的计税依据或应纳税款。

【例 5-4】 一般而言,在满五唯一不征个人所得税的情况下,流转税也不征,如果流转税不为零而个人所得税为零,则可能存在风险。

公司除销售合同印花税外,至少包括营业账簿印花税,如果涉及的印花税种类少于两个,则可能存在风险。

3. 基准性数据分析模型

基准性数据分析模型是指根据同行业、同规模、同性质的对象进行量化分析,统计分析基准值,将对象的实际值与基准值进行比较,根据偏离情况,发现风险的分析模型。

通用数据模型:

$$\frac{Y_1}{R} <<< A$$

其中:Y_1 为风险识别期计税依据、应纳税款、营业利润等分子要素;R 为营业收入、营业利润、计税依据等分母要素;A 为在一定统计分析基础上确定的基准值。

【例 5-5】　通过数据分析,房地产中介机构一般毛利率能够达到 50% 左右,但如果识别对象远小于该基准值,则可能存在风险。

与同行业毛利率、扣除率、利润率进行比较,如偏离值过大,则可能存在风险。

4. 配比性数据分析模型

配比性数据分析模型是指根据税种间的配比关系进行分析,发现风险的分析模型。

通用数据模型为:

$$X - Y > 0$$

其中:X 为风险识别期计税依据或应纳税款理论数值;Y 为风险识别期计税依或应纳税款实际申报值。

【例 5-6】　房地产企业申报销售不动产营业税计税依据与预缴的土地增值税计税依据进行比较,如配比关系异常,则可能存在风险。

增值税实缴数与城建税、教育费附加、教育地方附加应构成配比关系,如配比关系异常,则可能存在风险。

5. 类比性数据分析模型

类比性数据分析模型是指以相同规模、相同行业、相关性质的分析对象为参照标准,分析并发现风险的分析模型。

通用数据模型为:

$$Y \lll \bar{Y}$$

其中:Y 为风险识别对象计税依据、应纳税款、税负率等分析标的;$\bar{Y}$ 为类比范围内各主体的参考标准,如平均值。根据分析对象的特点,也可以采用中位数等统计方法确定参考标准。

6. 波动性数据分析模型

波动性数据分析模型是指通过对单个风险要素的相关数据进行纵向比较,发现风险的分析模型。

通用数据模型是:

$$Y_0 - Y_1 > 预警值$$

其中:Y_0 为参考期计税依据或应纳税款;Y_1 为风险识别期计税依据或应纳税款。

【例 5-7】 房产税纵向进行比较,如较上年发生减少,则可能存在风险。

5.3.1.5 税收风险指标重要元素

1. 指标元与数据集市

指标元是税收风险管理中不可再分的最小数据单元,包括定义、标识、表示以及允许值等一系列属性描述,其不可再分性是针对数据定义而言。数据集市是一个从业务平台或为特定群体服务的其他数据源中收集数据的仓库。从范围上来说,数据是从"金三"税务管理系统、外部门共享信息系统、互联网共享信息抓取系统等多个数据源抽取而来,专业用于税收风险指标识别风险的数据仓库。

指标元与数据集市的采用为税收风险指标在技术部署、风险识别以及风险应对过程中的案头审核环节,提供了重要的数据支撑。

【例 5-8】　风险指标"企业所得税税负率变动与营业收入变动对比"数据公式如下:

$$X = \frac{\dfrac{A_1 - A_0}{A_0}}{\dfrac{B_1 - B_0}{B_0}}$$

通过内在逻辑性判断税收风险的高低,如果 $X < 0$,则表示企业所得税税负率与营业收入存在正相关性的逆反,则可能存在税收风险。营业收入 (B_0, B_1) 和企业所得税税负率 (A_0, A_1) 是指标元素,$\dfrac{a_1 - a_0}{a_0}$ 及 $\dfrac{B_1 - B_0}{B_0}$ 也可以依据其常用性形成指标元素,利用多个数据元素运算形成多个预警指标。如比值是增长率,差值则是增长值等。

2. 逻辑算法

逻辑算法是根据税收风险特征各要素间的内在逻辑性,对形成风险指标过程中指标公式(风险识别条件)、数据来源、数据内容的详细说明。

1) 指标公式

指标公式是用于识别该项目是否具有风险的计算公式或者比较公式。除了正常的计算逻辑外,还应描述清楚计算过程中存在的特例情况,包括业务管理中的特殊情况(例如,是否存在差额征税、是否存在免税政策)、技术取数中的特殊情况(例如,出现基础数据缺漏项时如何处理、存在数据重复报送时如何处理)等。税收类指标计算公式要尽量计算出可能少缴的税款金额。

2) 数据来源及内容

数据来源及内容是指构成公式中的各数据分别来源于哪里,以及公式中所涉及的数据名称及具体数据项目。应详细描述数据的业务取数来源,例如,征管系统内部获取的数据取自于某个业务功能的某张表、证、单、书中符合某类条件的某项数据。如果是包括第三方数据,需要描述数据来源于哪个部门,数据取得的途径,数据存放的表结构及具体含义。

【例5-9】 "主营业务收入变动率与主营业务成本变动率比对异常"的逻辑算法

1. 指标公式

【变动率差值】>【预警值】并且【国标行业】为"工业或商业"

其中:

(1) 如果【主营业务收入变动率】>0 并且【主营业务成本变动率】>0 则【变动率差值】=【主营业务成本变动率】−【主营业务收入变动率】

如果【主营业务收入变动率】<0 并且【主营业务成本变动率】<0 则【变动率差值】=abs(【主营业务收入变动率】)−abs(【主营业务成本变动率】)

如果【主营业务收入变动率】<0 并且【主营业务成本变动率】>0 则【变动率差值】=【主营业务成本变动率】−【主营业务收入变动率】

(2)【主营业务收入变动率】=(【本年主营业务收入】−【上年主营业务收入】)/【上年主营业务收入】

(3)【主营业务成本变动率】=(【本年主营业务成本】−【上年主营业务成本】)/【上年主营业务成本】

(4)【预警值】=0.3

2. 数据来源及内容

税务登记—国标行业(工业、商业);认定信息—企业所得税查账征收;财务报表—利润表中主营业务收入、主营业务成本

3. 预警参考值

税收风险指标预警参考值可以是数值,也可以是百分比或布尔值。预警参考值在税收风险管理指标中有两个作用,一是判断是否存在风险的标准值;二是反映税收风险的严重程度。

测算预警参考值的基础是标准值,可以是税务机关在相关实践取得的经验值,也可以对分析对象该指标值进行汇总统计,通过平均值、中位值、平均值标准差法、平均值比例法等方法系统取得。具体如表 5-3 所示。

表 5-3 测算预警参考值

预警值取值方法		计算方法	指标正常范围
设定值	常量 C	设定值	
中位值法	$\bar{a}$		
平均值法	$\bar{b}$		
平均值标准差法		$\bar{b} \pm s$	$[\bar{b} - s, \bar{b} + s]$
平均值比例法		$\bar{b} \pm \gamma$	$[\bar{b} - \gamma, \bar{b} + \gamma]$

其中,γ 是一个比例系数,可以根据具体地域、分析对象进行设定,使识别的税收风险异常在识别有效性和数量上符合税源管理的预期。

5.3.2 税收风险识别模型

模型是经过抽象过程、通过某种表现形式表示出来的模拟,它是对现实世界的抽象、模拟和微缩。运用模型能够很好地掌握一个具体事物的概况,更直接全面地认识事物的本质。

风险识别模型是以信息化为依托,以纳税人报送的数据及采集到的第

三方数据、国际情报交换数据为基础,通过核对、比较、分析纳税人的各项税务、财务指标等,发现异常状况,寻找税收风险点,从纳税人所处行业、企业规模、经营状况、管理水平等多方面识别其税收风险。

税收风险模型具有抽象性、指向性和简洁性的特点。抽象性是通过模型能从诸多税收活动、现象中得出抽象的规律,这种顾虑适用于具有类似或类同特性的活动;指向性是指通过数据模型得出的结论是适用于某个特定群体的;简洁性是指模型应能抓住事件的要点和主要环节,发现问题的关键。

税收风险识别模型在形式上表现为风险指标按照一定规律进行组合,形成的相互联系的指标体系。

5.3.2.1 构建风险识别模型基本框架

税收风险指标是税收风险识别模型的基础。在模型构建过程中,其起点是对税收风险领域的分析,抽象出具有一定规律性税收风险特征,终点是识别出风险评估结果,具体化为不同风险等级并可用于不同风险手段消除的风险点。税收风险特征管理是由具体到抽象的过程,如图 5-1 所示,按照计税依据少计、计税依据低减项多计、低选税率、税额抵免多计、涉税行为违法违规等五种归类标准,形成税收风险特征库。税收风险指标是根据抽象化的税收风险特征,加载数据分析模型、逻辑算法、预警参考值等规范化要求,通过数理统计生产税收风险结果集。税收风险识别模型将具有内在关系的税收风险指标,通过对 KPI 指标的选择、风险分值、权重的关联起来,这使得最终的风险评估结果通过不同的风险等级体现出来。

5.3.2.2 风险识别模型重要元素(见图 5-1)

1. 风险分值

风险分值是税收风险大小的主要表示因素,以风险发生概率和风险发生造成税款流失的严重程度为主要的评价标准。风险分值的设置为税收风

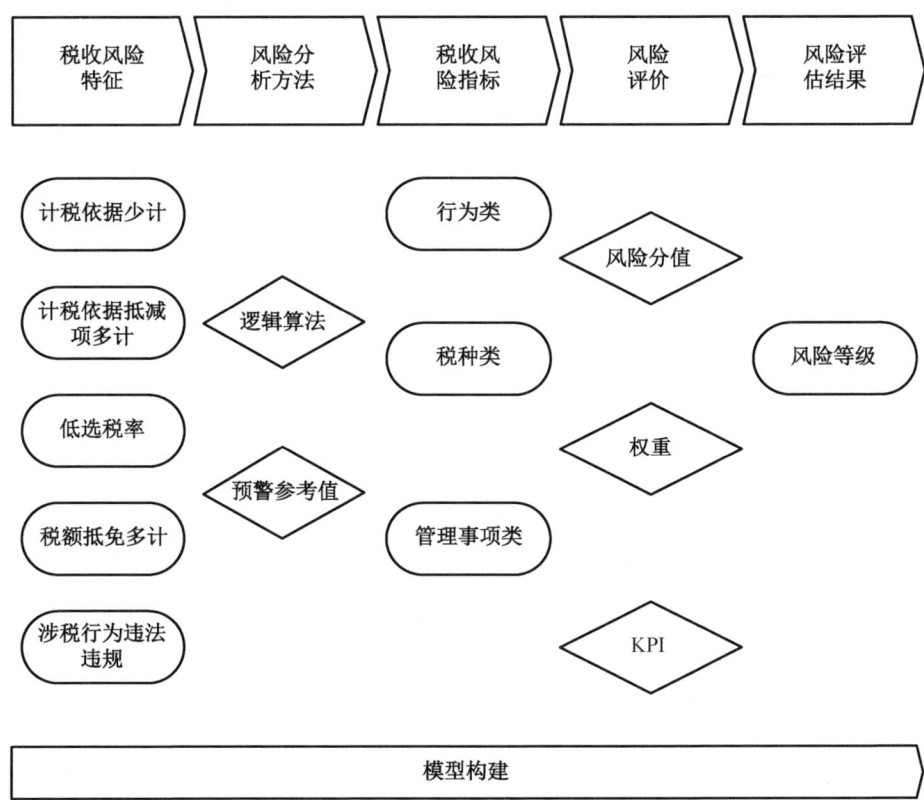

图 5-1　税收风险模型构建基本框架

险指标组合为税收风险模型系统识别风险提供了规范统一的计分方法。风险分值确认的方法包括分位数法、人工区间法、连续分值法等方法。

2. 权重

单个税收风险指标即形成税收风险模型的情况极少，通过多指标形成模型综合评价税收风险是风险评价中常用的、有效的评价方法，而指标权重的确定是综合评价中的核心之一。指标的权重是指这个指标对于整体而言的重要程度。指标权重确定方法直接关系到风险综合评价结果是否合理。权重确认有多种方法，实践中应根据实例需要和统计学基础进行合理选用。

1) 专家调查法

专家调查法又称德尔斐法（Delphi Method），依靠专家的知识和经验，由专家通过调查研究对问题做出判断、评估和预测的一种方法。这是最常用的一种方法，特别适合数据缺乏或原始信息量极大、涉及相关因素多的情况下指标权重的确定。具体步骤如下：匿名征求专家意见→归纳、统计→匿名反馈→归纳、统计→若干轮后直至得到一致的意见。

2) 模糊层次分析法（FAHP）

由荷兰学者 P. J. M. van Laarhoven 和 W. Pedrycz 提出的一个基于数学与心理学，组织和分析复杂决策的结构性方法。该方法通过把复杂决策分解成不同的构成要素，把要素根据内在联系用以分组形成树状层次结构的序列，然后通过两两判断量化每一层次的决策，使之在决策结构中组合为决策要素的整体布局，从而对风险进行了解并确定要素权重的过程。

3) 关联函数法

基本思想是指标的数据落入的等级标准级别越大，风险越大，则该指标应赋予的权重越大。关联函数法要求先建立税收风险指标风险等级标准。

4) 熵权法、标准离差法

熵是系统无序程度的一个度量，如果指标的信息熵越小，该指标提供的信息量越大，在综合评价中所起作用理当越大，权重就应该越高。税收风险指标权重采用熵权法要求样本中风险指标的属性数据齐全，因此要求税收风险指标已经过税收风险应对的检验，并且对此做出了客观的反馈。标准离差法的原理与熵权法相似，只不过标准离差法以样本中的标准离差衡量变异程度。

5.3.2.3　构建税收风险识别模型基本原则

税务机关通过对税收风险模型的运用，利用相关税收法律法规及行业均值等对纳税人的指标结果进行比对,建立和维护税收风险规则,定期对纳税人进行信誉等级、纳税额、财务指标和违规行为进行评估,生成评估疑点清册,识别非正常纳税人并归纳其特征,预测纳税人可能存在的税收风险,并将评估结果存储在纳税人风险领域中,能够大大提高纳税人风险选案的效果和准确性,使税务风险应对部门能够更好地进行风险应对。因此,税收风险模型对于整个税收风险管理工作至关重要,构建时要遵循以下基本原则。

1. 科学的理论基础

构建税收风险模型时要注意使用的税收政策及财务会计制度正确合理,计算公式科学合理。用正确合理的理论和科学的方法才能指导税收风险模型的有效构建,才能为后续的识别工作打下基础。

2. 数据信息可行性

模型构建所依赖的税收数据和信息应当是真实可靠的,数据的获取、整合、存储、传输和应用应当便捷有效。

3. 重要性原则

在构建税收风险模型时,所涉及的风险领域应该是行业或税收管理中的重点、难点。

5.3.2.4　税收风险识别模型建设步骤

税收风险模型建设可以分为启动阶段、需求阶段、开发验证、试运行和推广等五个阶段。

1. 启动阶段

1）形成项目建设方案

税收风险模型建设采取项目组形式,由项目牵头单位负责组织,人员来源于模型建设参与单位,可包括征管、税政、风险管理、应对人员、专家等各类人员。方案应明确项目建设内容、项目负责人、责任分工、完成时间。

2）行业调查

组织开展行业调查，掌握行业特点、经营流程、征管现状、管理难点，形成《行业调查报告》，便于提炼行业税收风险特征。行业调查内容及要求应符合《行业税收风险特征建设标准》。

项目建设方案周详，行业分析调查全面、深入，则进入需求阶段。

2. 需求阶段

1）需求编写

由模型建设牵头单位组织开展编写，并负责模型整体的质量控制。

（1）提炼税收风险特征，形成《税收风险特征信息归集表》。

（2）编写风险模型业务需求文档。风险模型的设计应体现完整性、符合性、针对性、广泛性、及时性等要求。

· 完整性：通过风险特征的调查及提炼，尽可能全面地收集项目风险特征，模型所包含税收风险指标尽可能覆盖全部风险特征。

· 符合性：业务需求应以"文字＋表单"的方式呈现。其中文字部分作为对风险模型的总体介绍，应对税收风险知识、税收风险特征、税收风险指标进行层层推进，展现需求全貌；表格部分是风险指标（模型）需求的重点，也是需求评审、开发的重要依据，应按栏目逐行填写，无特殊原因不能为空。

· 针对性：模型业务需求在业务上应保证一定的针对性，对行业特点不明确或发生较大变化的，需求阶段应追加行业分析和调研掌握实际情况以确保业务需求的针对性。

· 广泛性：在模型建设过程中，充分发挥模型项目组成员的积极性，通过多种渠道拓宽设计思路，在预警值、阈值等标准的确立方面充分考虑适用范围的广泛性。

· 及时性：模型业务需求应在规定时限内提交评审，特殊情况也可延长。

2）需求评审

模型业务需求评审分为初审与评审两个环节。

（1）初审。可采用不集中交叉审核方式，由风险模型建设牵头单位发起并组织；初审参加人员包括该风险模型项目组成员、模型管理人员等。

初审的主要内容包括：由风险项目组人员对指标（模型）需求初稿进行介绍；其他参与评审人员提出改进、完善的意见与建议。并重点关注规范性、全面性、可行性、独创新等因素（见表 5-4）。

表 5-4　风险识别模型业务描述文档评审标准

评审标准	评审内容
需求呈现形式的规范性	提交的需求是否采用标准格式进行填写；是否符合需求编写完整性、合规性、针对性、广泛性、及时性的要求；指标命名是否符合统一规则
需求覆盖范围的全面性	需求的设计思路是否清晰完整；需求所包含的指标是否能够基本覆盖所涉及模型的风险特征
模型数据来源的可行性	模型所需要的数据是否能从现有数据库提取；数据质量能否保证；有无可替代性数据源；能否取得第三方数据；第三方数据是否支持。如有首次引入的第三方数据，需求提交单位应提供数据格式，详细列明所需数据标准
模型的独创性	模型设计思路是否独特；模型所包含指标是否首次出现；与现有指标相比，新指标内容是否新颖

（2）评审。采取召开评审会形式，由风险模型建设牵头单位发起并组织；参加人员包括风险模型项目组成员、模型管理人员、项目开发人员等。

评审内容应包括：税收政策符合性、内外部数据源稳定性、风险标准参考值稳定性、核心算法准确性、风险识别结果代表性和指标应用范围的适用性。项目开发人员对需求可开发性进行评估。

由此形成对模型业务需求的最终意见，并依据主要意见记录形成评审结论表。评审结论由项目负责人、模型管理人员签署意见，符合开发条件

的,进入开发验证阶段。

3. 开发验证阶段

模型开发验证包括需求沟通、数据整备、项目开发、项目测试四个环节。

(1)需求沟通:在模型评审阶段指标开发人员与模型项目组人员就模型业务需求情况和技术实现方式进行沟通。

(2)数据整备:指风险指标所涉及的数据源的分析准备。

(3)项目开发:将指标业务需求转化为计算机语言的过程。在开发过程中,技术人员应与模型管理人员保持沟通,并在技术开发文档上列明设计思路、指标限制条件、执行注意事项等内容,以此保证模型的设计思路和业务指导思想得到忠实体现。

(4)项目测试:指对初步开发完成的风险指标进行案头测试,包括数据完整性验证、逻辑性验证和业务性验证,由开发人员和风险模型项目组成员、模型建设单位分别完成,并填写《税收风险指标验证情况表》。指标抽检有效性不低于预期有效性方可进入模型试运行环节。

4. 试运行阶段

通过征管信息系统推送部分税户给税源管理部门应对,通过实际应用,集中应对风险,集中归纳问题、集中反映成效。

(1)试运行时间:一般为风险模型测试完毕,验证有效后进行,应对单位原则上为模型建设的参与单位。

(2)试运行数量:总量原则上不得低于识别有问题户10%。

试运行过程中,项目组人员、模型管理人员根据风险复杂情况选择部分案件下户跟踪应对情况,掌握情况以保证风险识别有效性。

(3)试运行报告:责任单位应以试运行过程及成效形成报告,评估模型应用情况。报告包括三个部分:一是风险模型所涉税户的风险情况分析;二是风险应对情况与成效;三是对风险模型的修改意见与改进建议。

(4)案例分析报告:作为风险应对指引编写的基础,案例分析报告原则上在 30 个日内提交,试运行报告原则上在 60 日内完成。

(5)编写风险应对指引:模型建设牵头单位应结合试运行情况、案例分析情况,编写风险应对指引,便于风险应对人员掌握风险模型的应对方法。

5. 推广阶段

根据试运行阶段风险疑点识别面、风险指标应对有效性等运行效果,在模型建设资料齐全的情况下,由风险模型建设牵头单位组织开展由相关人员参加的项目评审会,评估符合模型推广条件的则在全系统推广。

5.3.2.5 税收风险识别模型业务描述文档

1. 基本架构

税收模型的类型包括专业模型和通用模型,专业模型指的是针对某一行业或者某一纳税人分类的模型,这种模型具有专业性和针对性,仅适用于某一特定行业或纳税人群体的模型;通用模型指的是适用所有的纳税人行业和分类的模型。

1)适用范围

结合纳税人特点,对模型类别、适用的行业及纳税人分类说明、使用纳税人特点、管理难点等阐述。

2)主要税收风险领域

列举税收风险领域,并对税收风险领域进行详细描述。

3)税收风险识别模型

对数据整备、风险点识别、风险评定进行说明。

2. 主要元素

1)适用范围介绍

本部分重点介绍工艺流程或营销方式以及生产经营规律。通过参阅本部分内容,可以了解该模型适用的纳税人群体,对该类纳税人的生产工艺流程或营销方式、经营规律有清晰认知,对涉税管理的薄弱环节有大概了解。

2）主要税收风险领域

本部分重点在于结合有针对性的实地调研、案例资料提炼出易出现涉税问题的环节，列举并详细描述税收风险领域。列举和描述时尽量按照风险发生概率（从大到小）排列。通过参阅本部分内容，可以掌握该类纳税人易出现问题的涉税环节及成因，为后续风险应对方法的确定提供切入点，增强控制风险的意识和能力。

3）风险特征

以风险主题数据为依托，使用现有各种应用系统中存储的数据，对税收风险领域中能有效加工产生的、稳定的特征进行详细描述。风险特征中风险的计算公式需采用可以量化的数学公式，运用科学的统计方法设置预警参考值，确定恰当的算法计算税收风险点得分和纳税人的风险积分，便于定性和定量地确定纳税人的风险状况。

第一，风险特征描述。

对风险特征进行描述，力求简练、准确。描述该风险特征用于识别纳税人具体什么方面的风险，要尽量细化，定位精确。对引用的财务和税收原理要进行简要说明，涉及的特殊税收政策或法律法规规定要标注来源。

第二，计算公式。

除了正常情况下的计算公式外，还应描述清楚具体计算时存在的特例情况，包括业务管理中的特殊情况（例如，是否存在差额征税、是否存在免税政策等）、技术取数中特殊情况的处理方法（例如，出现基础数据缺漏项时如何处理、存在数据重复报送时如何处理）等。同时，要尽量计算出可能少缴的税款金额。

第三，数据获取途径。

详细描述风险特征中所需数据的业务取数来源，例如，数据取自某个业务功能的某张表证单书中符合某类条件的某项数据。可为风险主题数据库中的明细数据和预加工产生的数据，需要区分计算用指标元和条件用指标元。

第四,预警值设置。

除了描述该风险特征的具体预警值外,还要描述测算该预警值的具体方法(包括计算公式和取数来源、取数口径等)。

第五,风险特征类别。

风险特征统一划分为四类:涉嫌偷逃税收类、一般税收流失类、违反税收管理规定中等风险类、违反税收管理规定低等风险类。

第六,属性。

说明风险特征是否参与积分(是、否);计算结果类别(计税依据差额、税款差额、税基偏离比例、税负偏离比例、其他值);重要程度(主要、辅助)。

第七,应对策略。

针对具体的风险特征,描述纳税人可能出现税收风险的不同情况。根据不同的结果,税务管理人员在风险应对过程中需要核查的具体内容。具体分为两个部分:一是在征管信秘系统中需要核实的具体内容;二是在进行询问约谈或实地核查时,对不同的情况,需要具体核实的内容。

4)风险积分规则

通过设置权重和纳税人风险积分计算公式,定量分析纳税人的风险程度。如果模型中风险特征不是对模型适用范围所有纳税人适用,需要分别设定某一纳税人群体的积分计算公式。如果每个风险特征都适用不同的纳税人群体(在模型适用范围内),则不设置风险积分规则。

第一,权重设置。

按照该类纳税人的特点并结合工作经验及实际验证情况,对各项风险特征的重要程度进行判断,赋予权重。权重用数字进行量化,各项特征权重之和为100%。不参与积分的特征不需要设置权重。通过参阅本部分内容,可以了解该类纳税人的主要税收风险特征、风险点的识别和风险状况评价规则,为税收风险应对提供依据和切入点。

第二,定量计算公式。

模型中风险特征的分值采用百分制(对于不参与积分的,分值设为"0")。

风险点得分需要说明计算方法。例如,征管信息系统中如果固化了连续积分法、分位数法和人工区间法三种算法,可选择一种作为计算税收风险点得分的方法,也可自行确定算法。如果是自行确定的,需要明确表述具体算法。

$$纳税人风险积分 M = \sum 权重 \times 风险点得分$$

风险积分越高,风险程度越大。

5)风险应对指引

根据该类纳税人的工艺流程(或营销方式)、生产经营规律以及风险领域,详细描述对该类纳税人进行风险应对过程中需要采取的一般方法、步骤、技巧和核查的重点内容,核查纳税人收入、成本、费用的专用方法、算法、主要科目等内容。

5.3.3 税收风险识别模型构建实例分析

正餐服务业涉及流转类税收、财产行业类税收、所得税类税收,涉及的税种比较全面,2016 年营改增后,该行业增值税税基并没有发生太大变化,因此税收风险模型中营业税的逻辑思路对增值税的风险指标建设具有借鉴意义,只需将营业税适应性修改为增值税,即具有现实意义。下面即以某市正餐服务业为例,说明税收风险识别模型建设规范。

5.3.3.1 正餐服务业实施税收风险管理必要性分析

1. 餐饮业税收整体情况

2010 年全市餐饮业入库 58 688 万元,占全市税收总量的 1.54%;其中营业税 50 705 万元,占行业税收的 86.4%,占营业税总量的 3.22%。

2011 年全市餐饮业入库 72 906 万元,同比上升 24.22%,占全市税收总量的 1.55%;其中营业税 61 981 万元,占行业税收的 85.01%,占营业税总量的 3.57%。

2012 年全市餐饮业入库 89 731 万元,同比上升 23.08%,占全市税收总量的 1.59%。其中营业税 70 323 万元,占行业税收的 78.37%,占营业税总量的 3.21%。

从总量看营业税是餐饮业的绝对主体税种。

2. 餐饮企业情况

2011 年,征管业务系统餐饮企业(行业代码以 H62 开头)正常企业户(不含个体工商户)1 635 户,其中所得税在地税征管的 750 户,占 45.87%,所得税非地税征管的 885 户,占 54.13%。

相关指标的测算情况如表 5-5 所示。

表 5-5 某市餐饮业 2×××年度相关指标测算

单位:户、万元

项目		郊区	城区	全市
样本数量		498	1 137	1 635
所得税地税征管		195	555	750
所得税非地税征管		303	582	885
所得税地税征管	收入总额	56 088.64	284 476.70	340 565.34
	成本总额	27 732.52	142 143.00	169 875.52
	期间费用	30 943.26	138 311.68	169 254.94
	利润总额	−4 125.88	−11 368.74	−15 494.62
	营业税总额	2 730.11	13 182.47	15 912.58
	企业所得税总额	587.75	2 479.05	3 066.79

续表

	项目	郊区	城区	全市
所得税地税征管	税款总额	3 292.72	14 963.78	18 256.50
	成本率	49.44%	49.97%	49.88%
	费用率	55.17%	48.62%	49.70%
	毛利率	44.83%	50.03%	50.12%
	利润率	−7.36%	−3.99%	−4.55%
	营业税税负率	4.87%	4.63%	4.67%
	企业所得税税负率	1.05%	0.87%	0.90%
	总体税负率	5.87%	5.26%	5.36%
	剔除所得税因素的总体税负率	4.82%	4.39%	4.46%
所得税非地税征管	收入总额	69 063.34	706 119.48	775 182.82
	成本总额	37 818.09	336 389.97	374 208.06
	期间费用	29 823.14	299 291.05	329 114.18
	利润总额	−927.31	33 836.28	32 908.98
	营业税总额	3 680.84	24 909.43	28 590.27
	税款总额	4 527.56	28 780.04	33 307.61
	成本率	54.76%	47.64%	48.27%
	费用率	43.18%	42.39%	42.46%
	毛利率	45.24%	52.36%	51.73%
	利润率	−1.34%	4.79%	4.25%
	营业税税负率	5.33%	3.53%	3.69%
	总体税负率	6.56%	4.08%	4.30%
总体情况	成本率	52.38%	48.31%	48.76%
	费用率	48.55%	44.18%	44.67%
	毛利率	47.62%	51.69%	51.24%
	利润率	−4.04%	2.27%	4.62%

续表

项目		郊区	城区	全市
总体情况	营业税税负率	5.12%	3.85%	3.99%
	总体税负率	6.25%	4.42%	4.62%
	剔除所得税因素的总体税负率	5.78%	4.17%	4.35%

从以上数据可以反映出以下四个问题。

一是费用率偏高,造成总体所得税税负率偏低。从全市情况看,收入税负普遍偏低,所得税在地税征管的 750 户企业,费用率高达 49.70%,企业所得税税负率仅为 0.9%,企业所得税流失可能性较大。

二是企业所得税在地税征管查账征收户的毛利率偏低,全市情况分析毛利率为 51.24%,而企业所得税在地税征管户的毛利率仅为 38.15%,从而导致查账征收企业所得税税负率偏低。

三是营业税税负率偏低。其中不乏经营餐饮的同时兼营增值税劳务,从全市情况看,非营业税劳务占收入总额的 20% 以上,增值税劳务占比过大。

四是区域差别较大。营业税税负率全市平均水平为 3.99%,其中郊县的营业税税负率超过 5.12%、而城区的营业税税负率仅为 3.85%;剔除所得税因素的总体税负率全市平均水平为 4.35%,其中郊县为 5.78%,而城区仅为 4.17%。

5.3.3.2 正餐服务业经营管理、税务管理基本情况

1. 行业定义

据《国民经济行业分类注释》的定义,餐饮业是指在一定场所,对食物进行现场烹饪、调制,并出售给顾客主要供现场消费的服务活动,包括正餐服

务、快餐服务、饮料及冷饮服务、其他餐饮服务。

此次风险模型主要针对餐饮业的正餐服务（I6710），指提供各种中西式炒菜和主食，并由服务员送餐上桌的餐饮服务。包括：宾馆、饭店、酒店内独立（或相对独立）的酒楼、餐厅；各种以正餐为主的酒楼、饭店、饭馆及其他用餐场所；各种以涮、烤为主的餐饮服务；车站、机场、码头内设的独立的餐饮服务；火车、轮船上独立的餐饮服务。

2. 企业类型及业态划分

餐饮企业的类型日趋多样化和专门化，已形成了餐饮种类繁多、丰富多彩的局面。常见的餐饮企业类型包括有限责任公司和个体工商户；业态分为火锅、西式正餐、餐馆酒楼、休闲餐饮、宾馆餐饮和快餐送餐等六类；经营方式分为综合性餐饮企业、单纯性餐饮企业及非商业性餐饮服务。其中单纯性餐饮企业又包括连锁餐饮、风味餐饮和主题餐饮。

3. 工艺流程（营销方式）

1）材料采购流程

主管领导指定采购计划，财务部选择采购方式，店管部进行采购询价，采购部选择价格及清单，审计部参与监督。流程图略。

2）材料入库流程

在材料入库的过程中，审计部参与检验和监督，财务部审核各种凭证和单据，采购部与店管部进行采购货物交检单的验证、交接，库房办理入库。流程图略。

3）材料领用流程

领用部门填写领料申请表，经审核后到库房领用材料。流程图略。

4）产品销售流程

前台操作员经身份验证后，进行开台、点菜消费核算及结算业务，最后办理营业日结。流程如图5-2所示。

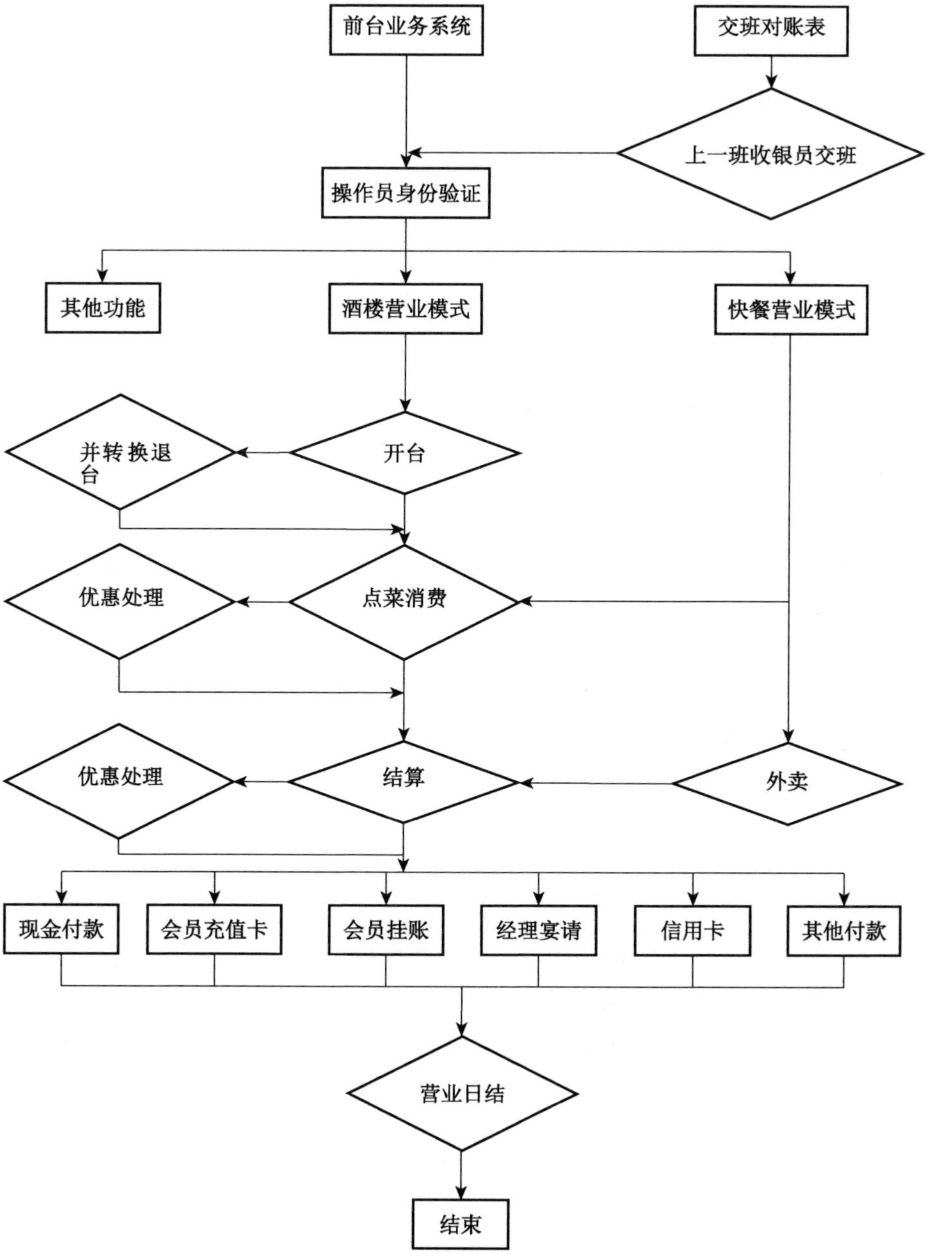

```
前台业务系统            交班对账表

                       上一班收银员交班

操作员身份验证

其他功能    酒楼营业模式        快餐营业模式

并转换退台    开台

优惠处理    点菜消费

优惠处理    结算            外卖

现金付款  会员充值卡  会员挂账  经理宴请  信用卡  其他付款

营业日结

结束
```

图 5-2 产品销售流程图

4. 会计核算特点

1）采购环节

（1）原材料采购核算。如果原材料已经验收入库，发票已经入账，则借记原材料，贷记应付账款、库存现金、银行存款等科目。如果原材料未验收入库，发票已经到账，则借记在途物资，贷记应付账款、库存现金、银行存款等科目。

（2）库存商品采购核算。如果商品已经验收入库，发票已经到账，则借记库存商品，贷记应付账款、库存现金、银行存款等科目。如果商品未验收入库，发票已经到账，则借记在途物资，贷记应付账款、库存现金、银行存款等科目；待商品入库时，借记库存商品，贷记在途物资。

2）制作环节

会计人员应根据当天的材料领用单，包括各种燃料、生鲜、油米等汇总编制会计分录：借记主营业务成本，贷记原材料。每月末对厨房及食堂进行实物盘点，根据实物数按成本价进行核算，调整主营业务成本。

3）销售环节

现金结算时的销售核算借记库存现金、贷记主营业务收入，对协议单位采用签字挂账方式销售的借记应收账款、贷记主营业务收入。

餐饮企业为了促销，经常会采用一些促销手段，常用的促销手段有直接打折和赠券两种。直接打折方式类似商业折扣，按折扣后的收入记账；赠券方式在赠券时尚未形成显示的义务，暂不需要作会计处理，实际收回赠券（消费者持券消费）并按扣除后金额结算时，可视为商业折扣，应该按扣除商业折扣的金额确定收入。

5. 行业特点

1）生产特点

（1）属个别订制生产，产品规格多、批量小。

（2）生产过程时间短。

（3）生产量难以控制。

（4）原料、产品容易变质。

（5）生产过程的管理难度大。

2）销售特点

（1）销售量受餐饮经营空间大小的限制。

（2）销售量受就餐时间的限制。

（3）经营毛利率较高，资金周转较快。

（4）硬件投资和日常费用较大。

3）服务特点

（1）无形性：餐饮服务很难量化，餐饮服务只能在就餐宾客购买并享用后，凭生理和心理的满足程度来评价质量的优劣。

（2）一次性：餐饮服务只能当次使用，当场享受。

（3）同步性：餐饮绝大多数产品的生产、销售、消费几乎是同步的。

（4）差异性：不同服务员的服务存在差异；同一服务员在不同场合、时间和情绪中也存在差异。

（5）主观性：指顾客对购买餐饮产品的认同在很大程度上是凭借自身的经历、经验的，因此对餐饮产品质量的认定具有相当大的主观性。

6．涉税管理难点

1）税务登记

部分餐饮业纳税人在开业后，不能按照规定及时办理税务登记，恶意偷逃税款；个别餐饮业纳税人办理税务登记后，由于在本地经营不善，采取"走逃"方式异地经营，或办理"假停业"来逃避应缴税款；一些餐饮企业正常经营领取发票后，未办理任何注销和缴销发票手续就迅速"消失"，税务机关查无下落，给税收征管带来了一定难度。

2）发票管理

由于餐饮企业现金交易量大，个人消费、公款消费等消费群体复杂，容

易出现坐支现金购买原材料,隐匿现金收入等涉税违法问题,或者采取收入不入账或设置"账外账"的形式,从而达到隐匿应税收入,偷逃营业税等税费的目的。因此发票开具是餐饮业最难以控管但也最为关键的一个环节。

第一,不开发票。

餐饮业收入中现金占较大比重,以个人消费为主的中小餐馆,消费者由于怕麻烦、索票后无处报销等原因,不主动索取发票。经营者也通过直接打折后不再开具发票的方式逃避税款,造成大量的营业款项未开具发票。

第二,借用发票。

一些连锁经营的餐饮企业,由于其经营店面较多,跨地区经营的连锁店可能会在多个税务机关办理税务登记,但由于两地的税务机关定额核定没有统一的标准,定额核定参数的也不相同,同样规模的连锁店核定出的营业额也可能不同。一些别有用心的餐饮连锁店,为了达到少缴税款的目的,采取了由税负轻的连锁店向税务机关领取发票,而供给其他连锁店共同使用。借用发票的违章行为还表现在一些减免税餐饮企业向非减免企业有偿提供发票和已领票企业向未领票企业有偿提供发票等行为。

第三,虚开发票。

餐饮业虚开发票的问题主要是发生在公款消费群体身上,一些用餐单位在年底结算时,由于招待费较多难以入账,而让他们开具其他行业的发票,造成少缴了税款;当然还存在个别餐饮企业买卖假发票,或者使用"回笼票"(重复使用发票)等情况。

3)会计核算

第一,通过往来账隐匿应税收入。

某些餐饮企业,特别是中高档的饭店酒楼,酒水饮品或者婚礼庆典进入其店面营销是需要缴纳一笔不菲的所谓的"进场费"。根据《关于商业企业向货物供应方收取的部分费用征收流转税问题的通知》的规定,应该并入收入征收营业税。实际情况是,大部分餐饮企业都没有如实申报纳税。基本做法是:如果收到的是现金则不入账也不开票,直接打入秘密账户,入"内账";如果对方是银行转账的,则先挂在"其他应付款",一段时间再转出,进入其秘密账户。

第二,以收抵支,少计收入。

某些餐饮企业在接受供应商的商品或劳务的时候,不全额付款,而是通过向对方提供一定的消费额度来抵免对方的全部或者部分的货款,实际中就有的经营者以"吃"抵免房屋租金和购买物资费用,并按抵免后的"结差"作为双方结算开票的依据,这样就达到了少计收入,少纳税的目的。

4)申报征收

(1)纳税义务已经发生,但纳税人不进行纳税申报。餐饮企业多以收付实现制进行财务核算,其应收账款只在实际收到时才记入营业收入,这与企业会计制度相悖,也与营业税条例的规定相违背。《营业税暂行条例》第十二条规定"营业税纳税义务发生时间为纳税人提供应税劳务、转让无形资产或者销售不动产并收讫营业收入款项或者取得索取营业税收入款项凭据的当天"。

(2)一些企业不计或少计营业收入,申报的营业额与企业规模相差较大。一些餐饮企业申报的营业额偏低、企业账面微利甚至亏损,形成企业效益年年亏损,企业经营规模不断扩大的怪现象。

(3)虚列成本和费用。餐饮企业的采购环节大部分以农副产品为主。这些产品的取得往往很难获得正式的发票,从非农产品生产单位和个人处购进农产品,编造虚假农副产品采购合同,开具假证明,编造开具农副产品收购凭证,虚列成本。

(4)纳税人代扣代缴环节的税收漏洞。餐饮企业的经营好坏,与该企业聘用的总经理、厨师和大堂经理、楼层经理等有着很大的关系,这也决定着该类人群在企业中取得的工资收入颇高,但目前企业并未完全按照个人所得税全员全额管理的要求,如实、完整、及时地申报该类纳税人薪酬状况。

5.3.3.3　正餐服务业税收风险特征分析与提炼

1. 税收风险领域列举

（1）未按规定享受税收优惠。

（2）隐匿收入，少计计税依据。

2. 税收风险领域描述

1）未按规定享受税收优惠

享受"企业吸纳税收优惠政策"的纳税人员工中途离职未及时调整税收优惠额度，造成纳税人多享受税收优惠，减少税款缴纳。

2）隐匿收入，少计计税依据

（1）当年度 12 月份损益表利润总额应当等于当年度生产经营所得投资者个人所得税申报表（年报）利润总额，否则可能存在纳税人少申报缴纳生产经营所得投资者个人所得税。

（2）单纯的餐饮经营企业，用水量、用电量、员工人数与营业收入一般成正比，用水量、用电量、员工人数的增加一般会导致营业收入的增加，如果餐饮业的用水量、用电量、员工人数较上年增加的比例超过营业收入较上年增加的比例，餐饮业纳税人可能存在少计收入，导致少申报缴纳营业税和企业所得税。

（3）企业的生产经营需要拥有或控制一定的资产，流动资产和经营收入之间一般是正相关的，而且相同类型和规模的餐饮企业收入和资产之间的比值是大致相同的。如果流动资产周转率低于一定水平，可能存在少计收入，导致少申报缴纳营业税和企业所得税。

（4）营业税税负率反映了一段时期内企业实际缴纳的营业税额和企业营业收入的比例。对于单纯的餐饮经营企业，营业税税负率应该处于 5% 左右。

《税收风险特征信息归集表》正餐服务业部分节选如表 5-6 所示。

表 5-6　《税收风险特征信息归集表》(节选)

风险模型名称	正餐服务业风险模型		创建人	
风险特征名称	正餐服务业营业收入变动率小于用水量变动率风险			
纳税人属性	行业		正餐服务业	
	其他(文字描述)			
涉税经济行为	■取得收入　□支付成本费用 □所得计量　□占用非现金资产 □所有者权益变动　□其他经济行为		其他(文字描述)	
税收权利义务	税种	营业税、企业所得税、 生产经营所得个人所得税	税目	
	(税收政策要点描述)			
风险行为特征	风险特征类别	■计税依据少计　□抵减额多计 □低选税率　□税额抵免多计		
	行为判定规则 (义务判定条件)	营业收入变动率÷用水量变动率<1		
	风险成立规则 (风险特征描述)	【税务管理码】【纳税人名称】,【税费所属期起】至【税费所属期止】征管业务系统申报的企业所得税报表本期营业收入较上年营业收入增加【营业收入变动比率】,与第三方交换数据本期用水(电)量较上年用水量增加【用水量变动比率】的比率为【营业收入变动比率÷用水量变动比率】,低于预警值		
	风险解除规则 (例外情况)	营业收入变动率>0,用水量变动率<0 税务登记表中税务机关核准日期 1 月 1 日以后新办的纳税人		
	风险成因	□故意　　□过失　　■选择		

5.3.3.4　正餐服务业税收风险识别模型设计

1. 数据来源

1)纳税人报送的数据

(略)

187

2) 税务机关采集的数据

企业所得税年度纳税申报表（A 类）、企业所得税年度纳税申报表（B类）、生产经营所得投资者个人所得税（年报）、个人所得税申报表、减免税备案登记、企业登记信息、个人所得税明细申报人数、营业税（城建税、教育费加、地方教育附加和文化建设事业费）纳税申报表中"服务业—餐饮业、饮食业"营业税计税依据、企业年度资产负债表中流动资产期初数和期末数、利润表中主营业务收入。

3) 相关第三方的数据

自来水公司获取的各单位用水量、供电公司获取的各单位用电量、国税局获取的企业所得税报表数据。

第一，自来水公司获取的各单位用水量。

获取单位：自来水公司；获取频度：按年；获取数据项的内容：使用方名称、收费所属时间、用量。

第二，供电公司获取的各单位用电量。

获取单位：供电公司；获取频度：按年；获取数据项的内容：用方名称、收费所属时间、用量。

2. 风险点识别

1) 原理

第一，餐饮业支持和促进就业税收减免核实异常。

享受"企业吸纳税收政策"的纳税人员工中途离职未及时调整税收优惠额度。

第二，餐饮业个人独资合伙企业财务报表利润总额与年报不相等异常。

当年度 12 月份损益表利润总额应等于当年度生产经营所得投资者个人所得税申报表（年报）利润总额。

第三，正餐服务业营业收入变动率小于用水量变动率风险。

餐饮经营企业，用水量和营业收入一般成正比，用水量的增加一般会导致营业收入的增加,如果餐饮业的用水量较上年增加的比例超过营业收入较上年增加的比例,餐饮业纳税人可能存在少计收入,导致少申报缴纳营业税和企业所得税。当营业收入变动率÷用水量变动率<1,存在纳税人少计收入,导致少申报缴纳营业税和企业所得税的风险。

第四,正餐服务业营业收入变动率小于用电量变动率风险。

餐饮经营企业,用电量和营业收入一般成正比,用电量的增加一般会导致营业收入的增加,如果餐饮业的用电量较上年增加的比例超过营业收入较上年增加的比例,餐饮业纳税人可能存在少计收入,导致少申报缴纳营业税和企业所得税。当营业收入变动率÷用电量变动率<1,存在纳税人少计收入,导致少申报缴纳营业税和企业所得税的风险。

第五,正餐服务业营业收入变动率小于员工人数变动率风险。

餐饮经营企业,员工人数和营业收入一般成正比,员工人数的增加一般会导致营业收入的增加,如果餐饮业的员工人数较上年增加的比例超过营业收入较上年增加的比例,餐饮业纳税人可能存在少计收入,导致少申报缴纳营业税和企业所得税。当营业收入变动率÷员工人数变动率<1,存在纳税人少计收入,导致少申报缴纳营业税和企业所得税的风险。

第六,正餐服务业流动资产周转率偏低风险。

企业的生产经营需要拥有或控制一定的资产,流动资产和经营收入之间一般是正相关的,而且相同类型和规模的餐饮企业收入和资产之间的比值是大致相同的。

第七,正餐服务业营业税税负率偏低风险。

营业税税负率反映了一段时期内企业实际缴纳的营业税额和企业营业收入的比例。单纯从事餐饮服务的纳税人,营业税税负率应该处于 5% 左右。

2）数据模型

本模型包含七个风险指标,剔除登记注册类型"个体工商户",对于涉及

变动比率比较的风险指标仅限定税务登记表中税务机关核准日期为检查年度1月1日以前办理、国标行业中有"正餐服务业"的企业;出现基础数据缺漏项时作为例外剔除;在取企业所得税年度纳税申报表(A)和企业所得税年度纳税申报表(B)的相关数据时,如纳税人重复报送,以报送时间最后的为准。

3) 数据获取途径

第一,餐饮业支持和促进就业税收减免核实异常。

享受相关税收减免政策的餐饮企业名单、享受"企业吸纳税收政策"的取个人所得税明细申报的员工身份证号码(该人数应该大于实际登记人数,需应对人员在应对时和减免备案的纸质材料进行核对)、减免期间职工取得两次收入的企业名称。

第二,餐饮业个人独资合伙企业财务报表利润总额与年报不相等异常。

利润表(年报)利润总额、生产经营所得投资者个人所得税申报表(年报)利润总额。

第三,正餐服务业营业收入变动率小于用水量变动率风险。

企业所得税差查账征收企业:征管业务系统纳税人申报的企业所得税年度纳税申报表(A)附表一(1)收入明细表第3行"主营业务收入"金额的本年数和上年数。

企业所得税核定征收企业:企业所得税年度纳税申报表(B)收入总额的本年数和上年数。

第三方数据:用水量的本年数和上年数;国税局获取的企业所得税年度纳税申报表(A)附表一(1)收入明细表第3行"主营业务收入"金额的本年数和上年数;企业所得税年度纳税申报表(B)收入总额的本年数和上年数。

第四,正餐服务业营业收入变动率小于用电量变动率风险。

企业所得税差查账征收企业:征管业务系统纳税人申报的企业所得税年度纳税申报表(A)附表一(1)收入明细表第3行"主营业务收入"金额的

本年数和上年数。

企业所得税核定征收企业：企业所得税年度纳税申报表(B)收入总额的本年数和上年数。

第三方数据：用电量的本年数和上年数；国税局获取的企业所得税年度纳税申报表(A)附表一(1)收入明细表第 3 行"主营业务收入"金额的本年数和上年数；企业所得税年度纳税申报表(B)收入总额的本年数和上年数。

第五，正餐服务业营业收入变动率小于员工人数变动率风险。

企业所得税差查账征收企业：征管业务系统纳税人申报的企业所得税年度纳税申报表(A)附表一(1)收入明细表第 3 行"主营业务收入"金额的本年数和上年数。

企业所得税核定征收企业：企业所得税年度纳税申报表(B)收入总额的本年数和上年数。

征管业务系统个人所得税明细申报的人数(按月取数、加权平均)。

第三方数据：国税局获取的企业所得税年度纳税申报表(A)附表一(1)收入明细表第 3 行"主营业务收入"金额的本年数和上年数；企业所得税年度纳税申报表(B)收入总额的本年数和上年数。

第六，正餐服务业流动资产周转率偏低风险。

企业年度资产负债表报表中流动资产合计的期初数和期末数、利润表中主营业务收入累计数；营业税、城建税、教育费附加、地方教育附加和文化建设事业费纳税申报表中"服务业——餐饮业、饮食业"营业税计税依据。

第七，正餐服务业营业税税负率偏低风险。

企业年度利润表中主营业务收入累计数；营业税、城建税、教育费附加、地方教育附加和文化建设事业费纳税申报表中"服务业—餐饮业、饮食业"营业税税额。

4) 预警值设置

(略)

5）评分标准

（略）

6）应对策略

（略）

3. 风险评定

1）指标权重设置

（略）

2）评定公式模型

（略）

《税收风险指标需求表》关于正餐服务业的部分节选如表5-7所示。

表5-7　《税收风险指标需求表》（节选）

指标名称	餐饮业营业收入变动率小于用水量变动率风险	指标种类	〔　〕行为类 〔√〕税收类
风险特征描述	餐饮经营企业，用水（电）量和营业收入一般成正比，用水（电）量的增加一般会导致营业收入的增加，如果餐饮业的用水（电）量较上年增加的比例超过营业收入较上年增加的比例，餐饮业纳税人可能存在少计收入，导致少申报缴纳营业税和企业所得税的风险		
适用范围	国标行业以"H62"开头的正常户		
适用税种	营业税、企业所得税		
指标公式描述	营业收入变动率 A÷用水量变动率 B，存在纳税人少计收入，导致少申报缴纳营业税和企业所得税、生产经营所得个人所得税的风险 营业收入变动率＝（本期营业收入－基期营业收入）÷基期营业收入 用水量变动率＝（本期用水量－基期用水量）÷基期用水量		
指标公式	营业收入变动率 A÷用水量变动率 B；当 A＜5％且 B＞1％时有风险 税务登记表中税务机关核准日期为检查年度 1 月 1 日以后新办的纳税人不作分析； Abs（营业收入变动量）＞100 元；用水变动量＞10°		
数据来源	〔√〕税务部门掌握的数据　〔√〕第三方数据　〔　〕国际情报交换数据		

续表

指标名称	餐饮业营业收入变动率小于用水量变动率风险	指标种类	[　]行为类 [√]税收类
数据内容	企业所得税差查账征收企业:征管业务系统纳税人申报的企业所得税年度纳税申报表(A)附表一(1)收入明细表第 3 行"主营业务收入"金额的本年数和上年数; 企业所得税核定征收企业:企业所得税年度纳税申报表(B)收入总额的本年数和上年数; 第三方数据: 用水量的本年数和上年数; 国税局获取的企业所得税报表相关数据[企业所得税年度纳税申报表(A)附表一(1)收入明细表第 3 行"主营业务收入"金额的本年数和上年数;企业所得税年度纳税申报表(B)收入总额的本年数和上年数;]		
加工周期	[　]月　[　]季　[　]半年　[√]年　[　]一次性		
预警参考值	1		
预警参考值维护级别	[　]省　[√]市　[　]县(市、区)		
分值区间及计算方法			
税务机关提示信息	【纳税人名称】(【税务管理码】),【所属期起(字符型参数)】至【所属期止(字符型参数)】止,征管业务系统申报的企业所得税报表本期营业收入【本年主营业务收入】,上年营业收入【去年主营业务收入】,营业收入变动率为【营业收入变动率】%,第三方交换数据本期用水量【本年用水量】,上年用水量【上年用水量】,用水量变动率为【用水量变动率】%,请核实企业营业收入的真实性和准确性		
应对策略	核实纳税人营业收入的准确性,通过对应付账款、其他应付款科目具体经济业务的核查,看其是否有隐匿收入的行为;核实纳税人用水量、用电量、用气量的真实性,检查是否有虚增费用的行为		
备注			

 税收风险识别管理

5.4.1 税收风险识别流程管理

根据税收风险识别的概念,税收风险识别包括数据整备管理、税收风险指标(模型)管理、风险识别结果管理三个步骤。

5.4.1.1 数据整备管理

数据管理部门负责收集并整理相关涉税数据,组织数据质量筛选,保证数据的可用性。风险监控部门负责实施各类数据的风险识别应用,并对数据应用情况进行跟踪与反馈。

1. 数据整理

税收风险识别岗根据指标(模型)运行需要,对已采集的相关数据进行整理、清洗和加工,使其满足相关税收风险指标(模型)的运行条件。税收风险指标运行如需补充采集第三方数据,则由相关风险事项业务管理部门牵头,会同数据采集部门确定数据采集方案并组织实施,在风险计划规定的时间内完成数据的采集和整备工作。

2. 数据跟踪

税收风险识别岗根据税收风险管理数据运行情况反馈,应区分情况,分别向数据采集部门提出加强数据质量管理建议或数据补充采集需求,同时向数据采集部门反馈第三方数据运用成效。

3. 指标元创建

税收风险识别岗制定并按照《税收风险指标加工方案》的要求,开展指标元的创建,实现对指标元基础属性、指标元值和条件值的定义,指标元数据维护,主题数据配置,指标元发布以及其他后续状态管理。

4. 数据修正

税收风险识别岗应根据需要对数据提出或直接进行必要修正,以提高风险识别准确性。例如,为强化纳税人的分类管理,对系统中行业及其他基础属性尚未明确,或者不能进行标识的纳税人,如上市公司、A 类信用企业,应提请征管科技部门通过增加纳税人的属性,形成纳税人的有效分类,便于以后进行针对性的风险识别、排序等。

5.4.1.2　税收风险指标(模型)管理

税收风险模型管理是指各级税务机关运用政策分析、案例分析和经验分析等分析方法,寻找税收风险领域,提取用以识别风险领域的风险特征,建立和健全相应的风险指标体系和风险识别模型的管理过程。其包括五个环节的工作内容。

(1) 模型管理岗对机关相关业务部门建设的风险指标模型及各级税务机关在日常工作中发现的,或通过典型调查提交的税收风险特征指标进行审核与确认,并进行税收风险特征的配置、发布、后续状态管理。对税收风险特征进行统筹管理,制订税收风险指标(模型)建设计划。

(2) 各业务管理部门数据和风险管理岗应根据年度风险管理工作计划,依据相关建设规范组织风险识别指标(模型)的建设工作,在风险识别工作开展前及时将税收风险识别模型业务需求提交模型管理岗部署到风险管理平台。

模型管理岗协同相关业务管理部门数据和风险管理岗按照"识别、推送、应对、反馈"的流程对风险识别指标(模型)进行验证。对验证通过的风险识别指标(模型)发布使用。

(3) 模型管理岗收集所推送任务的风险识别模型及风险指标综合评价信息,向该风险识别(模型)建设单位反馈适用性。相应建设单位根据反馈

意见对风险指标（模型）进行修正。

（4）模型管理岗及时对风险指标停用、启用和作废等状态进行生命周期管理、风险事项与指标（模型）对应关系维护等后续管理工作。上级税务机关可将下级税务机关的税收风险指标提升为本级使用。

（5）模型管理岗根据业务部门的指标模型维护通知，对税收风险指标（模型）进行维护；根据税收风险指标（模型）评价与反馈信息，对不需要业务部门确认的技术等方面事项，直接对风险指标进行维护。

5.4.1.3　风险识别结果管理

税收风险监控部门根据已经制订好的风险管理计划，在指标定义及分类的基础上，开展风险加工、验证，据此形成税收风险信息，为应对工作提供依据。

1. 风险加工方案制订

税收风险识别岗根据税收风险管理计划风险识别任务识别相应税收风险点，并进行合理统筹，分事项选定指标（模型），在征管信息系统中制作《税收风险指标加工方案》。

2. 风险加工方案执行

（1）税收风险识别岗按照《税收风险指标加工方案》及《税收风险人工识别方案》明确的识别内容，分别执行信息系统加工和人工标准化分析。

（2）税收风险识别岗将人工识别出的税收风险信息报经审批同意后，人工录入或导入风险疑点库，列入风险识别事项的指标排序范围。必要时可向税收风险推送岗提出人工识别指标权重、积分规则的维护建议，以保证人工识别风险参与排序的正确性、合理性。

（3）税收风险指标平台加工完成后，税收风险识别岗按一定比例对加工结果进行抽样预览和初步审核，并向各风险应对单位抽样下发待上传疑点，同步开展审核验证。对经审核明显为虚像或错误风险信息的，作废虚像或错误税收风险信息,作废风险信息不再上传风险疑点库。

(4)风险识别岗对经初步审核、验证确认的税收风险信息,应按期上传税收风险库,对已上传风险疑点库的风险,因信息错误需要作废的,应组织进行作废处理。

3. 风险识别反馈

(1)税收风险识别岗在税收风险识别过程中,同时对税收风险识别指标(模型)进行检验评价,发现需调整或修正事项的,应及时向模型管理岗进行反馈。

(2)税收风险识别岗定期对税收风险应对结果与推送的税收风险存在较大差异的信息,进行审核分析,向模型管理岗提出调整指标模型等工作建议。

5.4.2 税收风险识别时间管理

税收风险识别时间也被称为识别周期或加工周期,包括年、季、月、一次性四种类型。税收风险识别时间的确定应结合以下三个方面确定。

1. 税收风险特征

根据税种、管理事项、特定群体因税源管理要求的不同而可能形成的不同税收风险特征选择识别时间。例如,土地增值税法定清算的税收风险应在纳税人提交清算申报表时进行识别。

2. 申报期

根据不同税种的申报期要求确定风险识别时间。例如,企业所得税汇算清缴申报期限为 5 月 31 日前,因此风险识别应在每年 6 月起开展。

3. 数据整备情况

根据内外部数据源的整备情况确认风险识别时间。例如,个人所得税年度纳税申报期为 3 月底,但由于纳税人财务报表一般要求 5 月底前提交,

需要纳税人财务报表的税收风险指标只能待5月底财务报表信息整备结束后才能开展识别。

5.4.3 税收风险识别有效性管理

5.4.3.1 税源信息的动态搜集

开展税收风险识别前提是已获取识别风险所需要的数据，因此应加强税收征管数据、外部门、互联网涉税数据等数据源管理，同时拓宽数据获取渠道，加强税务人员在税源管理过程中发现的各类税源信息的搜集和应用。

1. 税源信息的来源渠道

（1）日常征收管理。纳税服务、基础管理、风险应对部门以及机关内设机构在咨询辅导、征收管理、调查核查（实）、风险应对、税源分析等日常履职过程中发现的税源信息。

（2）护税协税。税源信息获取单位依据审计报告、政府纪要、部门联席会议纪要以及协税护税等第三方单位提供的信息，整理形成与涉税风险相关的税源信息。

（3）检举。税收违法行为检举形成的税源信息。

（4）案中案。它是指从税务稽查、纳税评估过程中发现其他纳税人案中案风险疑点。

2. 税源信息的甄别

风险监控部门应加强税源信息的有效性分析，并建立税源信息会审机制，定期或不定期对税源信息的合规性和有效性进行审核，分别作出处理。对于不属于风险管理范围的税源信息，应告知税源信息获取单位向有处理权的部门反馈。对税源信息主体不明确、事实不清楚的，应进一步要求收集详细线索。

3. 税源信息的风险应用

反馈的税源信息可通过现有风险指标或新建风险指标进行风险识别的,应通过运用风险指标加工产生税收风险点。对时间要求紧急、不及时推送易造成税收永久流失的,也可直接形成风险应对任务推送至风险应对机构处理。

应定期分析通报税源信息的应用效果,根据具体情况提出税源信息反馈建议,提高信息反馈的针对性和有效性。税源信息风险识别任务传递单如表 5-8 所示。

表 5-8 税源信息风险识别任务传递单

提交申请单位		联系人 (电话)	
纳税人名称		税务管理码	
纳税人类型	□企业 □非企业单位(行政事业单位) □个体工商户 □其他( )		
涉及税种		疑点税款 所属期	预估税款
风险情形描述 (风险特征)			
风险情报信息 来源	□检举 □护税协税 □日常征管发现 □其他( )		
	附列资料内容		
分析处理情况	疑点价值分析情况		
	现有指标可识别情况		
	处理建议		
主管领导意见			
处理人员		处理时间	

5.4.3.2 风险指标(模型)动态管理

风险指标(模型)动态管理是为了保证风险指标(模型)指向的准确性及

对风险的敏感度,在风险指标(模型)应用的过程中,根据实际情况的变化,通过应用评估的方式,适时对风险指标(模型)及涉及风险点进行调整的一种工作方法。

1. 风险指标(模型)应用评估类型

应用评估包括风险指标(模型)评估和风险识别结果评估两种类型。风险指标(模型)评估是对风险指标(模型)业务需求进行评价的过程;风险识别结果评估是指采取抽样方式,对风险指标(模型)逻辑性、取数准确性、疑点描述科学性、政策符合性以及应用特例等角度进行评价的过程。

2. 风险指标(模型)应用评估标准

1)现行税收政策符合性

对税收风险指标(模型)所依据的税收政策(包括与税收相关的法律、法规、规章及规范性文件)的符合性进行评估。确认税收政策是否有效,有否发生变化,变化点是否对税收风险指标所引用的税收风险特征产生影响。

2)内外部数据源稳定性

对税收风险指标(模型)所需要的数据整备要求稳定性评估,详细梳理、排查数据来源,确认数据源在字段含义、加工规则、加工频度等方面是否满足税收风险指标(模型)的应用需要。

3)风险参考值科学性

对税收风险指标(模型)预警参考值、风险积分、风险分值、权重等关键参数的科学性进行评估。通过调研、分析,确认风险参数在逻辑上、趋势上是否符合税源管理的实际情况。

4)核心算法准确性

对税收风险指标(模型)运算逻辑、运算公式的准确性进行评估。确认核心算法是否准确地反映了税收风险特征、准确使用了内外部数据源。

5)风险识别结果代表性

对税收风险识别结果代表性进行评估,确认识别结果在识别有问题面、案头审核有问题面、应对有问题面等方面是否符合税收风险指标(模型)识别有效性相关要求。

6) 指标应用范围的适用性

对税收风险指标(模型)适用范围进行评估。该评估多用于引用上级或同级其他单位税收风险指标(模型),主要是确认其是否适用于税源管理区域,是否适用于税源管理对象。

3. 风险指标(模型)应用评估处理方式

1) 保留

对于能够正常使用,有效性较高,且未收到修改建议的指标(模型)无需修改,继续使用。

2) 停用

由于政策或征管环境发生变化导致指标(模型)无法继续使用且无修改的必要,应予以停用。

3) 修改

修改包括指标优化或整合。优化是指由于政策或征管环境发生变化或在实际使用过程中发现指标(模型)在名称、算法、取数来源、风险描述、预警值等方面存在错误,或以上虽不存在错误,但指向模糊,需要进一步明确的,应当对指标(模型)进行修改。整合是指若干指标(模型)风险指向基本相同且具有互补作用,如果组合在一起风险指向会更明确的,应当对指标(模型)进行整合。

4) 修改应对指引

对于实际应对过程中发现的具有一定普遍性的例外情况,但又无法对风险指标(模型)进行修改的,在获得相关证据证实后,应在风险指标(模型)应对指引中增加情况说明。

税收风险等级排序与推送

通过风险识别,对税收风险领域有了定位,同时也汇集了巨量的纳税人遵从风险信息。接下来为了对这些信息进行高效的后续处理,需要一个对风险发生的可能性和风险大小程度进行客观估算的机制,就是风险评估,也称风险评价,即对风险进行等级排序。风险等级确定之后,从有效利用征管资源、提高风险处置效率、追求最大应对价值等角度出发,不同等级的风险应推送不同的税务部门采取差别的应对方式。

6.1 税收风险等级排序

6.1.1 税收风险等级排序相关概念

6.1.1.1 税收风险等级排序概述

风险管理理论认为,并非需要解决组织管理中遇到的所有风险。资源的有限性决定了部分风险需要规避,部分风险应该容忍,而那些对组织目标产生严重消极影响的风险,则必须立即采取科学的方法加以应对,尽可能减少其可能产生的不良后果,降低消极影响。

税收风险等级排序就是在已经识别出税收遵从风险的情况下,税务机关根据征管资源的状况,对辨识出来的风险进行等级估算和排序,确定风险事件处理的优先级别,以重点管理和控制那些被认为是重要的风险,积聚资源,实现管理效益最大化。

6.1.1.2　风险等级排序相关文献

风险是遭受损失的一种可能性,这个定义描述了风险的两个基本属性,即风险发生可能性与风险造成的后果。风险定等排序正是基于人们对风险的两个基本属性的理解。

1. 风险影响

风险影响＝风险发生可能性×风险造成的后果。Turner(1992)认为"风险因素的影响取决于风险发生的概率和发生后造成的结果",将风险影响进行排序就得到"风险等级"。这一表述在界定风险的同时也描述了风险排序过程。

Simon 和 Hillson(1997)所使用的"风险排列次序"的概念也相近,即将概率和影响用数量刻度进行赋分,以形成"风险排列次序"。

2. 风险重要性

Ward(1999)在介绍风险排序矩阵时使用了"重要的风险",并解释了"风险重要性"和"风险排列次序"的含义,"风险排序的普遍方法是概率—影响矩阵。典型的矩阵要求严格评估每个风险源的发生概率以及影响程度等。从一定程度上说,排序位次越高的风险,其重要性越大"。

可以看出这些概念的含义基本是一致的,都是以风险发生的概率和发生后造成的后果作为衡量风险的重要尺度,并按照这一尺度对风险进行排序,从而确定风险等级。

针对这种风险重要性的二维理解,Charette(1989)认为,仅仅依据概率

和影响两个因素就确定风险等级的方式显得不够全面,应该增加衡量的维度。他使用一个三维图形来描述,三个坐标轴分别表示严重性、频率和可预见性。这一点较之传统的"概率—影响"二维度评价,引入了风险的可预见性的属性,实质上已不仅仅限于风险自身特点,而是从管理的角度来看待风险。

Wynne(1992)进一步对风险、不确定性、无认知和不明确的概念进行了区分,这是对风险概念更为细致的剖析,事实上也是对风险衡量标准认识的进一步探究。Ward(1999)指出,在评价和管理重要的风险时,"不仅亟需分清风险影响的大小与风险出现的可能性,还要识别其他因素,如风险发生后可行的响应措施的性质以及可以用于响应的时间"。

3. 风险监测能力与风险管理边际效率

左美云、周彬(2002)指出风险值的计算公式中忽略了风险是否能被监测到的问题,他们在风险值的计算公式中加入了"风险监测能力"指标。事实上,风险监测能力指标与上述的可预见性指标在本质上是一致的,都是刻画风险可预见性的属性。

黄训江、侯光明(2005)在对项目风险管理的优先度进行评价时,建立了与以往差异较大的评价指标,包括风险管理边际效率、投资项目风险承受能力、风险可控性和风险的经济社会环境影响。可以看出该评价指标体系已经开始考虑风险管理活动的效率要求,较以往的评价指标更能够体现风险等级排序的管理特性。

6.1.1.3　税收风险等级排序的意义

税收风险等级排序在税收风险管理中处于重要地位,是连接风险识别与风险应对的桥梁,所以明确其在税收风险管理中的特点和作用具有重要意义。

1. 税收风险等级排序是对达到一定相关度的税收风险发生的可能性

及风险损失程度的综合评价

在引起税收流失风险的各因素中,有些因素是相互联系的。不同因素之间的联系可能提高或降低税收流失风险的影响。在税收风险评价过程中,需要综合考虑各种风险因素的影响,对引起税收流失的可能性和风险损失后果的严重程度进行综合分析并进行风险等级排序。

2. 税收风险等级排序是在一定的经济和税收制度环境下进行的

税务机关往往通过税收流失的程度和频率对风险等级进行划分,但是,评价者应同时综合分析和考虑纳税人的经济环境、国家的经济政策及税收制度合理性因素对纳税人风险的综合影响,在指标权重、偏差程度等方面进行综合考量,使税收风险等级排序的结果符合客观实际,提升税收风险管理的科学性和时效性。

3. 税收风险等级排序为有效实施税收风险应对处理提供科学依据

只有客观有效地对税收风险进行评价与等级划分,才能采取针对性的策略和方法,控制税收风险,明确不同税收风险等级,采取不同风险应对控制策略,建立差别化的分类应对控制系统,优化资源配置,提高税收风险应对处理的针对性和有效性。

6.1.1.4　税收风险等级排序的原则

为了确保税收风险评价结果的科学性、有效性,税收风险等级排序需要遵循一定原则,具体如下。

1. 整体性原则

产生税收流失的风险因素是系统的、多方面的,因此,在税收风险评价时,必须从整体出发,全面、系统地考虑产生税收流失风险的各种因素及影响,并考虑这些因素之间的相互联系和相互作用。

2. 统一性原则

税收风险等级排序是在税收风险指标体系构建、税收风险分析识别基

础上进行的,主要是针对纳税遵从风险问题进行的,因此,税收风险等级排序要以纳税人的涉税生产经营活动为出发点和落脚点,使税收风险指标体系、税收风险等级排序和税收风险评价保持一致性和统一性,形成科学、系统的税收风险管理体系。

3. 客观性原则

税收风险等级排序的方式和方法多种多样,不同的评价方法可能会形成不同的评价结果,因此,采用科学适用的税收风险划分等级排序方法,尽可能使风险预期、风险划分等级成果与实际税收流失风险相一致,真实、客观地反映税收风险等级及其损失危害,提高税收风险评价的客观性和有效性。

6.1.1.5 税收风险等级排序中运用的方法

在实践中,税收风险等级排序运用的方法主要分为定性评估方法、定量评估方法和定性与定量相结合的评估方法三大类。

1. 定性评估方法

定性评估方法又可称为专家经验法,该方法侧重定性分析和评价,主要由具有丰富实践经验和分析判断能力的专家依据主观经验和专业知识,对相关选项的概率、影响程度及权重进行分析和确定,进而评价总体并划分出等级排序的方法。该办法简单易行,成本低,工作效率高,需要专家对研究事物具有深入细致的了解和掌控。但这种方法受人为主观因素影响较大,容易受操控和缺乏系统监督。

2. 定量评估方法

定量评估方法又可称为数理统计方法,是在系统掌握一定的高质量信息数据基础上,利用现代概率论和数理统计的科学方法及信息技术手段,通过对研究情况进行量化、测度、划分等级排序的方法。它分析风险发生的概率以及风险危害程度所形成的量化值,并根据分值高低确定等级划分,并进行排序、发布预警信息。定量评估方法的评估结果直观，并大大增加了与运行机制和各项规范、制度等紧密结合的可操作性，但是量化过程中容易使本来比较复杂的事物简单化。

3. 定性与定量相结合的评估方法

定性与定量相结合的评估方法就是将定性分析方法和定量分析方法这两种方法有机结合起来，做到彼此之间的取长补短，使评估结果更加客观、公正。随着税收风险管理越来越复杂，许多风险管理主体尝试更准确地进行等级排序。然而，在税收风险管理实践中，很难找到统一的评价标准来对各种风险因素可能造成的税收流失的损失危害进行等级排序。运用定性与定量分析评价相结合的方法，在对税收风险进行客观分析等级划分的同时，通过建立客观、科学的税收风险等级量化模型进行定量分析评价，可以较为科学、有效地分析评价税收风险等级及税收风险可能造成的危害，为税收风险应对提供依据。

6.1.2　税收风险等级排序流程

税收风险等级划分排序是在税收风险分析识别的基础上，对各类税收风险指标进行分值计算，以风险积分的形式对各类指标风险进行分级评价；在此基础上按照一定的步骤和方法，设置合理的系数，对纳税人的各类税收风险归集进行风险积分，然后按照积分高低进行排序，风险监控机构根据纳税人风险积分和排序情况，确定等级划分标准将纳税人风险等级分为高等风险、中等风险和低等风险进行差别化应对。

6.1.2.1　计算税收风险积分

税收风险的大小用风险积分来表示。税收风险积分以风险发生概率和风险发生造成税款流失的严重程度为主要评价因素，辅之以风险类型、关键

指标数量、历史遵从和风险指标权重等情况进行综合分析,计算纳税人风险积分。

1. 确定风险分值

税收流失类指标设置有积分度量,积分度量是指按指标公式直接计算得到的反映指标风险程度大小的绝对数值。而指标分值是对指标积分度量分区间换算得出的相对风险数值。指标分值算法主要有分位数法、人工区间法、连续分值法及其他算法等。

1)分位数法

分位数法设置包括两个录入项目:一个是分值分布,只能设置为整数;二是分值计算范围,对指标计算出的风险清册按照积分度量进行降序排序,按照统计分位数进行分段,对应指标分值,分值计算范围之和必须为1。

【例6-1】 分位数法风险分值设置

指标分值分布为30、20、10,分值计算范围为10%、40%、50%,则代表的是疑点按积分度量排名由高到低,前10%的对应风险值为30分,10%～50%的对应风险值为20分,剩余的都是10分。然后将同一纳税人的不同所属期的疑点汇总累加得到的值就是此纳税人在指标中的指标分值。具体设置如表6-1所示。

表6-1 分数位法分值设置

指标分值	积分度量分位数
30	10%
20	40%
10	50%

2)人工区间法

人工区间法是按照某一积分度量区间指定指标分值,设置也包括两个录入项目:一个是分值分布,只能设置为整数;二是积分度量取值区间。人工区间法按照指标分值类型不同设置也不同。直接指标(能直接计算风险税款的指标)录入的是绝对数,间接指标(不能直接计算风险税款,用和预警数值的偏离度代表积分度量)录入的是相对数。

【例6-2】　人工区间法风险分值设置

指标分值分布为 30、20、10,分值计算范围为＞10 000 元、5 000～10 000 元(含 10 000 元)、≤5 000 元,则代表的是疑点按积分度量排名由高到低,大于 10 000 元的对应风险值为 30 分,5 000～10 000 元(含 10 000元)的对应风险值为 20 分,剩余的都是 10 分;或者指标分值分布为 30、20、10,分值计算范围为＞50％、50％～20％、≤20％,则代表的是疑点按积分度量排名由高到低,大于预警值 50％的对应风险值为 30 分,大于预警值50％～20％的对应风险值为 20 分,剩余的都是 10 分。然后将同一纳税人的不同所属期的疑点汇总累加得到的值就是此纳税人在指标中的指标分值。具体设置如表 6-2、6-3 所示。

表6-2　人工区间法分值设置

指标分值	积分度量取值区间
30	＞10 000 元
20	5 000～10 000 元(含 10 000 元)
10	≤5 000 元

表6-3　人工区间法分值设置

指标分值	积分度量取值区间
30	＞50％
20	50％～20％(含 50％)
10	≤20％

3）连续分值法

连续分值法是设置一个最高分值的取值范围和分值，再设置一个最低分值的取值范围和分值，其余分值则按照上述设定的斜率计算，计算结果是在最低和最高取值之间，是包含小数位的连续数值。连续分值法同样区分直接指标和间接指标。

4）其他方法

税收风险监控部门也可以根据实际需要自行定义合理的指标分值算法规则。

2. 设置税收风险排序系数

计算风险积分以后，为了尽可能使风险评价赋分符合客观实际，从而更科学合理地进行等级排序，有必要从多角度引入不同的相关系数，对最终计算出的风险积分进行修正。

1）强度系数

由于每个指标计算出的风险度量范围差异很大，导致每个指标所反映的风险程度也不同，在此基础上确定的风险值就存在一定程度的不可比性，因此需要设置相关的强度系数来进行修正，具体方法如下：

对能够直接计算出明确疑点税款数值的指标即直接指标一次正式加工产生的风险信息，按疑点税款进行排序，计算出疑点税款的中位数，计算方法是将疑点税款按降序排列，如果该指标的记录数为奇数，则将该记录数＋1后除以2，记录数为该数值的疑点税款即为中位数；如果该指标的记录数为偶数，则将该记录数除以2，记录数为该数值的疑点税款，再加上记录数为该数值＋1的疑点税款，合计后除以2即为中位数。为了在多个指标中反映各指标的相对强度，将各指标的中位数排序后，在该组数据中取中位数作为分母，各指标的中位数作为分子，相除后得到每一指标的强度系数。对不能直接计算出明确疑点税款数值的指标即间接指标，为简便计算，强度系数均设定为1。一般来说，中位数法要比采用平均数法更为科学，平均数法易受极端值影响,导致平均数偏大。经过用中位数法计算出的强度系数修正过后的每一户风险企业的指标分值,就可以按照统一的标准判断各风险企业可能存在的税款流失大小。

2) 概率系数

风险概率反映的是单位时间税收风险发生的可能性、发生的次数和频率,当税收流失风险结果不可预测时,会出现风险发生的不确定性。概率可分为主观概率和客观概率两种。

主观概率是根据税务管理人员及有关专家的主观经验、知识积累等判断税收风险发生的可能性,通常可以由相关人员对直接指标和间接指标分别设定不同的概率系数,比如 70％和 30％,另外在直接指标和间接指标内部,各指标的实现概率也存在差异,可以进一步设置二级系数,两级系数相乘即为最终的概率系数。

客观概率是根据历史时期风险事件发生概率的有关信息和统计数据,来推断确定未来的发生概率。

在确定税收风险概率时,由于不同地区、不同时段情况下发生税收风险概率有所不同,同时确定概率的管理操作层与税收风险实际可能发生的层面不一致,因此,在实际的管理实务中有必要建立统一的分析评价机制,综合考虑时间、区域等因素,通过大量调查分析部分地区税务部门试点情况,推断一定区域总体的实际应用。因此,在确定税收风险概率的时候,通常把主观概率和客观概率有机结合,同时引入时间系数调整修正税收风险概率,使其更客观全面反映税收风险发生的可能性。时间系数是指时间因素对税收流失风险可能性的影响,该"时间"可分为纳税人经营存续时间和实地核查间隔时间两种。一般情况下,纳税人经营存续时间越短,税收风险越高。实地核查间隔时间越长,税收风险越高。

3) 置信系数

置信系数体现的是同样的问题在不同纳税人之间风险的可信度是不一

样的,通过这一系数对风险值进行适度调整。如纳税人的法人代表历史上曾经有两次偷税的记录,那么该法人代表再办企业偷税的可能性比其他纳税人要高,相应的置信度就低,可以设置较高的置信系数;上市公司内控机制比较完善,同样的问题其风险可能性相对较小,相应的置信度就高,可以设置较低的置信系数。

【例6-3】 *征收管理置信系数设置*

表6-4体现的是不同项目条件下,各纳税主体的置信程度,可以对各项目不同情况设置不同分值,采用一定算法综合各项目汇总计算出综合置信系数对风险分值进行修正。

表6-4　分类项目置信度

序号	项目	置信程度		
1		低	中	高
2	征管方式	地税单管户	国地税共管户	
3	所得税征管方式	地税	个人独资合伙	国税
4	所得税是否核率征收	查账征收		核率征收
5	行业	建筑房地产	服务业	制造业
6	是否享受税收优惠	否	是	
7	是否有关联企业	是	否	
8	连续亏损年度	5年	3年	
9	近5年稽查评估次数	0	1	2次以上
10	连续零申报次数	6次以上	3~6次	3次以下
11	历史违法违章被处罚次数	2次以上	1次	0

4）权重系数

权重系数可以有两种设置方法,一种是由于各指标在风险指标体系中的重要程度是不一样的,为了在最终的风险分值中体现出不同重要程度的指标的影响程度,可以为参与排序的指标设定相应不同的权重;另一种是由于在指标体系复杂,指标数量过多的情况下如果为每一个指标都设置相应的权重不具有实际操作性,常规的方法是,所有指向不同风险点的指标,无论直接指标还是间接指标,权重系数均为 1;多个指标指向相同风险点的一组指标,其权重参数的合计数为 1。

5)风险度特别系数

对于涉及虚开大金额发票、偷逃税金额巨大等重大情形设置的特别系数。

3. 计算税收风险积分

对每一指标风险纳税人,将其指标分值连续乘以该指标的强度系数、权重系数,得出一个分值,再将同一纳税人分值汇总后再乘以概率系数、置信系数、特别系数,最终得到的就是纳税人的风险积分,用公式表示即是:风险积分 = ($\sum$ 指标分值 × 强度系数 × 权重系数) × 概率系数 × 置信系数 × 特别系数。

6.1.2.2　划分税收风险等级

1. 按风险积分确定风险等级

按照前文所述方法可以计算出每个风险纳税人的税收风险积分,并可以对纳税人按税收风险积分进行排序,在排序的基础上对纳税人进行风险等级的划分,风险积分越高,说明税收风险程度、风险等级越高;反之,积分越低,说明税收风险程度、风险等级越低。

【例 6-4】　依据税收风险积分进行税收风险等级排序

表 6-5　税收风险积分与风险等级排序

纳税人风险积分	风险等级
76～100	4(高)
51～75	3(中)
26～50	2(中)
0～50	1(低)

1) 高等风险

（1）按照表 6-5，假设总风险分值确定为 100 分，税收风险等级划分为四级，差值 25 分划分为一个风险等级，则纳税人积分区间为 76～100 分的确定为高等风险。如果总赋分大于 100 分，则对差值分进行相应调整，同样划分为四级，第四级确定为高风险。

（2）存在涉嫌偷逃骗税风险点的直接确定为高风险。

2) 中等风险

按照表 6-5，纳税人积分区间为 26～75 分的确定为中等风险

3) 低等风险

（1）按照表 6-5，纳税人积分区间为 0～25 分的确定为低等风险

（2）如未按规定进行注册地址、生产经营地址、注册资本、投资方信息、核算方式、企业人数、法定代表人变更登记的；未按规定进行建筑业项目登记的；未按规定进行建筑业项目清算和房地产开发项目土地增值税清算申报的等行为类风险确定为低风险。

2. 按风险特征确定风险等级

1) 高等风险

考虑到稽查局专司偷税、逃避追缴欠税、骗税、抗税案件的查处，因此，只要识别出纳税人涉嫌偷逃骗税风险点的，就将其确定为高等风险。同时，将总风险分值最高一级的相关纳税人也确定为高等风险，一方面考虑到有时虽然因种种原因不能够直接确定涉嫌偷逃骗税情形，但风险积分较高纳税人存在偷逃骗税的可能性较大；另一方面考虑到如果仅从定性的角度确定纳税人的风险等级，一些地方可能出现稽查应对任务不足的问题。

2) 低等风险

一方面中高等应对人力资源有限，对于风险积分较低的纳税人从效率角度考虑纳入低风险应对较为合适；另一方面低等风险主要是情节简单、指

向明确具体、可通过风险提示纳税人自纠消除来考虑的。同时,与纳税服务机构的应对方法相匹配。因此,另将应办理变更登记、建筑业项目登记而未申请登记以及应进行建筑业项目清算和房地产开发项目土地增值税清算申报而未申报的纳税人确定为低等风险。

3) 中等风险

风险划分范围较多,主要是因为对确认存在涉税问题的,除需要进行实地检查的外,按现有的中风险应对流程都可通过询问约谈来处理完成。这样,大量纳税人的税收风险可在本环节得到有效消除。并且,对于中风险中涉税风险不严重,指向明确,应对简单的风险户,也可以直接通过风险提醒、纳税人自查自纠来完成。因此,对中等风险的确定,一定程度上解决了现行风险管理机制下大量简单风险难以及时应对处理的问题。

 **6.2** *税收风险推送*

6.2.1 **税收风险推送相关概念**

6.2.1.1 税收风险推送概述

在识别出税收风险,并对税收风险排序定等以后,接下来的主要任务也是风险管理的核心工作就是如何应对这部分风险。风险监控机构需要按照税收风险管理工作计划,根据风险应对机构的实际应对能力,分等级合理确定风险应对任务,采用不同的方式推送给不同应对机构进行风险应对。风险应对任务原则上是按应对机构所管辖纳税人的风险积分高低顺序来确定,如有特殊情况需要调整的,应集体研究并记录备查。

6.2.1.2 税收风险推送原则

在税收风险推送过程中,应遵循以下基本原则。

1. 级别对等原则

风险实际推送时,应当根据不同的级别差异化推送。一般而言,高等风险纳税户推送稽查局应对,中等风险纳税户推送税源管理局应对,低等风险纳税户推送纳税服务局应对。

2. 按户归集原则

对于同一纳税人的税收风险点,在进行应对任务推送时,须将风险库中该纳税人的所有税收风险点一并推送应对。

3. 兜底推送原则

为了维护税法公平,保证税款的应收尽收,税收风险的处理必须坚持及时性。为有效解决中等风险应对任务过多而人力资源不足的矛盾,江苏省地税局出台了风险提醒推送纳税人自查自纠的应对方法,客观上为管理应对兜底提供了可能。这就需要在风险应对任务推送时,按年规划,分期确定风险应对任务数量,合理推送。

4. 能力匹配原则

在推送风险时充分考虑应对机构征管资源配置情况,依应对能力确定推送的工作量。高等风险应对能力可按稽查机构年度人均工作量进行测算;中等风险应对能力按相应风险应对机构总体情况进行测算,考虑到风险提醒这一应对方法的特殊性以及年度内中等风险纳税人数量多的实际状况,中等风险应对能力需要灵活掌握。

5. 绩效挂钩原则

风险应对的数量与应对的成果应与应对机构的绩效考核挂钩,并对上期推送任务完成好的单位优先考虑下批任务。

6.2.2 税收风险推送流程

1. 低等风险

对于前文中等级划分为低等的税收风险以及中等风险中对于大量涉税风险不严重,风险指向明确,疑点税款可测,在中小企业发生概率较高的具有普遍性和分散性特征的风险事项,可以设计特性匹配、便捷灵活、流程简化的风险提醒应对方式。通过互联网向纳税人推送《风险提醒函》,明确告知存在的涉税疑点、自查要求及反馈时间,由纳税人自主消除风险、自查申报反馈;在推送任务的同时,发送短信提醒纳税人查看《风险提醒函》,明确咨询人员与联络电话,便于通过咨询、答疑、解惑等方式帮助纳税人自查辅导;针对每一推送事项类型,编写《税收风险事项应对指引》,链接于网上办税厅,供纳税人对照自查。按期推送事项任务后,风险监控部门及时汇总分析下发事项的推送内容、纳税人反馈内容及税务干部跟踪结果,匹配疑点税款与自查补报税款之间的偏离度,提炼修正指标缺陷,分析评价应对效果,同时对风险事项分类处理,进一步调整应对策略。通过有效的闭环管理,既规避了纳税人可能存在自查不到位的弊端,保证了风险应对结果的质量,又能够不断持续循环改进应对效果。风险提醒应对方式可以切实打破在传统应对方式下疑点消除面小、风险应对户少的局面,促进人力资源的合理配置,同时又着重培养了纳税人重视风险的理念、提高了依法纳税意识和自我遵从意识,将柔性的提醒服务融入刚性的应对执法,增强了互动性,和谐了征纳关系。

2. 中等风险

对于前文中等级划分为中等且相对较复杂的税收风险以及低等风险推送纳税人后未合理消除的低等风险,采取按户应对的方式精选任务,严格应对,所有风险点都按户归集,按照风险积分排序和推送,自动记录排序和推送行为,做到有据可查;排序和推送由业务人员和技术人员相互配合、相互

制约,同时通过应对质量监控,实施标准化风险应对。

3. 高等风险

对于前文中等级划分为高等的税收风险,严格执行国家税务总局推行的稽查"双随机"选案制度。一是随机抽查待稽查对象,先从高风险税收名单中按一定规则形成税务稽查对象分类名录库,除线索明显涉嫌偷逃骗抗税和虚开发票等税收违法行为由风险监控机构直接推送立案查处外,均须通过摇号等方式,从税务稽查对象分类名录库中随机抽取。二是检查人员通过摇号方式,从税务稽查执法检查人员分类名录库中随机选派,也可以采取竞标等方式选派。对随机抽查发现重大税收违法行为或故意隐瞒税收违法行为的税务稽查对象,应依法从严处罚,综合运用经济惩戒、信用惩戒、联合惩戒和从严监管等措施,加大税收违法代价,加强抽查威慑力,引导纳税人自觉遵从税法,提高税收征管整体效能。

6.2.3 税收风险推送注意事项

(1)已加工产生的风险应对任务原则上一个年度内推送完毕。风险监控机构在推送应对任务时,应根据不同的应对方法和应对任务的实际情况,合理确定应对任务的完成时限。低等风险原则上为 1 个月之内完成,中等风险可限定 2 个月之内完成,高等风险可限定为 3 个月之内完成。

(2)对于涉税后续管理事项的应对任务,风险监控机构应按照业务管理要求进行处理。原则上按照纳税人归集、按期进行应对任务的推送。如因特殊情况,需要及时进行应对处理的,按纳税人归集风险点并确定风险等级,可不经排序直接推送应对。

(3)对检举、交办、转办案件,以及应对过程中发现与应对对象有关联性涉税问题需要追加的应对对象,风险监控机构可直接指定纳税人进行应对任务推送,即未使用风险指标进行风险点加工或加工后没有产生税收风险点,而使用人工导入税收风险点或者其他方法将纳税人列入应对任务。

6.2.4 促进税收风险高效推送的措施

1. 做好风险任务的纵向统筹

为发挥应对机构参与风险管理的积极性,在对中等风险应对机构推送任务中可以实行由风险监控机构和应对机构共同协商确定制度,即风险应对"任务池"制度,实现合作共赢。"任务池"制度主要包括三个方面内容。

1)保证进入任务池案件的应对价值

根据风险识别和积分量化模型计算结果,按应对机构正常工作量的2~5倍数量,由计算机自动选取纳税人进入"任务池",供应对机构选择和下载。为了防止遗漏风险点数量少但金额大的纳税人,建立风险分析机制,对于通过运用外部数据,将企业应缴税款数与已缴税款数进行比对形成的高积分风险点,以及基层反馈税源信息形成的风险点,由风险监控机构组织人员进行个案分析、合理判断并补充到"任务池"中,弥补计算机识别的不足。

2)应对机构自主选择任务

任务对象选择和实施时间的主动权交给应对机构,应对机构对进入"任务池"的纳税人的相关风险疑点进行进一步分析,通过查询、分析税收征管系统财务报表、申报表、案件卷宗等信息和第三方数据,结合应对资源剩余情况,选择疑点较大、有纳税能力的纳税人进行应对。当部分应对人员提前完成应对任务时,可以继续选择,弥补固定任务模式下出现的工作"空挡期"。

3)特殊案件优先处理

在赋予应对机构任务选择自主权的同时,为了防止个别选案人员随意或有意选择对象,或有的纳税人为了逃避应对故意反馈虚假信息,从而出现风险较大纳税人没有被选取情形,对连续 3 个月未被纳入"任务池"的纳税人,应对机构应优先于其他纳税人选择其作为当期任务,否则必须向风险监

控机构书面说明不予选案的具体理由，经风险监控机构同意后可撤销任务。风险监控机构有依据地认为纳税人存在重大税收风险时，可以指定应对机构优先进行调查核实后选择。

2. 推行风险任务积分量化管理

风险应对任务积分量化管理的目的是做到目标明确、任务量化、节点清晰、过程可控、结果可考。风险任务积分量化管理应该遵循"三量化一竞争"原则，即：应对对象分值量化、应对人员任务量化、工作业绩评价量化和应对任务竞争性分配。

1）推行推送任务积分制管理

在风险任务确定过程中，尝试改变按户次确定工作量的传统做法，代之以对任务进行积分量化管理，建立风险积分多维量化模型，把任务对象的纳税规模、疑点数量、行业风险、遵从历史、信用等级等按一定的权重计算相应的积分。风险监控机关在确定任务对象的时候，同时公布各应对机关的总任务量和总任务积分，各基层单位也可以在充分考虑自身应对能力的同时统筹安排应对任务和应对资源。积分量化可以解决中风险应对人员"吃不饱"和"吃不消"的问题，将应对对象、当月应对任务工作量和应对人员工作能力进行积分量化，通过竞争性分配应对任务，确保量能匹配、公平分配、公正合理。同时通过开发相应的计算机系统也可以实现应对过程评估和结果评价打分的具体量化。

2）推行风险应对人员的能量值管理

应对人员能量值是风险应对人员月度风险应对任务的工作量标准，是应对任务量化管理的依据。应对人员案头分析和询问约谈环节任务分值可以按照个人能量值确定，实地核查环节任务分值可以按照个人能量值的一定比例确定。应对人员能量值按月进行差异化管理，每月初在应对任务基数的基础上按应对人员修正确定。风险应对人员的应对任务基数根据上一年度应对对象分值的总体情况和风险应对工作量的需要综合确定。应对任务修正系数则主要按照应对人员性别、年龄、职务、技能级次和绩效考核等要素确定,风险管理工作领导小组根据工作需要确定要素评定标准。

3) 推行应对任务竞争性分配

应对机构下达应对任务可以探索通过竞争性方式分配,遵循一般任务公开竞包与指定任务限制性竞争相结合、面上普遍竞标与特定任务指派相结合的原则。应对机构接收任务后,应组织人员结合系统推送疑点和相关数据信息开展比对分析,形成分析报告,确定分类处理意见,为应对任务统筹安排做好准备。

税收风险的应对与反馈

税收风险应对是整个税收风险管理流程的最重要环节。税收风险管理的最终目标是要提高纳税人的纳税遵从度和防范税款流失。税收风险应对处理,就是对税收风险分析、识别、评价后确定的税收风险目标,按照一定的原则,采取差别化的风险应对策略、措施和方法,对税收风险实施有效应对、处理和管控的管理过程。

 税收风险应对

7.1.1　税收风险应对的概念

税收风险应对是税收风险应对机构接收税收风险应对管理机构发送的税收风险应对任务后,根据纳税人税收风险点、风险等级、税收风险形成的具体原因,按照一定的规则和差别化应对的原则,分别采取相应的策略和措施,防范、控制和化解税收风险的过程。

在税收风险应对过程中,通过科学的分析识别,确定不同风险等级的纳税人,进行差别化、递进式管理,对低风险纳税人采取优化纳税服务和纳税辅导、风险提醒等服务方式;对中等偏高风险等级的纳税人实施案头审核分析和税务约谈等方式;对高风险纳税人采取税务检查或立案稽查等方式进行风险应对。即随着纳税遵从度的降低、税收流失风险的加大、税收风险等级的提高,风险应对控制逐渐由辅导性服务到行政处罚,由柔性管理到监控管理,最后到刚性执法,执法的力度和刚性逐渐加大。一方面,对无风险、遵从度高的纳税人应当给予鼓励和遵从激励,积极提供优质、便捷、有针对性、个性化的纳税服务;对遵从度较低的纳税人,应当予以适度容忍,并加强纳税辅导,给予及时提醒,提供纳税人自我遵从的机会;另一方面,应集中征管力量抓主要矛盾,加大对恶意不遵从的税收违法违章行为的打击和震慑力度,有效控制高纳税人的税收风险,提高税收风险管理的针对性和有效性,实现真正意义上的管理和服务有机结合,推动纳税遵从度和纳税人满意度的提高,防范和控制税收流失风险。这样,按照风险等级从低到高,在具体的应对措施上,体现调查项目由少到多、进户频率由低到高、事项审核由宽到严等方面的变化,以提高税收征管的针对性和各类资源流动的有效性。

7.1.2　税收风险应对的意义

　　税收风险管理一个重要的实践价值在于促进税务机关最有效地使用有限的管理资源。虽然税务机关都拥有政府拨付一定的管理资源,但是,要保证每一个纳税人在纳税义务发生时都能全面履行纳税义务,这些资源又总是不足的。特别是国际贸易的增长、电子商务的发展、就业模式的变化、合同数量的增长、经营结构和金融产品的创新等因素大大增加了税收遵从风险,也增加了税务机关纳税服务、税收检查及其他遵从干预的复杂性和工作量,全球各国的税务机关都有着增长税收风险管理资源的迫切需求。税收风险管理的一个重要功能,就是帮助税务机关找到管理资源配置策略和遵

从目标最大化之间的最佳结合点。

7.1.3 税收风险应对的职能划分

根据不同的税收风险特征和不同的税收风险等级,应采取不同的应对方案、策略和方法,如对较低税收风险等级的纳税人,采取优化服务的应对策略和措施方法,对一般性的税收风险等级纳税人采取柔性管理、加强监控的应对策略和措施方法,而对较高风险或高风险等级的纳税人则采取刚性执法、打击震慑的应对策略和措施方法。

风险应对工作按照高等风险、中等风险与低等风险差别化应对的原则进行。根据风险级别和效率优先原则,对不同税收风险级别的纳税人应按照"一般税收风险一般管理,较高税收风险重点管理"的原则,税收风险管理中所耗用的税务资源和对纳税人的介入程度应有所区别。税收风险应对职能的划分各地大同小异,一般由纳税服务部门或基础管理部门负责低等风险的应对,风险应对部门负责中等风险的应对和部分低等风险的应对,税务稽查部门负责涉嫌偷逃骗抗税等高等风险的应对。机关各有关部门按照深化征管改革的职能定位通过提供政策支持和服务保障等参与风险应对。

7.1.4 税收风险应对的方法

风险应对的方法主要为风险提示、纳税辅导、案头审核、询问约谈、实地核查、税务稽查等,不同等级的风险适用不同的应对方法。风险应对工作按照高等风险与中、低等风险和中等风险与低等风险一并应对的原则进行。

7.1.4.1 低等风险的应对方法

低等风险主要采取风险提示和纳税辅导的方法实施应对,一般不采用单独约谈、下户核查等管理措施。

风险提示是指税务机关通过实体办税服务厅、网上办税服务平台、短信平台、纳税人学校、邮寄挂号信函等途径向纳税人制式化发送税收风险提醒,指引其自行采取措施消除涉税风险的一种风险应对手段。

纳税辅导是对有共性问题的纳税人通过纳税人学校或者集中约谈等定向集中的方式进行有针对性的辅导,帮助其防范和自行消除涉税风险的一种风险应对手段。

纳税服务和基础管理部门根据风险应对任务具体情况组织应对。对提醒后纳税人未按规定采取措施消除有关登记、申报等涉税风险的,通过风险管理系统分别推送给税源管理机构或风险监控机构进行处理。纳税服务和基础管理部门按季制作风险应对报告,针对风险应对过程中纳税人反馈的情况提出改进意见,反馈给风险监控机构。

7.1.4.2　中等风险的应对方法

中等风险的应对方法包括案头审核、询问约谈和实地核查。

1. 案头审核

案头审核是指税源管理机构在风险监控机构推送的风险应对任务基础上,根据纳税人的相关资料和情况,开展的深入、个性化的风险分析审核,为询问约谈提供支持。案头审核应在税务机关办公场所进行。

案头审核工作主要包括以下内容:

(1)在推送列明的税收风险点的基础上,根据已掌握的涉税信息,结合审核对象的行业特点、经营方式,深入研究各税种的关联关系。

(2)进一步确定税收风险点的具体指向,判断申报纳税中存在的问题。

(3)确定需要向纳税人进一步核实的问题及需要其提供的涉税证据材料。

(4)依法合理估算纳税人应纳税额。

2. 询问约谈

询问约谈是应对人员行使税务询问权,对经案头审核需要向纳税人核实的问题,采取电话、网络、信函等方式约请纳税人当面核实税收风险点的过程。

询问约谈的对象可由应对人员根据实际情况确定,主要是企业财务会计人员、法定代表人(负责人)及其他相关人员。

经案头审核和询问约谈,确认纳税人存在涉税问题的,应向其发出《税收自查通知书》,通知其在规定时间内自查自纠,并提交制式化的自查报告和与税收风险点有关的证明资料。证明资料应由提供人签字确认并加盖单位公章。

对纳税人提交的自查报告应组织审议,对纳税人自查发现的涉税问题应给予行政处罚的,按有关规定处理。

对实施自查的纳税人,税务机关应告知其如不及时、如实自查自纠可能承担的法律责任。

经案头审核和询问约谈,确认纳税人不存在不缴或少缴税款问题、税收风险点已被排除的,应对人员制作《税收风险应对报告》,经审议后,风险应对终止。

有下列情形之一的,经集体审议和税源管理机构负责人批准后转入实地核查。

(1)税收风险点情况复杂,通过纳税人自查不能消除税收风险点的。

(2)纳税人无正当理由拖延、规避或拒绝询问约谈,未按税务机关要求进行自查并提交书面说明及证明资料的。

(3)纳税人自查补税未能在税务机关限期内补缴税款且无正当理由的。

(4)通过约谈发现纳税人涉嫌其他重大涉税问题的。

3. 实地核查

实地核查是指应对人员运用税务检查权,到纳税人的生产经营场所,对纳税人的税收风险点和举证资料以及其他需要通过实地核查的事项进行核实处理的过程。对确定实行实地核查的,不得再交由纳税人自查。

实地核查时,应全面核实纳税人基础信息的真实性和准确性,并以推送的税收风险点为应对重点,对风险所属期可能存在的其他涉税问题各税种综合联评,全面应对。发现溯及以往年度的风险,一并依法应对。

经实地核查,未发现纳税人有不缴或少缴税款的,应对人员制作《税收风险应对报告》,经审议后,向纳税人送达《税务事项通知书》,载明根据已掌握的涉税信息暂未发现少缴税款行为等内容。

经实地核查,发现纳税人存在少缴税款的,应对人员应按照相关要求进行调查取证,并对事实、证据、程序、处理等方面进行全面审核后,制作《税收风险应对报告》。经审议后,制作《税务处理决定书》,载明应补缴税款及滞纳金,送达纳税人,责令其限期缴纳。

经实地核查,需要核定应纳税额的,应对人员制作《税收风险应对报告》,经审议后,向纳税人送达《应纳税额核定通知书》。

在实地核查过程中,发现纳税人涉嫌偷、逃、骗、抗税的(其中涉嫌偷税达到或超过 50 万元),风险应对机构应中止应对程序,移送稽查部门立案查处。

中等风险应对过程中,如因检举、交办、转办等原因由稽查部门立案检查的,风险应对机构应中止应对程序,移送稽查部门立案查处。

7.1.4.3　高等风险的应对方法

高等风险应对方法为税务稽查。

高等风险应对时,应对人员对案件实施各税统查,发现的涉税违法行为涉及以往年度的,应追溯检查。检查过程中,应当收集与税收风险点有关的证据资料,并在检查底稿中反映与税收风险点有关的情况。

高等风险应对时,检查、审理、执行的时间和规范按照《税务稽查工作规

程》的相关规定执行。

7.1.5 税收风险的应对任务的退回和延期

1. 风险应对任务的退回

风险应对机构在风险应对过程中,发现应对对象被认定为非正常户或依法注销的、不属于本机构应对范围或者因特殊情况无法进行应对的,可按规定流程发起风险应对任务退回申请。

风险应对任务的退回一般仅限于案头审核环节实施。风险应对岗人员需说明理由并书面填写《风险应对退回审批表》向风险监控机构申请退回接收的风险应对任务。风险监控机构接到申请后,应在规定时限内提出处理意见,报经批准后将风险应对任务回退。

2. 风险应对任务的延期

风险应对人员在接受风险应对任务后应在规定的时限内完成风险应对任务。遇到机构调整、人员变动、案情复杂等特殊情况确需延期的,可按规定流程发起风险应对任务延期申请。

风险应对人员在应对任务各环节发起应对任务延期申请时应先填写《风险应对延期申请审批表》,有多户需要申请延期审批的,须填写《风险应对延期申请审批汇总表》,并附《风险应对延期申请审批表》经风险应对机构负责人审批同意后,将风险应对任务延期审批情况报风险监控机构备案。

7.1.6 税收风险应对的流程

7.1.6.1 低等风险应对流程

低等风险应对流程一般由风险归集、风险提示、纳税人自我修正、后续监管四个环节组成(见图 7-1)。

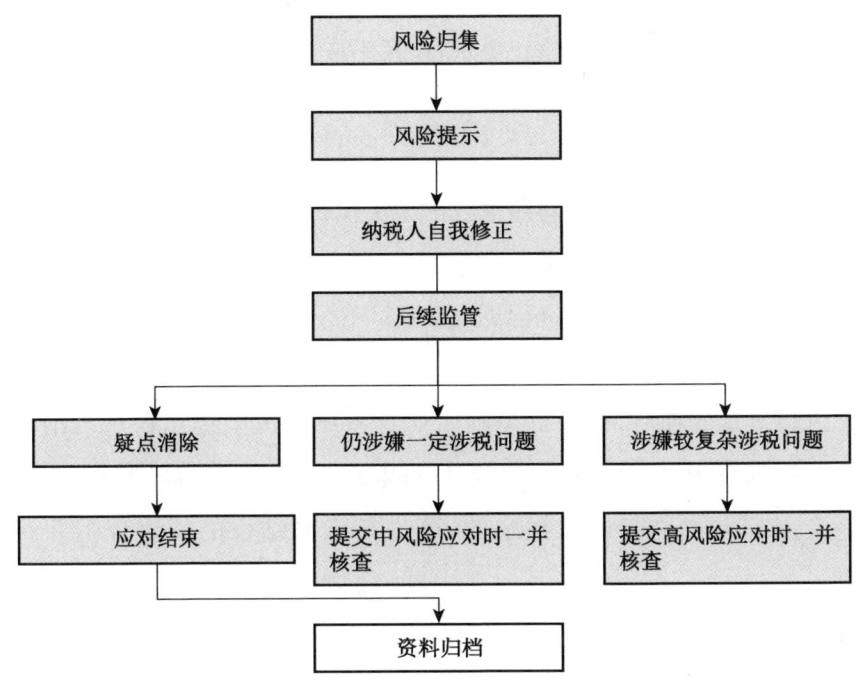

图 7-1　低等风险应对流程图

1. 风险归集

税收风险识别部门将指标加工产生的风险情形简单、风险指向明确、对税收秩序影响小、主观故意程度低、识别疑点税款可测的各类适合低等风险应对的税收风险点按户(人)归集,形成待推送应对任务。

2. 风险提示

税务机关依托网上办税服务厅或移动办税平台等渠道向纳税人推送税收风险提示。告知存在的涉税风险,明确提示税收风险自行应对的截止日期。

通过网上办税服务厅推送风险提示的,适用"税务事项通知书(风险提示专用)";通过移动办税平台推送风险提示的,适用"税收风险提

示函"。

采用"税务事项通知书(风险提示专用)"进行风险提示的,在告知内容中,可对纳税人提出具体的修正要求,以及不按规定自我修正的后续处理措施和需要承担的法律责任。

3. 纳税人自我修正

纳税人根据风险提示,对照税收法律法规和自查指引,自我核查并根据情况修正风险。其中,需要更正申报的,在提示截止日期前,打印并携带风险提示信息,到办税服务厅进行更正申报。

4. 后续监管

风险提示到期后,税务机关利用信息系统对风险提示信息与纳税人修正情况进行比对,分析税收风险消除程度;采用"税务事项通知书(风险提示专用)"方式进行风险提示的,可进行人机结合的后续分析并跟踪管理。

纳税人自我修正情况与风险识别结果符合度较高或者更正申报税款高于预估税款的,可基本确认税收风险点消除;对纳税人未修正处理的相关风险点,或者更正申报税款明显低于预估税款的,其分析比对差异在中、高等风险应对时一并核查。

7.1.6.2 中等风险应对流程

中等风险应对流程一般由任务分配、案头审核、询问约谈、实地核查、结果反馈 5 个环节组成,根据案情不同涉及其中一个或几个环节。

1. 案头审核操作流程(见图 7-2)

1)任务分配

风险应对部门综合管理岗根据本机构实际情况确定中等风险应对任务的案头审核风险应对人员(中等风险应对岗),直接分配到应对人员(一级分配)或先分配到应对机构,再分配到应对人员(二级分配)。案头审核任务分配可单独分配,也可以批量分配。

2)制作风险应对报告

风险应对岗接收到应对任务后,应根据风险监控机构推送的风险疑点信息、一并处理事项以及所掌握的其他涉税信息,对纳税人的纳税义务履行情况进行审核,初步判断纳税人是否存在涉税问题,并根据问题的复杂、严重程度,制作《税收风险应对报告》,提出分类处理意见:

(1)初审无问题:根据案头审核分析判断纳税人基本没有涉税问题的,建议交约谈核实纳税人登记信息变更情况后应对结束。

(2)涉嫌一定涉税问题:根据案头审核分析,判断纳税人可能存在一般(轻微)涉税问题的,建议交约谈通知纳税人自查。

(3)涉嫌较复杂涉税问题:根据案头审核分析判断纳税人可能存在严重涉税问题的,建议交约谈转实地核查。

3)集体审议

(1)审议人员集体对《税收风险应对报告》进行审核,作出集体审议意见。

(2)初核无问题,交约谈核实信息结束应对。

(3)涉嫌一定涉税问题,交约谈通知自查。

(4)涉嫌较复杂涉税问题,交约谈转实地核查。

4)确定约谈(实地核查)计划

审核认定岗(会审牵头人)根据会审结果,确定约谈对象、约谈方式、约谈人员等。

对确定涉嫌较复杂涉税问题交约谈转实地核查的,同时确定实地核查人员、时间和核查所属期。

需要延期的,制作《延期审批表》,报审核认定岗(中等风险应对机构负责人)批准。

5）结果反馈

应对结束后,应对机构将风险任务的处理结果通过反馈流程向推送部门进行反馈。

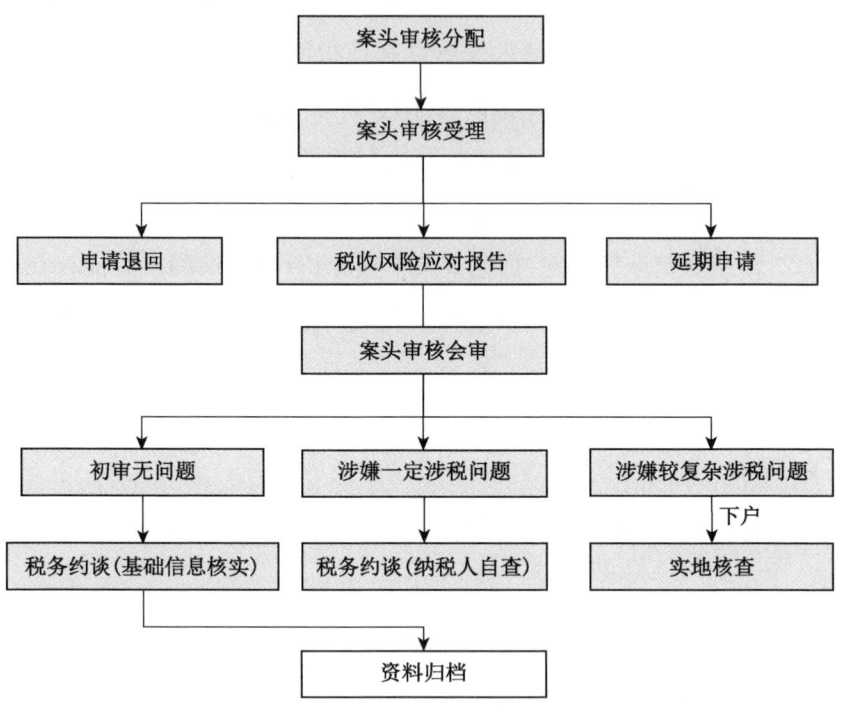

图 7-2　中等风险应对案头审核流程图

2. 询问约谈操作流程(见图 7-3)

1）通知约谈

中等风险应对岗(询问约谈人员)根据案头审核分析结果确定约谈对象、约谈时间和地点,制发《约谈通知书》。

2）实施约谈

中等风险应对岗(询问约谈人员)根据案头审核的会审意见实施询问约谈,制作《税收风险应对报告》和《约谈笔录》,《约谈笔录》交被约谈人签章确认。

（1）会审意见为"基本无涉税问题"的，中等风险应对岗（询问约谈人员）应开展纳税人登记信息变更情况核实工作，编制《纳税人登记信息变更确认表》交纳税人核对并签章确认，流程终止。

（2）会审意见为"涉嫌一定涉税问题"的，中等风险应对岗（询问约谈人员）告知相关涉税问题和一并核实事项，开展有针对性的税收政策辅导，制发《税收自查通知书》和《税收自查通用申报表》交纳税人签收，要求纳税人在一定期限内对纳税义务履行情况进行全面自查。

（3）会审意见为"涉嫌较复杂涉税问题"的，中等风险应对岗（询问约谈人员）告知相关涉税问题和一并核实事项，开展有针对性的税收政策辅导，制发《税务检查通知书》交纳税人签收。

实施约谈时，有关风险识别的各类指标、参数和办法不得泄露给纳税人。

3）自查审核

中等风险应对岗（自查审核人员）接收自查审核任务后，应结合风险监控机构推送的信息、待核实涉税问题、一并核实事项以及纳税人自查补报税款等情况，对纳税人自查报告的完整性和合理性进行审核，视不同情况制作《税收风险应对报告》，提交审议：

（1）基本符合：纳税人在规定期限内已全面自查，相关涉税问题和一并核实事项均已证实，已自查补缴税款并在合理区间（若有自查补税），纳税人基础信息核实已完成，初步确定基本符合。

（2）基本不符合：纳税人规定期限内未自查，或虽已自查，但自查不完整或不合理的，初步确定基本不符合。

自查审核过程中，中等风险应对岗（自查审核人员）可以约请纳税人对自查情况当面核实，要求补充说明或补充提交相关证据材料。

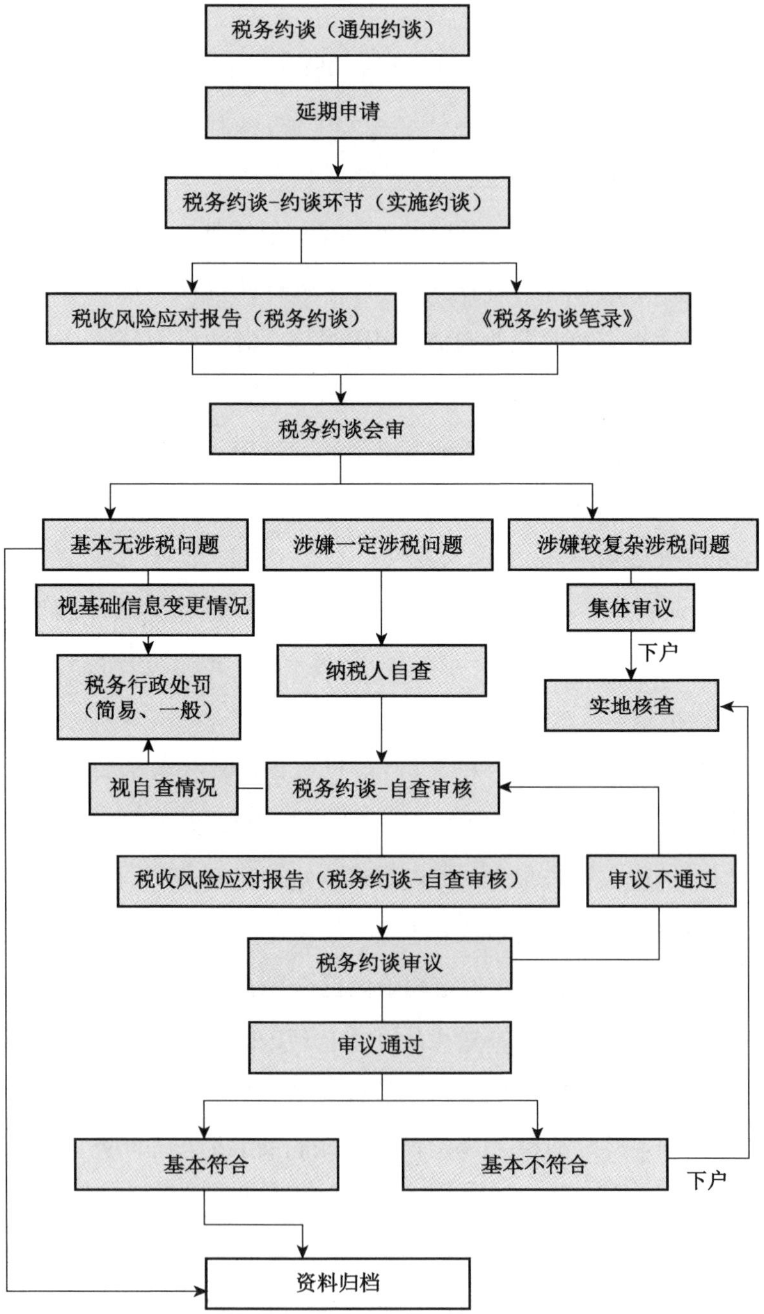

税务约谈（通知约谈）

延期申请

税务约谈-约谈环节（实施约谈）

税收风险应对报告（税务约谈）

《税务约谈笔录》

税务约谈会审

基本无涉税问题

涉嫌一定涉税问题

涉嫌较复杂涉税问题

集体审议

下户

实地核查

视基础信息变更情况

纳税人自查

税务行政处罚（简易、一般）

视自查情况

税务约谈-自查审核

税收风险应对报告（税务约谈-自查审核）

审议不通过

税务约谈审议

审议通过

基本符合

基本不符合

下户

资料归档

图 7-3　中等风险应对询问约谈流程图

4）开展审议

审议人员对《税收风险应对报告》、纳税人提交的自查报告、相关证明材料等进行审议，填写审议意见。

审议通过的，结束应对或转实地核查；审议未通过的，流程退回上一环节重新处理。

需要延期的，制作《延期审批表》，报审核认定岗（应对部门负责人）批准。

3. 实地核查操作流程（见图 7-4）

1）制发《税务检查通知书》

实地核查前，中等风险应对岗应制作并向被核查对象送达《税务检查通知书》，出示税务检查证。案头审核会审确定为"涉嫌较复杂涉税问题"意见的，由中等风险应对岗（询问约谈人员）制发《税务检查通知书》；由询问约谈环节转实地核查的，中等风险应对岗（实地核查人员）制发。

2）实施实地核查

实地核查时，中等风险应对岗应全面核实纳税人基础信息的真实性和准确性，并以推送的税收风险点为应对重点，对风险所属期可能存在的其他涉税问题各税种综合联评，全面应对。发现溯及以往年度的风险，一并依法应对。

实地核查时，中等风险应对岗应制作《实地核查工作底稿》，记录核查事实，同时要求纳税人提供与税收风险点有关和基础信息变更必需的证明资料，签字并加盖单位公章确认。

风险应对过程中发现纳税人存在的涉税问题，应当进行取证，取证应符合相关行政执法证据采集规范的要求，以能够佐证相关风险疑点为限。

需要延期的，中等风险应对岗制作《延期审批表》，报审核认定岗（应对机构负责人）批准。

3）制作《税收风险应对报告》

中等风险应对岗（实地核查人员）根据核查情况，制作《税收风险应对报

告》,提出拟处理意见,提交集体审议:

(1) 未发现纳税人有不缴或少缴税款的,确定为"正常符合"结论。

(2) 纳税人有不缴或少缴税款,但未发现偷、逃、骗税的,确定为"补缴税款"结论,制作《查补税款计算表》。

(3) 纳税人有不缴或少缴税款且发现有偷、逃、骗税情形的,确定为"补缴税款、涉嫌偷税"结论,制作《查补税款计算表》。

(4) 需要核定应纳税额的,确定为"核定税额、补缴税款"结论,制作《核定税款计算表》。

4) 实地核查结果的审理

中等风险应对岗(实地核查人员)根据上述要求制作的《税收风险应对报告》《查补(退)税款计算表》《核定征收税款明细表》及有关资料一并提交审理。

实地核查结果审理小组成员一般由分局负责人、综合管理科、实地核查科负责人组成。会议审理应按照一案一议的要求,由审理岗人员汇报案情及拟处理意见后,小组成员对违法事实认定、证据采集、违法行为处理等方面进行全面审核、讨论后作出审理结论。

审理内容主要包括:

(1) 税收风险点是否消除、证据是否充分、数据是否准确、资料是否齐全。

(2) 适用法律、法规、规章及其他规范性文件是否适当,定性是否准确。

(3) 是否符合法定程序。

(4) 应对结论或自查报告是否科学合理、是否与现行掌握的涉税信息资料、估算税额接近或相符。

(5) 是否按规定核实纳税人基础信息,基础信息变化的,相应涉税问题有无一并处理。

对于拟处理决定补税金额较大,或者存在争议、政策执行难以把握的,经分局审理小组审核后,按规定程序和要求提请县市局重大案件审理委员会进行审理。

5)文书制作及送达

(1)集体审议确定为同意"正常符合"结论的,中等风险应对岗(实地核查人员)制作《税务事项通知书》,载明根据已掌握的涉税信息暂未发现少缴税款行为等内容,送达纳税人。

(2)集体审议确定为同意"补缴税款"结论的,中等风险应对岗(实地核查人员)制作《税务处理决定书》,送达纳税人。

(3)集体审议确定为同意"补缴税款、涉嫌偷税"结论的,中等风险应对岗(实地核查人员)制作《税务处理决定书》《行政处罚事项告知书》,并按规定制作《行政处罚决定书》,送达纳税人。

(4)集体审议确定为同意"核定税额、补缴税款"结论的,中等风险应对岗(实地核查人员)制作《应纳税额核定通知书》《税务事项通知书(限期缴纳)》,送达纳税人。

实地核查工作结束后,中等风险应对岗(实地核查人员)按规定要求做好有关变更信息的维护工作。

6)移交稽查提请

(1)发生移送稽查情形的,中等风险应对岗制作《税收风险应对报告》和《移交稽查案件审批表》,提交风险应对机构审议、审核。

(2)审核通过的,将相关资料、证据等一并移交给风险监控机构风险推送科,风险监控机构研究提出处理意见,经风险管理工作领导小组审核同意或局主要负责人批准后,推送税务稽查机构处理,同时将相关资料移交稽查部门。

(3)风险应对人员中等风险应对岗发起《移交稽查案件审批表》流程,提交风险监控机构风险推送岗审批二次认定。风险应对任务转入稽查部门。

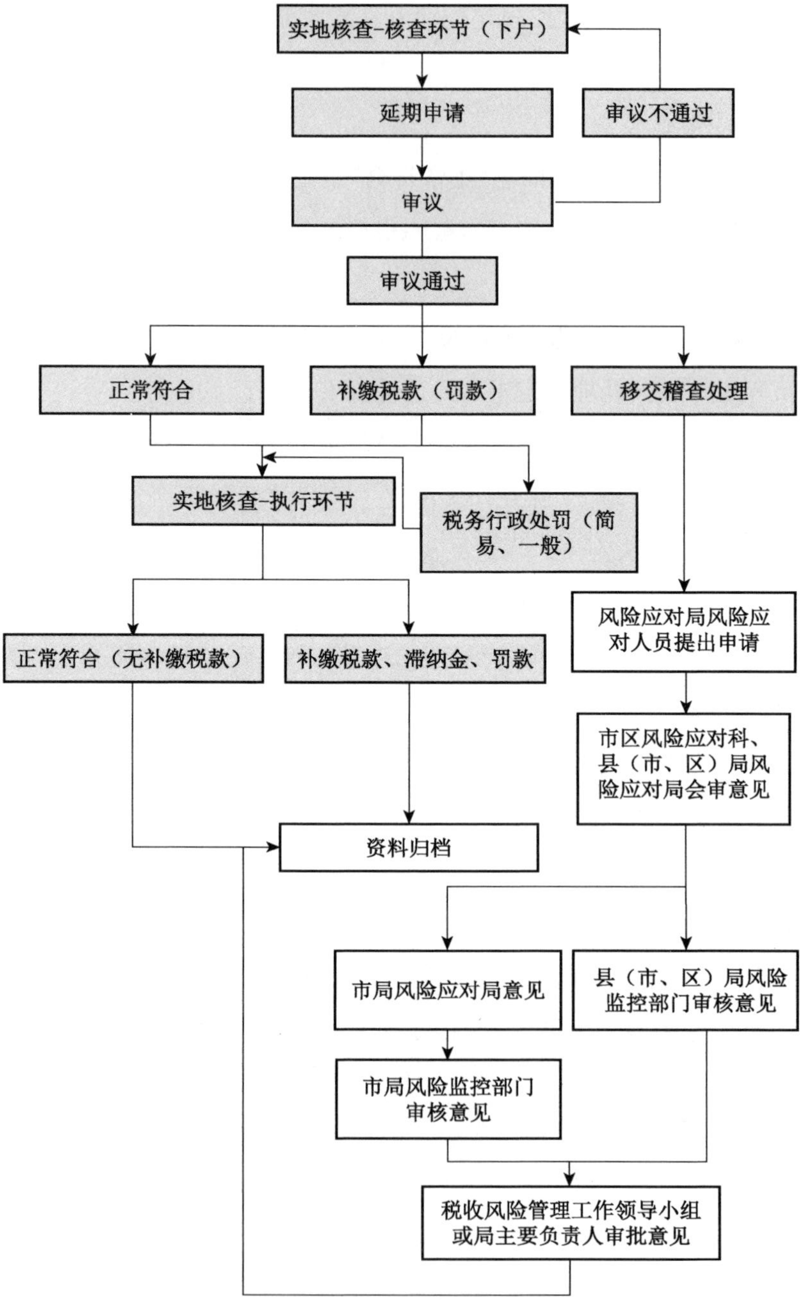

实地核查-核查环节（下户）

延期申请

审议不通过

审议

审议通过

正常符合

补缴税款（罚款）

移交稽查处理

实地核查-执行环节

税务行政处罚（简易、一般）

正常符合（无补缴税款）

补缴税款、滞纳金、罚款

风险应对局风险应对人员提出申请

市区风险应对科、县（市、区）局风险应对局会审意见

资料归档

市局风险应对局意见

县（市、区）局风险监控部门审核意见

市局风险监控部门审核意见

税收风险管理工作领导小组或局主要负责人审批意见

图 7-4 中等风险应对实地核查流程图

7.1.6.3　高等风险应对流程

高等风险应对方法即为税务稽查,具体操作流程参见《全国税务稽查规范》。

 **7.2** 税收风险的应对结果反馈

7.2.1 税收风险应对结果反馈的概念

税收风险应对结果反馈是指税务机关在风险管理活动中,针对风险应对结果,结合自身工作职责,选取特定的分析层面,运用科学有效的分析方法,及时发现计划和税收风险应对中的偏差,并且对税收风险管理进行有效的控制和调节,提出加强税收管理、完善风险指标模型、优化政策制度、改进服务等针对性建议,并由相关部门进行统筹评估验证并逐步加以实施的过程。

我国的税务专业化改革,从核心来看就是基于数据和信息,再造税务管理流程,改善我们的税务风险管理,为提高纳税遵从服务。改革的直接背景就是随着信息及网络技术的进步和不断发展,让大规模的监控、数据收集和数据分析变得越来越容易。从技术的角度来看,以大数据技术为依托,各级政府部门可以从全国甚至世界各地获取海量数据,通过数据仓库、数据安全、数据分析、数据挖掘等手段将这些碎片数据拼成多维信息并进行利用,从而获取到有价值的数据和线索。

税务风险管理的重要环节之一是对风险管理从计划到应对各步骤的监督与评价。如何能基于风险计划、识别、应对等工作的智力成果和实践,在

监督与评价的环节对于风险管理的全过程产生的各种数据信息回溯再分析利用，进而改善和监控风险管理的各流程，这是当前风险管理工作中极为必要、亟待解决但又存在空白的领域。

美国著名学者肯尼思·丘基尔在《大数据：一次将改变我们生活、工作和思考方式的革命》一书中提出：对大数据进行利用的基础和前提在于存储后的再分析和二次使用。也就是说，首先是要把这些数据存下来，并在存储过程中，为这些数据建立相应的关联依据，以方便用户查询使用。更直接地说，就是将数据保存下来，用户可以对这些数据进行回溯查询、回溯分析、回溯挖掘，通过多次反复利用增值。因为数据的不断搜集叠加，能够产生新的信息，达到 $1+1>2$ 的效果。

7.2.2 税收风险应对结果反馈的作用

风险应对的目的，是使税务机关以有限的管理资源，应对最大的风险，从而获得最高的纳税遵从度。信息反馈是决策执行结果的反映过程，是决策执行效果向决策者的回传，是决策进一步修正的信息来源。因此，在决策的执行过程中必须建立完善的信息反馈系统，以便在多方案决策中选择最佳决策方案，对决策方案的执行过程进行有效控制，使决策取得理想的效果。因此税收风险应对结果反馈是税务机关对税收风险管理过程进行检验、调整的基本依据，是进行决策的重要基础，是提高税收风险管理质量的可靠保证，是税收风险管理中不可或缺的重要环节。

1. 税收风险应对结果反馈有利于风险计划管理

风险识别的前提条件，是必须具备完整的税收数据信息。目前，税务机关的信息量远不能适应税收风险管理的要求，税务机关内部的信息虽然集中，但是共享不够，外部有价值的信息因获取途径不足而大量流失。因此，必须不断对税收风险应对结果信息进行有效反馈，建立税收风险信息平台，为风险识别提供有效的信息来源。在此基础上,通过对税收风险应对结果反馈的信息,把握分行业、分税种、分领域税源管理现状的脉搏,有的放矢的制定和修正税收风险管理计划。

2. 税收风险应对结果反馈有利于风险模型构建

由于现有的税收风险管理典型案例和行业模型数量不足,税收风险指标和参数、系数体系缺乏实践的检验和修正,应用性较差,分析识别算法单一等,造成不能准确地反映风险点和风险等级的实际分布情况,指向性和针对性不强,影响了税收风险管理的质效。因而,通过税收风险应对结果反馈的信息,才能有效评估模型构建的合理性、适应性及可行性。

3. 税收风险应对结果反馈有利于优化资源配置

一方面,由于受现有机构设置、征管模式和人力资源结构等瓶颈的影响,未能按照"管理有风险纳税人、服务无风险的纳税人"的税收风险管理理念科学合理设置机构,配置征管资源;没有做到适合的人放在适合的管理岗位上,实行征管资源的优化合理配置和有效激励。另一方面,资源配置上偏重行政和业务审批事项管理,形成了行政管理人员过多而一线税收风险管理人员不足的不合理局面,尤其是高层次、复合型管理人才更多地处于行政管理岗位,不承担税收风险管理的具体职责,导致税收风险管理人才不足,风险分析识别、风险应对控制的资源配置在数量和质量上都无法满足实际税收风险管理的需要。借助税收风险应对,可以发现税收风险管理中存在的资源配置不合理性,可以实现资源有效配置。

4. 税收风险应对结果反馈有利于提高税收行政效率

作为政府活动的重要内容之一,税收的征纳活动也要讲求效率,也要将其中的人力、物力、财力消耗降至最低,此即税收的行政效率。

税务机构作为一种特殊的政府组织,对其在信息化的前提下进行结果反馈,一方面,能够使现行税收风险管理流程更好地适应风险管理业务信息化的趋势,优化和简化手工业务流程,实现现代管理和科学决策,从而促使

税收行政效率的提高。另一方面,税收风险应对结果反馈也有利于发挥规模效应,实现税收风险管理费用的最小化。

7.2.3 税收风险应对结果反馈的原则

税收风险应对结果反馈应当遵循以下几个原则。

1. 固化回溯原则

即指在税收风险应对结束后,风险应对部门都必须进行回溯分析,及时地对税收风险应对结果进行分析、记录。回溯分析是在当前税收法律体系框架下对应对完结的风险应对任务进行的定性定量的客观分析,是风险应对成果再加工的基础,是数据分析利用是否有效的保障。

2. 成果导向原则

税收风险应对成果的增值利用以扩大税收风险管理的管理成果为目的,应把扩大成果作为增值利用的原则导向。要充分研究分析既得的税收风险应对成果,认真总结本地区不同规模、不同行业的各类纳税人及所涉及各个不同税种的风险特征及规律,构建各具特色的本地化风险特征库,不断优化风险识别的数据模型,将风险应对成果转化为风险应对效率。

3. 全局管理原则

在税收风险应对成果的增值利用中,应从全局视角展开工作,全面管理。风险应对结果反馈不能局限于一税户一税种,既要注重点面集合发现行业风险特征,又要眼观全局对税收风险管理的识别、推送、应对、反馈,以及税收风险管理的资源配置、职能划分、流程设定、制度管理等,多环节多角度全方位的提出合理化意见建议。

4. 分工协作原则

全系统各部门、各单位都必须积极参与到税收风险应对成果的增值利用中来,分工协作,以实现整体工作成果的最优化。基层风险应对人员主要负责基础数据的准确性和完整性及反馈数据的真实性。基层风险管理人员主要责问题建议的采集归纳和反馈数据的初步分析和加工。风险管理部门及各相关职能部门主要负责税收风险应对结果的深加工从而优化税收风险识别的模型建设,完善税收风险管理的制度建设。

7.2.4 税收风险应对结果反馈的要素

1. 税收风险应对成果的回溯分析

税收风险成果回溯分析是指在风险应对结束后,对税收风险的计划管理、税收风险的识别、风险识别模型、风险定等排序与推送、税收风险应对等阶段进行回溯分析、评价,包括税收风险是否得以消除、风险指引是否合适、风险识别是否准确、风险识别点是否有遗漏、风险识别模型是否科学有效、风险识别指标是否合理、风险应对的发起是否必要等。

2. 税收风险应对成果的成因分析

通过税收风险应对成果的回溯分析,找出在税收风险管理中的问题,分析这些问题形成的根源性原因,提出相关的建议,并将建议反馈到相关责任部门。

根据税收风险应对成果的回溯分析及成因分析,机关处(科)室、稽查部门、风险监控部门、税源管理部门、纳税服务部门等分析主体和实施主体编写《税收风险应对成果分析报告》。在分析时,按不同行业、不同类型纳税人的纳税遵从情况,从纳税意识、制度保障、措施执行、纳税服务和征纳成本等方面,在横向与纵向的因素上拓展分析。

7.2.5 税收风险应对结果反馈利用的主体

税收风险应对成果增值利用的主体分为管理主体、分析主体和实施

主体。

1．管理主体

税收风险应对结果反馈的管理主体为税收风险管理领导小组及其办公室。

风险管理领导小组负责统筹、指导辖区内税收风险应对成果增值利用工作；研究确定风险成果增值利用工作目标和部署任务。

领导小组办公室负责收集、整理、审核、分发风险应对成果分析报告等相关资料；定期召开办公室成员工作会议；组织、指导和督促各责任单位的风险应对成果增值利用工作；对风险应对成果增值利用工作进行监督与评价。

2．分析主体

税收风险应对结果反馈的分析主体为市、县两级的风险任务发起部门和风险应对部门的风险应对人员及风险应对审理人员。

3．实施主体

税收风险应对结果反馈的实施主体为分析建议所指向的具体业务管理部门、风险应对部门或税源管理机构。

7.2.6　税收风险的应对结果反馈的流程

风险发起部门发起税收风险任务，风险监控部门将风险任务按高、中、低风险推送至不同的应对部门进行风险应对。

在税收风险应对结束后，应对人员对风险应对结果进行分析。应对审理人员按风险任务的批次，将应对人员分析的应对结果汇集、整理，将相关问题、成因和建议汇总至风险发起部门。

风险发起部门从风险计划管理、风险识别等方面，风险监控部门从模型建设等方面，共同对风险应对任务进行综合分析，形成《税收风险应对成果分析报告》，并上报至风险管理领导小组办公室。

　　风险管理领导小组办公室对上报的分析报告整理、审核、分类，形成《税收风险应对成果增值利用事项表》，并分发至各实施主体。

　　实施主体对领导小组办公室确定的工作事项组织落实，领导小组办公室对实施过程进行监督。实施主体从模型、政策制度、管理措施、服务规范等方面提出建议并反馈到相应的责任部门。对于发现的新风险点，实施主体作为风险发起部门重新发起风险任务或新增风险任务，向风险监控部门上报。

过程监控和评价反馈

科学完善的税收风险管理制度和流程是税收风险管理工作全面、有效运行的基础,加强过程监控和评价反馈则是保证税收风险管理制度得到有效执行、发现薄弱环节、及时明确管理重点的重要手段。各级税务机关在健全制度、完善流程的同时,应当加强对制度执行、管理过程、管理绩效的过程监控和评价反馈。

 过程监控

8.1.1 过程监控的含义

通常意义上的过程监控(supervise)是指对现场或某一特定环节、过程进行监视、督促和管理,使其结果能达到预定的目标。风险管理的过程监控可以认为是通过对税收风险管理全过程各环节相关制度规范执行情况进行监督,及时发现和改进工作过程中存在的问题,不断修正各项具体管理办法,进一步完善、健全税收风险管理体系,实现全面提升防范、应对、抵御、化解税收风险的能力。

8.1.2　过程监控的必要性

即使实际工作中有了健全的制度、完善的流程,如果不进行全面、有效的过程监控,制度规定、操作流程就有可能得不到全面落实和有效运行,甚至成为摆设,对工作绩效造成较大影响。因此,对税收风险管理全过程开展监督,对保障税收风险管理的规范、高效,不断提升管理能力和水平具有重要意义。

1)开展税收风险管理过程监控能够保证各环节无缝对接,相互支持,相互促进

税收风险管理主要分为目标规划、信息收集、风险识别、等级排序、风险应对等环节,各环节之间存在着基础、支撑、保障、促进关系,如信息收集的全面、准确是风险指标精准性的保证,风险指标的精准性是风险识别的有效支持等。通过对各环节制度、规范执行情况的监督,能够引导各环节明确工作重点,提高工作绩效,相互高效沟通,充分发挥各环节的应有作用。

2)开展税收风险管理过程监控能够促进各环节实时发现存在缺陷并及时加以改进和完善

税收风险管理对于税务机关而言是一项较新的工作内容,受制度建设、操作水平等因素影响,工作中肯定会出现这样那样的问题,如制度建设的缺失、指标建设的偏差等,通过对管理过程环节进行跟踪监督,能够及时发现管理工作各方面需要改进和完善的事项,并及时采取措施加以解决,从而保障税收风险管理工作的高效运行。

3)开展税收风险管理过程监控能够及时掌握税收风险分布状况,突出税收风险管理重点

税收风险管理过程监控的一项重要内容就是对税收风险分布进行实时监管,从而发现区域、行业、税种等方面税收风险的严重程度和风险点分布

情况，明确管理方向，制定差别措施，合理配置资源，实施重点管理。因此，税收风险管理过程监控对于突出区域、行业、税种以及一定时期的风险管理重点，及时消除重大税收风险，提升税收风险管理绩效具有重要作用。

4）开展税收风险管理过程监控有利于促进各岗位税务工作人员坚持依法治税，廉洁征税

税收风险管理过程监控贯穿于税收风险管理全过程，特别是对流程规范性监管，实际上是对相关工作人员工作的合法性、规范性进行全方位监视、督查、管理。同时税收风险管理过程监控与责任追究制度的完美结合，在使相关工作人员保持高度责任感的同时，也能及时发现税收管理工作中的违规问题，使各层面税收管理人员时刻保持高度的警觉性，自觉遵守各项工作纪律、制度，坚持依法办事，廉洁从税。

8.1.3　过程监控的原则

1. 公正、公开、责任追究原则

税收风险管理过程监控贯穿于税收风险管理的全过程，其对税收部门风险管理各环节全程实施监视、督察、管理，对各级税务机关及其所属风险管理职能部门和工作人员的工作成果进行全面反映。

因此，监控的制度、方法、结果应该公开、公正，对存在的问题必须实施相应的责任追究，才能充分发挥监控在税收风险管理工作中的重要作用。制度、方法、结果公开是指税收风险管理过程监控遵循的制度、使用的方法必须向被监控事项的实施主体公开；公正是指将所有被监控的同一主体、同一事项采用同一标准，同时充分考虑特殊区域、特殊环境等不可比因素，保证监控的公正、合理。责任追究是指监控制度与责任追究制度相结合，对在监控中发现的问题按照责任追究制度相关规定给予相应的问责，警示问题单位、人员不断加以改进、完善。

2. 综合效用原则

税收风险管理的监控与评价不仅仅是为了监控税收风险管理职能部门的制度遵守、流程运行、管理成效情况,还能发现制度、流程本身存在的不足,因此,在实施监控与评价的过程中,要坚持发挥其对税收风险管理工作的综合效用。

到目前为止,尚未形成一整套在全国税务系统运行的税收风险管理体系,各地区在摸索过程中建立的工作制度和流程多多少少可能存在一些不足。因此,在税收风险管理过程监控与评价过程中,对风险管理工作执行制度和流程本身存在的问题也应纳入其中,当在监督过程中发现一些现有制度规定、流程设置不符合工作实际或相关内容缺失,造成监控工作无法正常实施时,就应督促修改、对现有制度进行完善,并向流程设计部门提出意见反馈。对于各事项或整体绩效以及风险分布、管理能力进行评价时,评价指标的全面性、合理性、评价结果的公正性、真实性则应纳入评价范围,建立监控与评价的自我修正机制,不断自我完善,自我提升,从而发挥监督与评价在税收风险管理工作中的综合效用。

3. 科学实用原则

税收风险管理过程监控与评价是通过制定并执行考核办法、设立并运用评价指标体现的,考核办法的实用可行、评价指标的科学易用是提高监控与评价工作效率、保障监控与评价对税收风险管理指导作用的关键。

因此,各级税务机关深入研究税收风险管理过程中可能出现问题的重点环节和影响正确评价税收风险管理能力的关键因素,制定符合税收风险管理工作流程、突出重点环节的监控考核办法,实施定性与定量相结合的考核评价机制,设立科学易用的量化考核指标,对税收风险管理工作进行全程跟踪监控考核和总体绩效评价。在制定考核办法和设立考核指标的过程中尽量克服地区间不可比因素对公平性的影响,实现指标的不同地区间的可比性,运用数学方法进行科学的指标分析评价,所设立的指标要简便易操

作,在便于监控评价人员操作的同时,直观、全面、真实反映税收风险管理状况。

随着信息化建设步伐的加快,信息管税工作得到全面深入推进,各级税务机关税收管理信息系统得到了全面运用,税收风险管理离不开信息化支持,在运用计算机进行税收风险分析的同时,应同步将税收风险管理考核工作纳入信息系统,实施人工与机考相结合,突出机考的监控评价模式,将建立的考核制度融入税收风险信息化管理流程中,将设立的评价指标通过信息系统实现科学运算,自动化考评。

 评价反馈

8.2.1 评价反馈的含义

评价反馈是指在有效开展过程监控的基础上,对风险识别的科学性和针对性、风险等级排序的准确性、风险应对措施的有效性等进行效果评价,将风险应对效果纳入绩效考核体系。同时,通过加强对过程监控和评价结果的应用,优化识别指标和模型,完善管理措施,提出政策调整建议,实现持续改进,并将企业税收风险的性质、成因及风险防控建议反馈给企业。

8.2.2 评价反馈的必要性

1. 开展税收风险管理评价反馈有助于改善风险管理运行机制

通过风险管理评价反馈工作,可以将信息采集数据的质量水平、风险指标识别风险疑点的精准性、风险管理工作流程设置的合理性以、风险应对的

质量及合规性、纳税人的税收问题反馈给税务机关领导层和业务管理部门，有助于健全涉税信息采集机制，优化风险应对方式和应对流程，合理配置各层级、各环节的风险管理职能，分类开展税收风险管理，提高风险管理工作效能。

2. 开展税收风险管理评价反馈有助于税务干部安全履职

通过税收风险管理监控评价，有助于提高税务机关工作人员，尤其是风险应对人员的执法规范性，有助于消减因风险管理流程设置、管理要求、操作规范不标准、不合理带来的执法风险，提高税务干部履职安全性。

3. 开展税收风险管理评价反馈有助于提高纳税人税法遵从

通过归类纳税人风险疑点的分布情况和风险疑点应对消除结果，分析不同行业、不同规模、不同组织结构纳税人税收风险的特点、性质和成因。向纳税人分类反馈其可能出现的主要税收违法问题和税法的规范要求，针对性地提出纳税人税法遵从指引，引导属于积极自愿遵从、努力尝试遵从、抵制不遵从的纳税人提高税法遵从水平，从源头上降低税收风险水平。

8.2.3　评价反馈的原则

1. 规范明晰原则

开展评价反馈的前提就是必须对税收风险管理涉及的各层级、各部门、各岗位的工作职责给予清晰、合理的定位和阐述，使身处其中的每个税务人员及机构能够了解工作使命、明确工作目标、找准角色定位。

2. 目标有效原则

选取的评价指标必须有效准确地反映需要评估的目标的信息。其有效性包含两方面含义：一方面是整个体系的有效性；另一方面是体系内所设计指标、方法、模板的有效性。在评价体系的有效性时，必须首先对其所涉及

指标、方法及模板的有效性加以科学评估，如果无法对这些指标的有效性做科学评价，则很难对完善体系的方向、方式、方法做出科学的决策。

3．简单易行原则

在绩效评价中，简单有效是最好的原则，应尽可能避免使用复杂、不成熟的方法。应选择有意义和容易理解的、综合全面和行为导向明确的、有时限的、可操作性强的以及低成本的指标等等。

4．指标效用原则

效用度是指标直接与成果相关，或者代表所关注的预警维度的程度。如果设计的指标与特定工作的预期产出毫不相干或相去甚远，则指标就不具有效用。评判指标的效用，应从四个效度上加以把握：首先，指标应该具有表面效度。即从表面看，指标是有效的；其次，指标应该具有一致性效度，即一定数量的专家和工作人员明显认可某项预警指标的程度；第三，指标应具有相关性效度，即一些正在被评价的预警指标与另外已被验证有效的预警指标在统计上相关的程度；第四，指标应具有预见性效度，即指目前评价的指标值可以用来准确预见未来一些结果的程度。

5．广泛参与原则

相关利益部门、个人都需要参与到评价反馈过程之中。要将上级对下级进行考评的单向沟通转化为上下级之间的双向沟通，并形成横向部门间的评价反馈渠道，以适应全业务范围、全业务流程风险管理的需要。同时，要建立税务机关与纳税人之间的评价反馈机制，从根本上促进税收管理风险的降低和税法遵从的提高。

6．良性循环原则

要将评价反馈的结果用于分析税收风险管理的运行状况，查找风险管理制度规范制订上存在的缺陷以及执行上存在的问题，提出改进优化的方案，从而更好地实现税收风险管理目标，完善税收风险管理体系，改进税收风险管理方法，形成良性循环的运转体系。

 **过程监控与评价反馈的实施**

8.3.1　过程监控与评价反馈的内容

1. 目标规划方面

目标规划方面的主要内容包括：是否按规定制定地区风险管理工作规划、是否制定管理年度工作目标计划、是否严格执行上级及本级的规划和计划要求等。

2. 信息收集方面

信息收集方面的主要内容包括：风险识别用数据是否全面、实用；征管信息基础数据管理和外部信息采集是否及时、全面、准确；是否定期对税收风险情报管理要求进行审核、分析、补充、修改；是否按规定进行数据审计、加工、分类、分析、风险要素、模型指标维护、预警参数设置、指标风险分值的维护；是否正确维护税收风险管理系统中风险识别的风险要素，保证识别结果的准确性、数据分析人员在数据整备过程中能够发现数据质量、格式等方面存在问题；是否及时通知数据采集部门改进采集办法重新进行采集等。

3. 风险识别方面

风险识别方面的主要内容包括：是否按规定加强对税收风险识别指标、模型和识别所需要素的分析；指标模型建设是否科学、合理、可行；是否按规定时限、内容建立指标模型；是否运用信息技术开展风险指标模型运用；是否及时修正指标预警值；是否按规定制定下发月度风险识别计划；是否按规定制定实施风险积分规则；是否严格执行风险识别分析制度；是否制定分期风险识别计划并严格执行计划；是否分类固化运用各类模型指标进行风险

识别；是否定期开展重点行业、重点区域、重点企业的专项风险识别；是否实行风险分析专业化分工以提高风险分析结果的全面性、准确性；税收风险分析过程中是否应运用多种有效方法，加强涉税风险分析，提供风险应对重点，不断充实、完善风险识别指标、模型，提高风险识别绩效；对风险分析过程中发现的数据、模型问题以及新的风险点是否及时反馈相关岗位，进行基础数据、风险情形库的修改、完善等。

4. 等级排序方面

等级排序方面的主要内容包括：是否执行统一的风险等级分类方法进行风险分级；是否按规定确定各风险指标、指标组在综合风险识别中的权重分值并适时进行维护；是否将被认为有效的等级排序因素建议纳入后期等级排序因素；是否根据风险应对机构人力资源配置情况确定应对任务数量；是否在确定应对任务数量时对风险识别结果人为增加、减少，或是对同一类风险或同一级风险未按计划推送等情况；是否按税收风险等级与类型合理确定后续需采取的措施；是否在确定推送任务时明确应对期限、反馈要求等。

5. 风险应对方面

风险应对方面的主要内容包括：是否在限期内完成风险应对任务；是否保证应对质量、对应对后应使用递进方式应对的风险事项是否转入递进应对环节；是否依法对风险进行应对处理；是否存在未按规定处罚、以罚代法等违规现象；是否在风险应对过程中对纳税人涉及的税收风险逐项应对排除；是否对涉及的风险指标、模型及排序规则的准确性、有效性进行验证，发现的问题及时向风险管理部门提出改进、完善建议；是否对风险产生原因、分布状况等事项进行深入分析，制定风险防控措施，形成风险应对总结；是否对非本部门管辖事项存在的问题提出风险控制建议；是否按照档案管理的要求及时在电子档案管理系统中录入风险应对分户资料，实务资料集中档案管理；是否对应对过程中发现的职责范围内非推送风险点事项一并进行处理等。

6. 过程监控及评价反馈方面

过程监控及评价反馈方面的主要内容包括：是否及时监控和通报风险管理各环节的运行情况；是否对应对效率不高、超期未反馈的风险事项及时进行风险应对催办；是否对应对任务的回退和延期进行控制；是否在限期内按要求对风险应对情况进行全面反馈；是否及时组织实施税收风险情形调查，并保证调查质量，按期反馈调查报告；是否对风险识别应用指标、模型、分级排序规则的准确性、有效性、全面性进行验证评价并提出修正、完善建议；风险应对过程中发现原风险点之外非本单位应对能力范围内的风险事项是否及时反馈风险监控机构；是否按规定选择复审对象并开展风险复审工作；是否对明显不能消除疑点或重大风险应对未产生税款的以及纳税人未进行自查自纠应对的风险未提起复审程序；是否按规定形成复审报告并将复审结果反馈给相关部门；是否按规定制定并执行风险防控措施，并将本单位的风险防控措施报送风险识别和业务主管部门；是否归集、分析企业税收风险的性质与成因，并向纳税人提出分析防控建议等。

8.3.2　过程监控与评价反馈的方法

过程监控与评价反馈工作面广量大，涉及税收风险管理各环节每一个事项，细化到涉及风险管理制度、规范、流程的每一项具体规定，总体评价要对风险管理工作多个关键因素进行比较分析，需要排除地区间不可比条件等影响公平、公正评价的因素。按照税收风险管理过程监控与评价的目标、原则要求，制定具体的过程监控与评价反馈标准，形成规范化、制度化的过程监控与评价反馈方法，建立全面的税收风险管理能力的评价机制，才能充分发挥其对税收风险管理工作的积极作用，才能保证税收风险管理能力的不断提升。过程监控与评价反馈主要是通过明确工作目标、制定工作制度、

规范操作流程、设立绩效评价指标,对税收风险管理实施全程监督、纵横比较,对工作绩效、能力、水平进行评价。

过程监控与评价反馈工作主要采用制度建设、绩效评价、风险复审、内部控制、税企沟通等方式。

1. 税收风险管理制度建设

制度建设是有效开展过程监控与评价反馈,保证其结果公平、公正、公开并促进风险管理工作优化改进的重要条件,应当根据确立的过程监控与评价反馈工作目标,按照过程监控与评价反馈的内容,制定相关过程监控与评价反馈制度,为过程监控与评价反馈工作提供明确标准,便于过程监控与评价反馈职能部门以及风险管理工作相关单位开展工作。过程监控与评价反馈制度主要应包括以下几个方面:

(1)明确其相关规定的适用范围、工作目标以及职能分工。

(2)明确其具体采用的过程监控与评价反馈形式和方法,如百分制等。

(3)明确过程监控与评价反馈的具体内容,涉及相关的管理制度、操作规范。

(4)明确过程监控与评价反馈运用的指标、算法以及指标所反映的内容。

(5)应明确过程监控与评价反馈结果的具体运用,如工作奖惩、责任追究等内容。

2. 税收风险管理绩效评价

过程控制是指在根据制定考核标准对税收风险管理各环节相关事项的办理过程中,对制度、规范遵守情况进行监管、督察,以跟踪管理方式并及时发现税收风险管理过程中存在的问题,促使税收风险管理职能部门严格执行各项制度规范,提高税收风险管理能力和水平。

1)风险管理目标规划评价

是否按照上级风险管理目标规划和本地实际制定本单位风险管理目标

规划,据以统筹各类风险管理事项制定具体的风险管理计划,并按计划安排风险识别、应对并开展过程监控与评价反馈。

2) 税收风险信息采集评估指标

对税收风险信息采集评价,主要评价相关职能部门风险信息(情报)采集规范度:是否定期采集供电、供水、地税、国土、海关、工商、科技等社会经济主管部门的涉税信息并及时发布;是否及时发布、提供与税收相关的区域、产业、行业等宏观经济部门税收数据信息以及经济税收偏离度指标,收入与政策、征管关联度指标;税种和业务管理部门是否研究、开发分税种和分业务条线的风险分析数据模型、工具,是否收集发布相关的风险应对操作模版、指南。如某省地税绩效考评所用的"重点采集应用的第三方信息采集利用率"指标,要求"第三方信息采集利用率＝实际采集并有效利用的第三方信息数量/需要重点采集应用的第三方信息数量×100%。各地根据省局下发需要重点采集应用的第三方信息采集清单,通过全省第三方数据管理平台和风险管理平台,完成相关信息的采集、清洗、匹配、上传和风险识别、推送、应对。其中:推送并完成应对的纳税人数量每个第三方大类信息应不少于 50 户;如果经识别有风险纳税人不足 50 户的,有风险纳税人要全部推送并完成应对。第三方信息采集利用率每低 5 个百分点扣 1 分"。

3) 税收风险识别绩效评估指标

税收风险识别是税收风险管理的基础环节,具体包括风险特征指标的建立、风险分析和风险等级估算排序三个过程。税收风险识别由省、市和县(区)级税务机关分别承担,应从以下几方面建立绩效评估指标:

(1) 评价风险识别准确度指标。该指标要设置查补税款和采集信息,建立指标与三级风险信息的关联度,且关联度的选择应建立统一的标准来衡量。

(2) 评价风险特征指标库的完善度指标。采取以查补税款和发现问题关联度百分比值系数评判法,衡量根据税收风险特征库所设立的各指标是

否完善,并设立统一标准判别是否需及时维护、淘汰、增补风险特征指标库项目,并综合调整对单个风险指标的关键值分值、区间以及区间分值的设置。

(3)评价税收风险分析深度的指标。应通过对各级风险分析岗位建立的风险分析数据模型来发布相关的风险应对指标或异常信息,应对取得成效进行税收风险分析深度评估。

4)税收风险应对处理结果性评估指标

对税收风险应对质量进行全面评估,应包括三项指标:

(1)应对后的纳税人剔除已发现并整改的问题重新进行等级估算排序后,是否降低风险级别。

(2)应对过程中同步采集信息的审核和应用情况,如是否根据采集的纳税人基础信息和税源信息更新征管系统中的税务登记信息、税源登记库等。

(3)复核中发现问题的比例、类型和分布。

3. 税收风险应对复审

风险应对复审是指税收风险监督与评价部门对风险应对机构已应对结束的税收风险事项进行复查审核,对其应对的合法性、全面性、真实性进行核查,从而对税收风险应对质量做出判定的过程。风险应对复审是对风险应对缺失或应对人员疏忽的一种补救措施,也是对风险应对绩效进行考评的方法之一,更是对风险应对人员执法情况的监管措施,有效地降低了执法风险。

风险应对复审分为对象选择、复审实施、复审报告三个步骤,上级局可对下级局实施风险应对复审,本级税务机关的风险管理部门可对本局风险应对户实施复审。对象选择可以定向选择也可规则批量选择,主要是对疑点大的风险应对完毕事项或符合一定条件的风险应对结束事项进行复审户选择;选定复审户后推送给复审人员进行风险应对复审;复审结束后,形成风险复审报告,对疑点做出重点说明,对风险应对的过程、结果做出合法性、真实性评价，包括程序和实体方面，以此作为监督评价的依据。

某省地方税务局在实施过程监控与评价反馈工作时主要采用了以下评价指标（见表8-1）：

表8-1 过程监控与评价反馈工作评价指标

指标名称	设置目的	指标公式
识别出风险的单位纳税人占比	分析当期对本地区单位纳税人的风险识别情况	识别出风险的单位纳税人占比＝当期识别出风险的单位纳税人户数/本地区单位纳税人总户数×100%。本地区单位纳税人总户数为本地区当前状态正常的单位纳税人总数量。单位纳税人包括企业和非企业单位，下同
户均推送风险点的数量	分析风险推送中平均每户纳税人需要应对的风险疑点数量	户均推送风险点的数量＝当期推送风险点数量/当期推送的总户次
重复推送风险应对的户数	分析对同一纳税人重复推送应对的情况	重复推送风险应对的户数＝当期对同一纳税人实施2次（含2次）以上同等级风险应对的纳税人户数。不包含低等风险和应对复审的情况
准期应对完成率	分析中、高等风险及时完成应对的情况	准期应对完成率＝按期完成的户次/按期应完成的户次×100%。仅包含中、高等风险的应对反馈户次
超期仍未完成的户数	分析中、高等风险应对超过期限仍未及时处理（延期或应对反馈）的情况	超期仍未完成的户数＝超过完成截止期限且应对未完成的户数。仅包含中、高等风险的逾期未完成应对户数
应对任务撤案率	分析中、高等风险应对撤案（或退回）的情况	应对任务撤案率＝应对机构撤案（退回）应对任务户次/风险推送总户次×100%。仅包含中、高等风险的撤案户次
应对任务延期率	分析中、高等风险应对任务无法按完成期限反馈而申请延期的情况	应对任务延期率＝风险应对延期户次/风险推送总户次（不含撤案）×100%。仅包含中、高等风险的应对延期情况

续表

指标名称	设置目的	指标公式
中等风险月人均应对户次	分析月人均应对中等风险户次的情况	中等风险月人均应对户次＝中等风险应对户次/(中等风险应对人数×累计月份)。中等风险应对户次为应对并反馈的户次;中等风险应对人数为税源管理机构风险应对岗的全部人数
高等风险年人均应对户次	分析年人均应对高等风险户次的情况	高等风险年人均应对户次＝当期高等风险应对户次/高等风险应对人数。高等风险应对户次为应对并反馈的户次;高等风险应对人数为稽查机构的全部人数
中等风险应对平均天数	分析中等风险每户应对完成的实际平均时间(自然天)	中等风险应对平均天数 ＝ $\sum$(应对反馈日期－任务配送中心任务分配日期＋1)/应对反馈户次。仅包含中等风险应对及反馈的情况
中等风险应对实地核查面	分析以实地核查方法进行中等风险应对的占比情况	中等风险应对实地核查面＝实地核查户次/已完成中等风险应对的户次×100%
中、高等风险应对户占总户数比例	分析中、高风险管理覆盖税户的情况	中、高等风险应对户占总户数比例＝风险应对户数/本地区单位纳税人总户数×100%。风险应对户数为中、高等风险应对的总户数
户均应对入库税款	分析中、高等风险平均每户应对入库税款的情况	户均应对入库税款＝风险应对入库税款/风险应对户次。风险应对入库税款为中、高等风险应对并反馈完成的补缴税款(包含滞纳金和罚款);风险应对户次为中、高等风险应对并反馈的户次
税收贡献率	分析风险应对入库税款占全部税收收入的比例情况	税收贡献率＝风险应对入库税款/当期全部税收收入×100%。风险应对入库税款包含滞纳金和罚款
中等风险复审面	分析本地区中等风险复审面	中等风险复审面＝中等风险应对复审户次/已完成中等风险应对户次×100%
复审发现问题率	分析通过风险应对复审发现应对质量不恰当或不作为的情况	复审发现问题率＝应对复审发现有问题的户数/应对复审的总户数×100%

4. 税收风险管理内控机制

税收风险管理是现代税收执法和税收行政管理的重要方面,贯穿于税收管理全过程,建设以风险防控为导向的内控机制不仅有利于监督税收风险管理的有效实施,也有利于防范税收执法风险。

1) 内控内生化

将对税收风险管理的内控要求内嵌征管信息平台之中,在征管系统运行时同步开展内控监管。

(1) 对征管信息平台中风险管理各流程设置环节控制,明晰各相关岗位的权限配置,使风险管理各个功能模块在操作上相互独立,在运行上相互制约。如风险识别岗与风险应对岗赋予不同的部门和人员,一方面可以使风险识别与风险应对工作更为专业化,提高风险识别与风险应对各自的深度和准确性。另一方面,风险识别推送与风险应对岗位的相对独立,有助于风险识别推送部门对风险应对部门成效的监督与评价,也有助于风险应对部门对风险识别有效性的评价,帮助风险识别推送部门改进,避免出现自我选案、自我应对、自我评价的情况。

(2) 设置校验规则,对各环节操作合规性实时监控,事后分析。如在系统日常操作使用中,对信用低、风险高的纳税人在办理发票领用开具、出口退税等涉税业务时进行预警、提示或业务阻断,要求操作人员进行相关校验和处理后再继续相应的操作。同时,校验操作人员是否确实暂停相应操作,是否出现操作人员直接"取消"了操作提示而未实际校验的情况,同时分析相关预警、提示、阻断在税收业务各环节具体分布与发生频率,用以判断既有规则对税收风险管理中执法风险的防控水平。

2) 内控信息化

某省地税建设税收执法监督平台,通过与税收征管系统的无缝对接,实现对税务机关执法疑点信息进行归集、识别、发布、推送和督察。依托平台收集风险识别与应对信息,分析风险应对文书是否规范、结果是否经过审议

审核、是否在时限内完成应对、应对结果与识别分析内容差异程度及其原因等，对税收风险应对合规性、应对质量开展复审工作，对税收风险管理实现全过程监控。

5. 建立税企沟通反馈机制

税务机关分析出的纳税人税收风险主要特点、性质和成因需要通过税企之间的沟通交流才能为纳税人知晓并引起重视，从而进一步引导纳税人遵从税法要求，从源头上降低税收风险水平，提高纳税人税法遵从水平。

1）建立普遍性的税企沟通渠道

以某省地税为例，该省地税在全省范围内普遍设立了"纳税人之家"这一税企沟通平台，充分发挥"纳税人之家"第三方组织的积极作用，开展一对一、一对多的税企交流，主动了解、分析、满足纳税人权益主张与需求，保障纳税人的知情权、参与权、表述权和监督权。依托纳税人之家这一平台，该省地税还普遍开展了"纳税人学校"活动，向纳税人介绍具有普遍性、行业性的税收风险，普及税收法律法规，开展税收风险提示服务工作，辅导企业主动开展税收风险自查，自我消除税收风险。

2）搭建个性化的税企沟通平台

大企业、特殊行业或其他特定类型纳税人与大多数纳税人相比，在生产经营模式、适用法律法规等方面具有特殊性，会产生一些个性化的税收风险，这就需要开展个性化的专业服务来向这些纳税人反馈其税收风险状况，协助纳税人构建风险防控机制。某省地税充分利用现代化通讯工具，建立全省大企业交流微信群、QQ群，实现税企沟通常态化、便捷化、实时化。对大企业提出的合理涉税诉求，全省大企业管理部门及时提请相关业务部门研究解决方案，并及时处理、反馈，帮助企业在事前、事中有效化解税收风险。针对总部在某省的千户集团企业，由各企业集团明确一名财税业务经验丰富的人员作为企业联络员，及时将企业在税法遵从方面遇到的困惑和需求反馈给税务机关。同时由各设区市级局大企业管理部门明确 1 名服务经验丰富、专业技能优良、沟通协调能力强的业务骨干作为专门的联络员，并依托专业化团队，及时为大企业提供个性化、专业化的税收服务，提高大企业满意度和税法遵从度。各级税务机关组织税企高层走访活动，认真倾听企业高层对生产经营、行业现状、税收遵从等情况的介绍，了解企业对税务机关的合理诉求，解答企业关心的税收政策问题，帮助企业解决发展过程遇到中的涉税难题。

3）协助纳税人构建风险防控机制

将税收风险管理延伸到企业管理，特别是在大企业、企业集团、上市公司、新三板挂牌企业中试行税、企和第三方机构合作开展的企业税务风险内控机制建设。全面深入了解和分析企业的组织架构、内控机制、生产经营核算等，剖析企业税务内控体系可能存在的问题，向企业提出税务风险内控完善建议，引导企业建立健全税务风险内控机制，帮助企业提高自我防控税务风险的能力。

第9章

大企业税收风险管理

大企业是纳税主体中最重要的组成部分,其随着贸易全球化,资本、技术和消费等要素流动性增大以及科技创新能力的不断提升,大企业的经营模式和交易方式发生了巨大变化,越来越多的企业采用集团化运作,跨区域甚至跨国经营,并呈现出内部交易和财务核算复杂、总部控制力强、多样化的经营领域、复杂的融资结构、庞大的雇员数目等特点。这些特点形成的税收风险对税务机关传统的征管模式产生了巨大冲击,按税种和职能组建的管理模式已远远不能满足大企业税收管理的要求,因此大企业税收风险管理就必然成为税收风险管理研究的重要课题。

 **9.1 大企业管理概述**

大企业是重要的市场主体,对于行业经济发展具有主导作用,是国民经济的重要支柱和税收的重要来源,对社会政治经济生活有着重要影响。随着大企业数量、规模和组织形式的不断发展,大企业越来越成为推动国民经济和社会发展的重要力量,同时在促进就业、科技创新与社会和谐等方面具有不可替代的作用。这些情况,使得大企业涉税事项相对复杂,纳税服务需求较高,易产生系统性税收风险,也因此越来越成为各国税务机关风险管理

关注的重点。为此,2008 年国家税务总局成立了大企业税收管理司,对大企业税收实行专业化管理。随后,各省国税机关和地税机关陆续成立大企业税收专业化管理机构。在大企业日常征收管理的属地原则不变、税款入库级次和归属不变的前提下,大企业的复杂涉税事项逐步提升至税务总局、省级税务局统筹管理。

2015 年年底,为全面贯彻落实《方案》的部署要求,国家税务总局明确不同层级税务机关的管理职责,提升大企业税收管理层级,推出大企业税收服务与管理改革举措,作为深化国税、地税征管体制改革的"先手棋",将跨区域、跨国经营的大企业的税收风险分析事项提升至税务总局、省级税务局集中处理,将分析结果推送相关税务机关做好应对。通过突出税务总局专业化、集团化管理优势,开展大企业税收风险分析,发挥以点带面作用,实现税收风险管理的"精确制导",通过科学设定分类分级管理规则,合理调整职责,重组工作流程,组织分类分级应对,在全国税务系统运行横向互动、纵向联动、全程可控的一体化大企业税收风险管理机制,推动大企业税收服务深度融合、执法适度整合、信息高度聚合,切实解决大企业税收服务和管理中信息不对称、能力不对等、服务不到位、管理不适应等问题,提升大企业税收管理质效。

9.1.1　大企业的标准

明确大企业的标准是大企业税收管理的研究基础和逻辑起点。大企业并不是一个严格意义上的经济学概念,至今在经济理论文献中尚无一个统一的、明确的定义,通常只是就企业规模而言,相对于中、小型企业提出的一个相对概念。什么是大企业,不同政府部门、不同国家有着不同标准。我国工业和信息化部、国家统计局、国家发展改革委和财政部按照行业类别,依据从业人员、营业收入、资产总额等指标,对大企业的标准进行了界定

（详见表 9-1）。

表 9-1　中国大企业认定标准

行业名称	指标名称	计量单位	大型
农、林、牧、渔业	营业收入(Y)	万元	$Y \geqslant 20\,000$
工业*	从业人员(X)	人	$X \geqslant 1\,000$
	营业收入(Y)	万元	$Y \geqslant 40\,000$
建筑业	营业收入(Y)	万元	$Y \geqslant 80\,000$
	资产总额(Z)	万元	$Z \geqslant 80\,000$
批发业	从业人员(X)	人	$X \geqslant 200$
	营业收入(Y)	万元	$Y \geqslant 40\,000$
零售业	从业人员(X)	人	$X \geqslant 300$
	营业收入(Y)	万元	$Y \geqslant 20\,000$
交通运输业*	从业人员(X)	人	$X \geqslant 1\,000$
	营业收入(Y)	万元	$Y \geqslant 30\,000$
仓储业	从业人员(X)	人	$X \geqslant 200$
	营业收入(Y)	万元	$Y \geqslant 30\,000$
邮政业	从业人员(X)	人	$X \geqslant 1\,000$
	营业收入(Y)	万元	$Y \geqslant 30\,000$
住宿业	从业人员(X)	人	$X \geqslant 300$
	营业收入(Y)	万元	$Y \geqslant 10\,000$
餐饮业	从业人员(X)	人	$X \geqslant 300$
	营业收入(Y)	万元	$Y \geqslant 10\,000$
信息传输业*	从业人员(X)	人	$X \geqslant 2\,000$
	营业收入(Y)	万元	$Y \geqslant 100\,000$
软件和信息技术服务业	从业人员(X)	人	$X \geqslant 300$
	营业收入(Y)	万元	$Y \geqslant 10\,000$

续表

行业名称	指标名称	计量单位	大型
房地产开发经营	营业收入(Y)	万元	$Y \geqslant 200\ 000$
	资产总额(Z)	万元	$Z \geqslant 10\ 000$
物业管理	从业人员(X)	人	$X \geqslant 1\ 000$
	营业收入(Y)	万元	$Y \geqslant 5\ 000$
租赁和商务服务业	从业人员(X)	人	$X \geqslant 300$
	资产总额(Z)	万元	$Z \geqslant 120\ 000$
其他未列明行业*	从业人员(X)	人	$X \geqslant 300$

税收管理中对大企业进行界定,不仅要考虑工信部、统计局等部门对大企业的划型标准,更多的还要考虑不同类型纳税人在税法遵从方面的差异性。各国税务部门立足本国经济发展和税收征管实际,对大企业的划分标准各不相同(详见表9-2)。从IMF的划分标准以及OECD成员国的具体实践来看,主要有以下几种:一是以营业规模为标准。例如,澳大利亚将年营业额超过2.5亿澳元的企业界定为大企业;二是以资产规模为标准。例如,日本对年资产总额超过1亿日元的企业作为大企业进行税收管理;三是以纳税规模为标准。例如,印度将缴纳消费税超过5 000万卢比、服务税超过5 000万卢比或企业所得税超过1亿卢比的企业作为大企业;四是以特定行业为标准。例如:以色列将银行、保险以及能源行业的企业都作为大企业管理;五是以综合因素为标准。例如,美国将资产超过1 000万美元的公司、跨国企业及负有在美申报义务的非美国公民等都作为大企业税收管理部门的管理对象。从总体情况来看,目前各国对大企业的划分标准基本上分为定量和定性两种,前者主要根据雇员人数、资产、营业额等划分;后者主要考虑行业特点、国际化背景、税收管理的复杂性等因素。现阶段,全世界绝大部分国家采用定量标准,定量标准又可细分为"单一定量标准"和"复合

定义标准",前者只采用一个指标(大多是从资产、营业额、注册资本和纳税额等方面来定义大企业),后者要同时兼顾其他因素,多采用单个指标的组合。从数量看,采用复合标准的国家更多。

2016年,《国家税务总局纳税人分类分级管理办法》,将企业纳税人按规模分为大企业、重点税源企业和一般税源企业。大企业专指税务总局确定并牵头管理的、资产或纳税规模达到一定标准的企业集团。国家税务总局按照年度缴纳税额超过3亿元的标准,在全国范围内确定了1 062户集团作为大企业管理,简称千户集团。

表9-2　各国大企业纳税人认定标准

国家	税务机关认定的大企业纳税人标准
OECD 成员国	
澳大利亚	年营业额超过2.5亿澳元
奥地利	年营业额超过968万欧元
比利时	1. 负责发布年度合并报表的企业集团(至少包括一个大企业); 2. 特殊领域的企业:通常包括金融业(银行、保险公司)、上市公司等; 3. 规模:至少满足以下两项: (a) 营业额超过730万欧元; (b) 资产总额超过365万欧元; 4. 员工人数:50人以上; 5. 增值税纳税人,至少包含1个大企业
加拿大	1. 所得税:年销售总额超过2.5亿加元; 2. 间接税(货物和劳务税/销售额):年销售总额超过1亿加元
智利	近3年中,年营业额大于等于9万元课税单位;近3年中,年应税资产大于等于11万课税单位;其他条件。(课税单位,即考虑到通货膨胀等因素后,以每年12月的月度课税单位乘以12)(据2013年109号决议)
捷克共和国	1. 纳税年度营业额大于20亿捷克克朗; 2. 银行及分行; 3. 保险公司及分支机构; 4. 再保险公司及分支机构; 5. 集团内的任一成员企业(根据增值税法),如果至少一个成员企业满足以上条件之一; 6. 捷克财政部指定的法人或自然实体

国家	税务机关认定的大企业纳税人标准
丹麦	集团年营业额超过 30 亿丹麦克朗;企业员工人数超过 250 人
爱沙尼亚	未设立专门的大企业税收管理部门
芬兰	年营业额超过 5 000 万欧元,该标准适用于单一企业或集团公司
法国	年营业额超过 4 亿欧元(不包括增值税或总资产)的企业及其关联企业(超过 50% 的直接或间接控制)
德国	大部分地区的税务机关有对大企业审计的职能。行业标准为: 1. 贸易行业:营业额超过 730 万欧元或利润超过 28 万欧元; 2. 制造业:营业额超过 430 万欧元或利润超过 25 万欧元; 3. 自由职业者:营业额超过 470 万欧元或利润超过 58 万欧元; 4. 金融机构:实际净资产超过 1.4 亿欧元或利润超过 56 万欧元; 5. 保险业:保险费收入超过 3 000 万欧元; 6. 农林业:土地价值超过 23 万欧元或者利润超过 12.5 万欧元; 7. 其他企业:营业额超过 560 万欧元或者利润超过 33 万欧元
希腊	年营业额超过 2 000 万欧元(2012 年标准);所有银行、保险企业、营业额超过 1 000 万欧元的上市公司,以及与关联方有跨境交易的企业
匈牙利	参考纳税人年度应缴税额(即平均应纳税额)进行分类。大企业纳税人被归入了第一类优先(关联)纳税人(与国民经济部门规定的标准一致);该分类还包括以股份形式运营的银行和保险公司;在布达佩斯或佩斯州登记注册的企业及股份形式运营的银行和保险公司由大企业税收管理部门监管;不在布达佩斯或佩斯州登记注册的企业由地方税务局的审计部门监管
冰岛	未设立专门的大企业税收管理部门
爱尔兰	1. 年营业额超过 1.62 亿欧元或税款超过 1 600 万欧元的企业; 2. 半国有商业企业; 3. 金融服务企业; 4. 特定行业中规模较大的企业
以色列	特定规模或特定行业的企业会被自动认定为大企业(如:银行、保险和能源行业)
意大利	年营业额超过 1 亿欧元
日本	年资产总额超过 1 亿日元
韩国	通常将年营业收入达到或超过 5 000 亿韩元的企业划分为大企业。该划分标准近年稍有调整

续表

国家	税务机关认定的大企业纳税人标准
卢森堡	未设立专门的大企业税收管理部门
墨西哥	年营业额超过 6.45 亿比索、金融机构、合并申报企业、外国政府、国际组织、外交机构、联邦集中公共管理机构、国有石油企业、联邦社会保障机构、非居民、涉及国际税收征管机制相关事项的企业（例如，转让定价、资本弱化）
荷兰	1.（阿姆斯特丹）证交所上市企业； 2. 标准加权资产价值超过 2 500 万欧元； 3. 境外母公司及其自身标准加权资产价值超过 1 250 万欧元； 4. 至少 5 家国外子公司，其自身加权标准价值超过 1 250 万欧元； 5. 所有标准加权资产价值超过 3 750 万欧元的非营利组织； 6. 金融企业（银行、保险）、石油和天然气（煤气）企业（上游和下游企业）、能源供应企业； 7. 其他纳税人（涉及复杂事项且由另一超大企业监管的企业、高知名度企业或存在金融风险的企业）
新西兰	年营业额超过 1 亿新西兰元、从事特定行业领域、受特殊税法管理的企业
挪威	从 2015 年起，营业额或资产总额超过 10 亿挪威克朗的纳税人；营业额或者资产总额超过 30 亿挪威克朗的纳税人由大企业办公室对其进行评估
葡萄牙	年营业额超过 2 亿欧元的非金融企业；年营业额超过 1 亿欧元的保险企业、信贷机构和其他金融企业；纳税额超过 2 000 万欧元的企业；与上述企业有关联关系的企业（例如，受控企业和母公司）
波兰	包括缴纳资本税（capital tax）的企业、银行、保险公司、证券交易公司、投资基金公司、养老基金、外资企业的分支机构或代表处；上年净利润 500 万欧元以上的企业；直接或间接参与管理、控制、参股境外公司的企业；由非居民直接或间接管理的企业；由非居民在股东大会或董事会持有超过 5% 有表决股份的企业；居民企业以合资方式直接或间接持股境内外企业
斯洛伐克共和国	年营业额超过 4 000 万欧元的企业；银行及外资银行的分支机构；保险公司及外资保险公司的分支机构；再保险公司及外资再保险公司的分支机构
斯洛文尼亚	年营业额超过 4 000 万欧元的企业、银行、储蓄银行保险企业、传统博彩企业或特殊博彩企业、证券交易经纪公司、投资公司、管理公司、养老金公司和中央证券结算公司

续表

国家	税务机关认定的大企业纳税人标准
西班牙	自动认定：年营业额超过 1 亿欧元、大集团企业、主要的银行和保险公司、第三方交易量信息比对显示交易量大于 10 000 笔的企业。由规划和公共关系服务部指定（根据大企业税务管理办公室提议）的企业：与被认定为大企业的纳税人高度相关的企业或参与复杂经济交易安排的企业。
瑞典	员工人数超过 800 人、年度薪酬支出超过 5 000 万瑞典克朗、受瑞典金融监督管理委员会监管的企业
瑞士	未设立专门的大企业税收管理部门
土耳其	纳税人的年总收入、总资产或权益超过特定值的企业（该特定值每年都会进行修订）。此外，金融企业（例如：银行、保险企业和经纪人）也会被认定为大企业纳税人
英国	年营业额超过 6 亿英镑的企业
美国	资产超过 1 000 万美元的 S 类企业及其合伙企业；大企业和国际税收征管部门同时负责的外资企业和特定外资合伙企业；居住在美国境外、在美国境内或参与跨境经营和投资的美国居民；负有在美申报义务的非美国公民
非 OECD 成员国和地区	
阿根廷	将评估税款、已缴税款、年销售额、增值税欠税、所属行业和员工人数等诸多因素进行综合考虑
巴西	常规标准：总收入超过 1.2 亿雷亚尔、在联邦税务负债及信用表（DCTF）上应纳税额超过 1 200 万雷亚尔、就业保障金和社保信息显示薪酬支出超过 2 100 万雷亚尔、应缴社保金额超过 700 万雷亚尔的企业
保加利亚	1. 至少满足以下一项的纳税人： （a）收入超过 300 万列弗； （b）税收返还超过 200 万列弗； 2. 银行业和保险业纳税人
中国	跨区域经营、涉及多个税种、具有一定缴税规模的企业；2015 年中国国家税务总局提出"千户集团"概念，主要包括 2014 年度纳税额超过 3 亿人民币的各类企业集团。此外，各省（区、市）按一定标准自行确定的大企业
哥伦比亚	上年度，缴纳的税款占税收总收入 60% 的所有大企业纳税人（包括企业所得税、增值税和预提税）、无欠税、持续经营超过 3 年

续表

国家	税务机关认定的大企业纳税人标准
哥斯达黎加	近 3 年的平均数： 1. 缴纳税款大于等于 2.5 亿科朗； 2. 收入大于等于 400 亿科朗； 3. 总资产大于等于 400 亿科朗。如果集团总体符合以上条件，即使集团内单个企业不符合标准，也将集团内全部企业视同大企业税收管理。对于集团内有一个或多个企业满足条件的情况同样适用
克罗地亚	达到下述条件之一： 1. 收入大于等于 1.5 亿库纳； 2. 从事特定业务领域：收入超过 1 500 万库纳的保险、租赁和通信企业、全部银行业企业； 3. 预期收益超过 1.5 亿库纳的大项目，且交易可能涉及众多纳税人(或分包商)
塞浦路斯	视税收收入和营业规模(仅针对增值税纳税人)而定
中国香港	未设立专门的大企业税收管理部门
印度	在五个主要城市缴纳、满足以下条件的企业：缴纳消费税超过 5 000 万卢比、服务税超过 5 000 万卢比或企业所得税超过 1 亿卢比
印度尼西亚	近 3 年缴纳税款的 80% 和营业收入的 20% 加权平均，并由税务局进行判定
拉脱维亚	1. 年度净收入或增值税交易金额超过 300 万拉特； 2. 缴纳税款超过 25 万拉特； 3. 年度已缴纳税款超过 300 万拉特，由国家或地方政府预算出资的机构； 4. 信贷机构、保险公司和博彩行业纳税人
马来西亚	特定行业
马耳他	未设立专门的大企业税收管理部门
摩洛哥	年收入大于等于 5 000 万道拉姆
罗马尼亚	从 2014 年起： 1. "累计机制标准"：是由以下两个指标加总来分类： (a) 纳税人自行申报的应纳税款占 50%； (b) 总营业收入占 50%； 2. 特殊规定：国家银行、银行、保险公司和其他金融机构； 3. 金融投资机构：预投资超过 1 000 万欧元的纳税人

续表

国家	税务机关认定的大企业纳税人标准
俄罗斯	利润总额超过 200 亿卢布；年缴纳联邦税超过 10 亿卢布；通信及物流业，缴纳联邦税超过 3 亿卢布；保险及银行业，缴纳联邦税超过 3 亿卢布；资产总额超过 200 亿卢布；员工人数超过 100 人
沙特阿拉伯	1. 重点行业企业（例如：石油、银行等）； 2. 资产总额超过 1 亿里亚尔； 3. 总收入超过 1 亿里亚尔
新加坡	1. 企业所得税：应纳税额、营业额、复杂程度； 2. 货物和劳务税：年纳税额超过 1 亿新元
南非	集团收入超过 10 亿兰特；采矿业和金融服务业集团年收入超过 2.5 亿兰特；跨国集团成员公司年收入超过 2.5 亿兰特
泰国	销售收入大于等于 20 亿泰铢

来源：OECD《税收征管 2015》调查反馈。

9.1.2 大企业的特点

大企业与中小企业相比，具有企业规模大、行业地位高，集团化管理、多元化经营，税收贡献大、遵从风险高，法治意识强、服务要求高等特点。

1. 企业规模大，行业地位高

大企业的资产和营业收入规模庞大。根据中国企业联合会提供数据，2016 年世界 500 强排名中，排名前 10 位的企业资产总额都在 100 000 百万美元以上。其中，位居第 15 位的中国工商银行，资产规模达到 3 420 257 百万美元。就营业收入而言，500 家企业的总收入达到 27 634 047 百万美元。排名第一的沃尔玛高达 482 130 百万美元，排名末位的英国耆卫保险公司也有 20 923 百万美元。大型企业通常在行业领域具有领袖型企业地位或者是行业重要企业成员，具有较大的影响力。

2. 集团化管理，多元化经营

现代大企业组织架构相对复杂，分支机构种类和数量多，既有全资子公司，也有控股公司；既有国内公司，也有海外公司；既从事国内业务，也发展国际业务。普遍实行集团化管理，建立了具有行业特点的现代化公司治理结构，管理水平较高，企业内部控制机制健全。随着经济全球化发展，大企业的国际化战略和跨行业扩张趋势明显，适应国际国内市场竞争的需要，充分整合企业资源，根据不同业务领域、不同国家和地区的特点设置总分支机构，赋予其成员企业不同的生产经营和管理权限，以有效降低成本、优化服务，从而形成行业竞争力，实现利润最大化，具有跨区域经营、集中核算的明显特点。由于集团业务日趋多元化，且业务多有关联性质，其经营活动的复杂性也越来越明显，对企业的内外部管理都形成了更大挑战。在企业管理方面，大企业多应用先进的信息化管理体系，使总公司对各分支机构实现有效控管。

3. 税收贡献大，遵从风险高

大企业一般都是国家或区域内重要的纳税大户。据统计，2017 年国家税务总局服务与管理的大企业集团为 1 062 户，年纳税额占全国税收收入的 40% 以上。除依法缴纳税收外，一些国有大型企业每年还要向国家缴纳丰厚利润和承担一定的社会义务。但是，由于企业组织架构复杂，业务多元化扩展，特别是适应市场需求的新型业务发展迅速，加之税收政策复杂和变化等原因，存在较大税收风险。公开资料显示，《财富》500 强榜单中连续 3 年排名第一的沃尔玛，2015 年就深受税务问题困扰，被曝利用避税天堂避税 760 亿美元。据《华尔街日报》报道，沃尔玛大部分国际业务归属于在卢森堡和荷兰设立的实体，而沃尔玛在这两个国家并没有零售店。2010—2013 年沃尔玛卢森堡子公司公布，仅向卢森堡缴纳了 240 万美元税款，而其利润为 13 亿美元。同时被诟病的上榜企业还有不少。排名第 9 位的苹果公司 2015 年营业收入大涨 27.9%，是前 10 位中唯一实现营业收入正增长的企业。然而,苹果公司 2013 年被指避税 740 亿美元。另外,索尼、亚马逊、壳牌石油、微软、雀巢、星巴克、可口可乐等诸多上榜企业同样都曾因避税而遭受质疑和指责。

4. 法治意识强,服务要求高

大企业多为上市公司,违法成本较于其他类型的企业更高,具有较强的纳税意识和法律意识,公司内部财务管理和税务风险控制管理比较严格。同样的,大企业对税收政策的变动更为敏感,对优惠政策有着更深的研究,在完善的内部风险控制制度的要求下,大企业往往进行精心的税收筹划,以获得利益最大化。由于分支机构众多,分布区域广泛,新业务不断出现等原因,税收政策上的确定性、统一性要求高。同时,针对新业务、行业特点出现的诸多税收遵从问题,企业对税务部门为其提供事先裁定、国际和跨区域税收协助等个性化税收服务需求迫切。

9.1.3　大企业专业化管理的必要性

虽然各国政策、立法环境、行政行为、文化背景和税收管辖权等各不相同,但因大企业自身内在的特点、公共管理理论尤其是风险管理理论的发展,以及服务理念的普及,使得大企业税收专业化管理成为不同国家税务机关普遍的共性选择。

1. 这是由大企业的地位和特点决定的

大企业在国民经济发展中居于重要地位,是税收的主要来源。由于经营模式的变化,大企业通常采用集团化运作,很多大企业甚至跨区域、跨行业经营,企业内部组织多样,业务种类繁多,环节复杂,这些特点使得其涉税事项相对复杂,纳税服务需求较高,也容易产生系统性税收风险。由此带来诸多难题:大企业跨区域经营、总部决策、集中核算与现行税收征管属地管理体制下的分散管理以及由基层税务机关处理各种涉税事项之间的矛盾日

益尖锐；税务机关与企业之间信息严重不对称，形成企业总部主管税务机关与分支机构主管税务机关之间"管得着的看不见、看得见的管不着"的现象；基层税务机关处理复杂涉税事项能力相对较弱，导致对大型企业集团的税收管理乏力甚至无法实施有效监管；缺乏针对性、个性化的税收服务，不能很好满足大企业提升自我遵从能力的需求。这些问题，促使我们必须创新大企业税收管理模式，为大企业的持续健康发展创造良好环境。

2. 这是由税收征管改革的重点决定的

《国家税务总局关于转变税收征管方式提高税收征管效能的指导意见》，明确提出要构建分类分级的专业化管理体系和建立严密高效的税收风险管理运行机制，这是公共管理理论中分类管理和风险管理在税收管理中的具体实践。分类管理要求必然要突出大企业这个重点，大企业是税源的重中之重，对税收工作全局具有重要影响，大企业税收专业化管理是税收征管改革的重要突破口。这就要求我们必须按照深化征管改革的总体要求，在整体框架内对大企业税收管理模式进行系统设计，在管理理念、管理体制、管理方法、管理手段等方面摸索规律，积累经验，为征管改革攻坚克难。可以讲，抓好了大企业税收专业化管理，就抓住了税收征管改革的主要方面，有利于解决改革面临的重点难点问题，有效带动整体征管水平和效能的提升。

3. 这是由税收服务发展趋势决定的

多年来，世界上许多国家在税收实践中逐步探索形成了一套成熟有效的大企业税收专业化管理模式。在管理理念上，提出税企互信合作、共同防控税收风险。在管理方法上，设立大企业税收管理专门机构，配置高素质专业人员，优化个性服务，实施防控为主的风险管理。实践证明，这种专业化管理的理念和方法，有效降低了大企业税收风险，提高了大企业的税收遵从度和对税务机关的满意度，从而带动了整体税收征管水平的提高。在经济全球化和税源国际化趋势日益明显的形势下，我们必须积极主动适应世界税收管理发展趋势,深入推进大企业税收专业化管理,加快与现代税收管理接轨步伐。所以,对大企业实行专业化管理,是适应经济发展、优化税收管理资源配置、防范税收风险的必然要求。

9.1.4　大企业管理的对象

2008 年,为加强对大企业的税收服务与管理,税务总局决定将 45 户企业集团作为总局定点联系企业(见表 9-3),由税务总局直接统筹发起这些大企业的税收风险管理工作。

表 9-3　国家税务总局定点联系企业名单

1	中国烟草总公司
2	中国石油天然气集团公司
3	中国石油化工集团公司
4	国家电网公司
5	中国移动通信集团公司
6	中国建设银行股份有限公司
7	中国工商银行股份有限公司
8	中国农业银行
9	中国银行股份有限公司
10	中国海洋石油总公司
11	神华集团有限责任公司
12	国家开发银行
13	中华人民共和国铁道部
14	中国电信集团公司
15	中国华能集团公司
16	中国铝业公司

续表

17	中国大唐集团公司
18	中国兵器装备集团公司
19	中国远洋运输(集团)总公司
20	中国华润总公司
21	中国建筑工程总公司
22	上海复星高科技(集团)有限公司
23	中国交通建设集团有限公司
24	中国联合网络通信有限公司
25	中国冶金科工集团公司
26	中国光大(集团)总公司
27	万科企业股份有限公司
28	中国人寿保险(集团)公司
29	中粮集团有限公司
30	诺基亚(中国)投资有限公司
31	中国邮政集团公司
32	华为技术有限公司
33	中国五矿集团公司
34	中国中化集团公司
35	三星(中国)投资有限公司
36	联想控股有限公司
37	摩托罗拉(中国)电子有限公司
38	中国银河证券股份有限公司

续表

39	松下电器(中国)有限公司
40	西门子(中国)有限公司
41	麦当劳(中国)有限公司
42	汇丰银行
43	富士康科技集团
44	通用电气(中国)有限公司
45	沃尔玛(中国)投资有限公司

2013 年,《国家税务总局定点联系企业名册管理办法》,进一步明确了大企业管理的对象为国家税务总局按照规定程序统一选定,纳入国家税务总局定点联系企业管理机制的企业集团总部及其成员企业。具体范围以合并报表的口径和工商注册规范的组织形式为参考,建立统一标准。内资企业管理范围为纳入企业合并报表范围且进行税务登记的境内各级分公司和子公司,以及境外控股公司。外资企业管理范围为全球总部控股并在中国境内进行税务登记的各级分公司和子公司以及其他涉税组织机构。

2015 年,国家税务总局决定运用大数据开展大企业税收服务与监管试点工作,扩大大企业税收风险管理工作经验成果,将大企业工作对象拓展为全国年缴纳税额 3 亿元以上的 1 062 户千户集团企业,并于 2015 年 9 月选定 106 户企业集团作为首批试点单位开展工作试点。2016 年度,1 062 家集团近 13 万户成员,全年税收收入共计 5.26 万亿元,占全国税收收入的比重近 40%,权重高,影响大,是真正的"关键少数"。

2017 年,《国家税务总局千户集团名册管理办法》,明确千户集团是指年度缴纳税额达到国家税务总局管理服务标准的企业集团,包括全部中央企业、中央金融企业以及达到上述标准的单一法人企业等。其中,年度缴纳税额为集团总部及其境内外全部成员企业境内年度纳税额合计,不包括关

税、船舶吨税以及企业代扣代缴的个人所得税,不扣减出口退税和财政部门办理的减免税。

2017 年年底,《国家税务总局关于开展千户集团扩围工作的指导意见》,明确将 2016 年集团纳税额 1 亿元以上、尚未列入千户集团管理范围的企业集团纳税人,由省税务机关大企业税收管理部门比照千户集团服务和管理模式实施统一管理,大企业管理的范围进一步扩大。

9.1.5 大企业管理的人员机构配置

9.1.5.1 大企业税收管理机构设置

1. 外国大企业税收管理机构设置

对大企业施行专业化管理是国际税务管理实践中的一项系统性改革。20世纪 80 年代开始,国际货币基金组织就建议因面临收入危机而希望加强税收征管的成员国,设立大企业局,在短期和中期的时间内加强对大企业的控制并改善大企业对税法的遵从。20 世纪 90 年代开始,一些发达国家专门设立了大企业税收管理部门。根据经济合作与发展组织(OECD)2010 年资料显示,世界上已经有 68 个国家和地区设立了大企业税收管理机构(详见表9-4)。

表 9-4 各国和地区设立大企业税收管理机构情况

地区	国家
亚洲(16)	孟加拉国,柬埔寨,中国,印度,日本,韩国,老挝,蒙古,菲律宾,斯里兰卡,阿塞拜疆,格鲁吉亚,伊朗,巴基斯坦,沙特阿拉伯,也门
欧洲(20)	阿尔巴尼亚,保加利亚,丹麦,芬兰,法国,匈牙利,爱尔兰,意大利,荷兰,挪威,罗马尼亚,斯洛伐尼亚,西班牙,瑞典,英国,爱沙尼亚,拉脱维亚,立陶宛,俄罗斯,乌克兰
非洲(16)	阿尔及利亚,贝宁,布基纳法索,喀麦隆,象牙海岸,加蓬,几内亚,肯尼亚,马达加斯加,马里,摩洛哥,尼日利亚,南非,坦桑尼亚,多哥,乌干达

续表

地区	国家
北美洲(6)	美国,加拿大,墨西哥,尼加拉瓜,塞尔瓦多,海地
南美洲(8)	阿根廷,玻利维亚,智利,哥伦比亚,厄瓜多尔,巴拉圭,秘鲁,委内瑞拉
大洋洲(2)	澳大利亚,新西兰

目前,已经设立的大企业税收管理机构主要有三种模式。第一种,设立单一的大企业管理局,该模式多被用于发展中国家和转轨国家,如匈牙利、拉脱维亚。第二种,设立大企业局,同时在不同地区设分支机构。如新西兰除设在惠灵顿的公司类机构外,还有两个主要机构处理公司业务,一个在奥克兰,一个在克赖斯特彻奇;英国国内收入局设有大企业局,并设有 32 个分支机构;美国依据地理集中度设有 6 个行业局,向国内收入局的大中型企业局报告。第三种,多个独立的大企业局。如荷兰由税务与海关管理局(NTCA)在全国 13 个地区中的 9 个区设立了大企业管理局,各地的大企业税收管理局直接受 NTCA 的管理和业务指导;日本的大企业机构(主要是审计机构)不是独立的,而是地区税务机关的结构中的组成部分,主要由区国税局承担。与只有较少大企业并且在其地理范围上更为集中的国家相比,拥有较多大企业并且分布在较广地理范围内的国家,往往设置更多的大企业税收管理局。

2. 我国大企业税收管理机构设置

2008 年 8 月,国家税务总局在新一轮机构改革中,顺应世界税收改革发展潮流,设立了主管大企业税收管理和服务的职能司——大企业税收管理司,并赋予该司"承担对大型企业提供纳税服务工作,实施税源监控和管理,开展纳税评估,组织实施反避税调查与审计;指导海洋石油税收业务"等主要职责。在千户集团税收风险分析和应对的新业务架构下,机构问题是摆在大企业税收服务改革面前的一个首要问题。2015 年 12 月,国家税务

总局率先推进大企业管理机构改革,将大企业税收管理司内部机构和职能进行了调整,各业务处分别承接"数据采集—风险分析—推送应对—反馈考核"等风险分析应对四个核心环节的相应工作。同时,对北京市国税局第五直属税务分局的管理体制、机构职责进行改革,接受国家税务总局大企业税收管理司的业务指导,专职负责国家税务总局层面大企业税收风险分析任务。国家税务总局任荣发总经济师在 2016 年全国大企业税收管理工作会议上提出:"职能配置是保障。没有稳定的职能配置,改革很难落地。在不改变现有税务机构设置格局的前提下,通过进一步明晰专业化管理机构职责,确定工作内容和业务流程,优化人力资源配置,才能助推各项任务的全面完成。"至 2016 年年底各省国税、地税机关均设立了专门的大企业税收管理机构,其中大企业实体化管理机构 35 个。

9.1.5.2 大企业税收管理人力资源配置

1. 外国大企业税收管理人力资源配置

美国国内税务局(Internal Revenue Service,以下简称 IRS)下设大中型企业管理局(LMSR),对全国资产不少于 1 000 万美元的大中型企业实施全面管理,在人员管理方面制定了相应的战略和目标。首先,只有获得会计、法律、税收、管理或者计算机等专业学士学位的人员,才有资格参加美国国内收入局组织的新进人员选拔考试。其次,制定培训计划并实施经常性培训。再次,从事大企业税务管理的人员除了晋升外,一般不进行岗位轮换和岗位调整。这种人才引进机制和后续培养机制在最大程度上保证了对大企业实施税收专业化管理的质量。大企业税收管理专业人才的高要求为大企业税收管理提供了强有力的人才保障,它规定只有达到 GS-12 级以上的职员才可以从事大企业税收管理业务,而 GS-12 级的岗位必须通过竞聘程序才能获得晋升。2006 年,IRS 专职从事大企业税收管理人员有 6 243 人,占全部员工的 6.6%。除了依靠内部力量外,大中型企业局在处理复杂税收问题时,还会聘请社会专业人士进行研讨、交流。

澳大利亚税务局(Australian Taxation Office,以下简称 ATO)下设上市公司和国际税收管理部(Public Groups and International,简称 PG&I),负责对大企业进行全面风险管理和遵从引导和服务,共有大企业管理人员 1 200 人,占在职工作人员总数 5.6% 左右,PG&I 的人员配备一般高于其他部门,专业管理人员居多。60% 的人员负责现场审计工作,还有相当数量的经济专家、技术专家、行业专家,其中技术领导小组就有 50 位技术领导者和技术顾问,有法规制定理论专家、精通宏观经济分析人员,有律师、金融分析师、经济师等。ATO 每半年进行一次"税务人员职业素养调查",通过调查评价大企业税收管理人员的表现,查找不足并弥补缺陷。

日本大企业税务调查人员配置比例较高。2013 年,日本各地国税局大企业调查部门员工有 2 312 人,占全体员工的 4.1%,占地区国税局员工的 20%。税务调查人员重点配置在大企业集中分布的地区,如东京、大阪和名古屋国税局大企业调查部门员工分别为 1 212 人、413 人和 197 人,分别占全国大企业调查部门人员的 52.4%、17.8% 和 8.5%。另外,调查官分为特别调查官、主任调查官和调查官等不同类别,分别负责不同规模、不同行业、不同事项的税务检查,这种配置方式可以较好地发挥相关人员的优势。

2006 年,英国税务海关总署(HM Revenue & Customs,以下简称 HMRC)中从事大企业税收管理的人员有 1694 人,占全部员工的 4.5%,西班牙大企业中央管理局配备员工占其全部在职员工的 3.14%

2. 我国大企业税收管理人力资源配置

我国的大企业管理部门的人力资源长期紧张,虽然至今没有一个权威的统计数据,但从国家税务总局和各地大企业部门及人员职数分配看,短板非常明显。2016 年底,国家税务总局大企业税收管理司不到 30 人,加上北京国税直属第五税务分局,总计人员百人左右。2017 年,国家税务总局与各省大企业税收管理部门积极调整队伍结构,大力充实人力资源配置,全国

新增大企业专业化管理人员数量为 2016 年同期的一倍多,总数达到 8 900 多人,但占全国税务系统人力资源的比例仍不足 0.9%。

 **9.2 大企业税收风险管理**

9.2.1 大企业税收风险管理的目标

大企业税收风险管理是整个税收风险管理的重点,已成普遍共识,近年来世界各国也都大力实施大企业税收风险管理,纵观全局,大企业税收风险管理目标普遍是为了提高大企业的自我纳税遵从度,从而降低大企业的遵从成本和税务局的管理成本。

澳大利亚税务局(ATO)大企业税收管理的目标就是与大企业建立合作、互信的关系,共同促进税法遵从,致力于引导、鼓励企业自我遵从,及时发现、阻止、惩戒不遵从行为。其核心目标是促进大企业自觉遵从。

英国税务海关总署(HMRC)实施大企业税收风险管理的核心目标是:确保大企业客户在正确的时间缴纳正确的税款。尽管大企业税收风险的表现形式多种多样,但其实质为"遵从度风险",即未能在正确的时间缴纳正确税款的可能性。

我国在大企业税收风险管理方面也在不断地进行着转变。2014 年 7 月的全国税务系统大企业税收管理高级培训班上,国家税务总局强调,各级税务机关要通过不断探索和逐步完善大企业专业化管理模式,最终实现三个转变:通过个性化的纳税服务引导企业防范税收风险,由税务机关实施事后管理向税收风险预防控制与管理并重转变;通过税收遵从引导和税务机关管理的规范和创新,由税务机关对企业的单向管理向税务机关专业化管理与纳税人纳税遵从的双向互动转变;通过运用信息化手段,对大企业实施税收风险管理,由传统的管理检查方式向专业化的风险应对机制转变。针对大企业税收管理,《方案》明确提出了"对纳税人实施分类分级管理"和"提升大企业税收管理层级"两项重要内容。

通过加强税收风险管理,对纳税人实施差别化精准管理,对暂未发现风险的纳税人不打扰,对低风险纳税人予以提醒辅导,对中高风险纳税人重点监管。为愿意遵从的纳税人提供便利化办税条件,对不遵从的纳税人予以惩罚震慑,将从根本上解决纳税人不愿遵从或无遵从标准的问题,提高纳税遵从水平。在做好基础管理的同时,通过对信息收集、风险识别、等级排序、任务推送、风险应对等环节实施过程监控和效果评价,可有效增强各级税务机关的主观努力程度,查找征管中的薄弱环节,防范税务系统内部风险,提高征管质效。

9.2.2　大企业税收风险管理的特点

我国目前是以企业集团为对象开展大企业税收风险管理。企业集团具有组织结构和业务模式复杂、跨区域跨国经营、信息化程度高、财务核算规范统一、信息公开披露及时等特点,与一般企业相比,大企业的税收风险管理具有以下几个特点。

1. 统筹协作要求高

大企业往往业务涉及领域广,业务形式复杂多样,成员企业分布较为分散,部分集团还实行了财务集中核算制度,单独一个税务机关难以有效分析掌握大企业税收风险,通常需要各级税务机关上下联动,横向协作,统筹开展集团税收风险分析。

2. 信息支撑难度大

大企业内部管理信息化程度高,数据集中存储为税务机关集中采集企

业财务数据提供了基础,但同时企业集团财务软件版本众多,且数据集中存储后数据量巨大,数据采集、整理、加载等难度大。

3. 共性风险易多发

多数大企业的内部财务管理制度健全,核算规范统一,定期组织财务人员进行培训。正因如此,一旦企业集团内部对税收政策的理解出现偏差,财务核算统一的同时更容易出现集团性共性风险。

4. 大数据可用性高

大企业由于生产经营管理规范,信息化公开披露及时,且公开信息多数经过律师、会计师事务所审计,可信度高,通过采集互联网涉税信息和第三方数据开展大数据分析是当前大企业风险分析的重要手段之一。

目前我国以税收风险管理为导向,以国家税务总局和省级税务机关两级统筹、横向纵向联动为工作机制,以专业化工作团队为组织方式,以信息化技术为依托,通过大数据集中分析、税收风险识别和排序、分类应对和沟通反馈等工作阶段,全面揭示企业税收风险,判断风险危害程度,帮助企业制定风险排除方案并监督实施,制定风险防控措施和管理指南,旨在全国税务系统运行横向互动、纵向联动、全程可控的一体化大企业税收风险管理机制,持续提高税务机关税收风险管控能力和大企业税法自觉遵从水平。

9.2.3 大企业税收风险管理的国际经验

9.2.3.1 美国

美国通过整体和公平适用税收法律进行大企业税收管理。一是开发大企业满意的、富有成效的措施,实施预申报和教育培训活动,帮助大中型企业了解其纳税义务,自觉遵从税法。二是根据企业复杂程度,采取有针对性措施,构建税企伙伴关系,促进与利益相关人和行业专家的合作,加强对大企业的教育培训,同时提升自身的服务熟练程度和职业技能水平。三是通过风险评估和申报表稽查管理,使企业遵守税法和协定。工作核心是风险管理和增强透明度,主要是规范风险管理流程、改进监控计划,实现层级管理。

9.2.3.2　英国

英国提供高质量服务,适时采取行动,构建与大企业的良好工作关系,帮助大企业履行纳税义务。一是与大企业一起工作。为每个大企业配备了一名客户关系经理,专门负责涉税业务,其角色是关系管理、了解企业、团队工作、税务专家、提供建议、风险评估、提供反馈、安排与专家见面、帮助企业设计涉税商业流程和引导开展审计。核心是风险评估,这是英国皇家税务与海关总署开展服务和纳税遵从工作的基石。流程包括服务、回应、风险评价、公司治理、遵从支持、筹划干预措施和部署干预行动七个环节。二是了解企业和税法。充分考虑企业所处的经营背景和商业环境,以做出更好决策,通过“企业一周、增进伙伴关系”项目,加深税企了解。同时,对职员持续开展职业培训,审核职业生涯规划,把税务职员的综合技能提升做到位。三是管理风险。有效的风险管理是英国大企业服务局提供最好服务、解决不遵从问题的核心。通过评估和提供高质量的服务来管理风险,开展强制性检查,合理配置资源,处理重大税收风险,不断跟踪处理行业性风险。四是适时正确纳税。主要精力放在风险最大的大企业身上,极力帮助大企业适时正确纳税,同时科学立法,提高公平竞争水平。

9.2.3.3　澳大利亚

澳大利亚将大企业划分为三种类型,实施不同的管理战略:对高风险企业,如以非法方式获取税收利益为主要目的的企业,实施严格监控威慑战略;对中等风险企业,其不遵从的可能性不大,但由于客观原因发生税收风险的可能性较大,则注重提高管理效率;对低风险企业,要使其遵从更容易,重点

核查其报表与行业状况是否相符。具体方法为：一是对大企业的经济、财务状况与税收收入方面出现偏差的重要交易事项进行评估，与大企业及其顾问一起探讨企业管理的一些薄弱环节、可能产生的税收风险以及如何应对。二是提倡公开性和透明度，与大企业沟通对话，通过建立富有建设性的关系，协助企业快速应对税收风险。三是与税收协定国（地区）建立信息沟通机制，在全球范围内开展合作，实施有效税收风险管理。

尽管上述三国管理和服务方式有所不同，但都是围绕大企业税收风险展开的，它们的一些特点值得借鉴。

1. 成立专门机构，科学定位功能

美国、英国、澳大利亚都成立了大企业专门管理机构，按行业进行管理，如美国大中型企业局（现更名为大企业和国际税务局）定位为全职能型，按行业设立部门，帮助纳税人实现全部办税目标；英国大企业服务局也是全职能局，下设分局，下面分成行业组；澳大利亚大企业和国际局也算是全职能，设立行业部，行业部下设分部，不过它只负责所得税的征管，集中精力在提供更好的纳税服务以及处理风险分析、审计、转让定价和资本弱化等问题上。

2. 税企协作，建立伙伴关系

美国积极促进企业与利益相关人和行业专家的协作；英国尽力帮助大企业尽可能遵从税法，注重关系管理；澳大利亚则建立了能降低税收成本的合作遵从模式。这些国家通过与大企业建立动态联系，使征纳成本最小化，快速解决税务遵从问题，把强制管理转化为以大企业自我约束为主的方式，获得更大税收风险管理效果。税收管理的最终目的不是惩罚违法违规的纳税人，而是提高税收遵从度。所以，通过关系管理，与纳税人建立友好的伙伴关系，帮助纳税人理解税法、自愿遵从税法，不战而屈人之兵，才是新时期税收征管的上上策。

3. 实行税收风险管理

英国根据风险评估模式进行税收风险评估；澳大利亚从业务、行业、社会、经济、心理、企业内部遵从体系等方面对企业商业行为进行了解,通过与不同企业探讨其税务管理的薄弱环节,发现风险,针对不同风险制定不同的应对措施,实施差异化管理。

4. 实行差异化管理

美国推行层级管理方法,根据风险程度采取不同应对措施;英国调查重点是高风险企业;澳大利亚运用遵从金字塔模型体现管理目标。

5. 创造畅通的交流反馈渠道

英国创办了企业周、大企业论坛,提供通畅交流渠道,增进双方理解;澳大利亚运用十项评判标准,对遵从策略实际效果进行评价,根据变化的环境及时调整遵从模型和实践。

6. 更新知识体系,培训专业人才

上述三国都注重对工作人员的培训,通过及时更新知识体系,确保其具备应有的专业技能,与行业专家沟通交流,乃至深入企业进一步体验,确保能够胜任大企业风险管理。

9.2.4 大企业税收风险管理的工作机制

我国大企业风险管理的对象目前主要是千户集团,国家税务总局于2017 年印发的《千户集团税收风险管理工作规程(试行)》指出,以防范税收风险为导向的千户集团税收风险管理,按照"数据采集—风险分析—推送应对—反馈考核"四个环节,实施全流程的闭环管理,具体的工作机制包括以下内容。

1. 数据采集

数据采集的内容包括企业端数据、税务端数据和第三方数据。充分利用现代科技手段,从互联网、报纸杂志等媒体发布的公开信息中,获取企业集团涉税信息,重点关注资产重组、股权转让、关联交易等重大事项信息。

2. 风险分析

国家税务总局依托大企业税收管理信息系统,统筹考虑千户集团风险等级排序、行业税收规模、区域分布情况等因素,制定千户集团税收风险管理战略规划和年度计划。省税务机关在落实国家税务总局千户集团税收风险分析年度计划的基础上,结合本省工作实际,可以选择国家税务总局年度工作计划外的成员企业或集团自行开展税收风险分析,制定年度税收风险分析工作方案,并报国家税务总局备案。

国家税务总局按照年度计划,以千户集团税收风险指标模型体系为基础,对采集的千户集团总部及其成员企业信息进行计算机扫描,形成风险识别报告。

国家税务总局、省税务机关结合计算机扫描结果,开展人工专业复评,形成风险分析报告。人工专业复评主要包括常规风险分析、行业重点剖析、重大事项分析。人工专业复评可采取案头分析、与企业沟通、选取代表性企业开展典型调查等方法,并应当重点关注以下内容:

(1)企业所处的行业特点。

(2)企业适用的产业政策、税收政策、会计准则或会计制度。

(3)企业内部控制制度。

(4)企业财务报表、审计报告及相关鉴证报告。

(5)企业重组、股权转让、关联交易等复杂涉税事项。

(6)以前年度风险应对结论,包括纳税评估报告、稽查处理决定书等。

3. 推送应对

风险应对人员开展风险应对任务前,应当以风险分析报告为基础,了解企业的生产经营情况、所属行业特点、财务会计制度和会计核算软件,熟悉相关税收政策。风险应对人员可以通过查阅案头资料、税务约谈等方法,对风险分析报告中的涉税风险点进行核实。查阅案头资料和税务约谈中发现的必须到纳税人生产经营现场了解情况的,应该按照相关规定统筹进行实地核实。实地核实过程中发现纳税人其他税收风险点的,应当一并进行处理。

发现纳税人有逃避缴纳税款、骗取出口退税或其他需要立案查处的税收违法行为嫌疑的,应当将发现的问题及相关资料,移交同级稽查部门处理。发现纳税人有需要反避税部门处理的特别纳税调整问题,应当将发现的问题及相关资料,移交同级反避税管理部门处理。

4.反馈考核

省税务机关大企业管理部门应当及时汇总本省千户集团税收风险应对情况,向国家税务总局风险办反馈风险应对结果。国家税务总局、省税务机关应当加强风险应对结果的增值利用:

(1)优化指标模型,增强指标模型的准确性和有效性。

(2)建立和更新风险特征库、典型案例库和行业风险指引,复制推广系统性、行业性风险分析应对经验。

(3)提出完善税收政策、强化税收征管的建议。

(4)开展谈签税收遵从协议、出具税收管理建议书等个性化服务,提升企业税收风险防控能力。

9.2.5 大企业税收风险管理的主要任务

9.2.5.1 进行大企业信息管理

1.国家税务总局任务

制定集团名册管理办法,组织各地大企业管理部门采集、更新集团及其成员单位名册信息;制定集团数据报送范围和标准,收集和加载集团财务报表数据和税收征管数据;组织编写业务需求,升级完善集团税收风险分析、名册管理和税收快报等功能模块;与财政部、国资委等部门沟通联系,获取

集团企业有关信息;研究建立集团及其成员单位申报纳税时必须附报财务报表的机制。

2. 省税务机关任务

采集核实并定期更新本省集团名册信息。按时采集、审核、报送集团财务报表数据、税收征管数据、税收快报数据;协助国家税务总局制定完善集团名册管理办法;与各省财政、国有资产监督管理等部门沟通联系,获取集团企业相关信息。

9.2.5.2 开展总局、省局两级税收风险统筹分析

1. 国家税务总局任务

国家税务总局制定大企业税收风险管理战略规划和年度计划,组建大企业税收风险分析专业团队,联合省局大企业税收管理部门,跨区域统筹开展大企业税收风险分析;设立大企业税收风险分析专家委员会,提出确定、统一的政策执行意见,形成税收风险分析报告。

根据各地上报的风险案例及各省自行开展的集团独立法人企业或分公司的分析结果,从对单一企业的风险审核扩展到整个集团的风险排查,从一个集团扩展到整个行业,分析结果由国家税务总局税收风险管理领导小组办公室(以下简称税务总局风险办)扎口组织应对;根据集团分布特点及行业特性,组建集团税收风险分析专业团队,或者指定重点省份对重大事项或者重点行业的涉税问题进行分析后形成风险分析报告,由税务总局风险办推送各省应对;对出现的疑似风险,税务总局风险分析部门与企业集团总部及时沟通,必要时要求企业总部说明情况,提供有关涉税事项的具体解释和情况说明;在国家税务总局风险任务推送各地应对前,根据工作需要,由税务总局风险办牵头,组织与企业集团总部进行沟通,使集团总部了解本集团风险点的具体情况、具体分布,要求各集团做好与其成员企业的统一沟通确认工作;定期收集整理各省成熟的税收风险分析指标、模型,推动千户集团

税收风险分析指标、模型建设,组织业务需求的编写;针对行业代表性集团开展典型调查,提高集团税收风险分析的精准度。

2. 省税务机关任务

参照国家税务总局千户集团税收风险分析年度计划,制定本省确定的集团税收风险分析工作计划,组织开展本省确定的集团税收风险分析工作;针对国家税务总局推送的风险应对任务,结合本省掌握的信息,由大企业税收管理部门组织开展二次或深度分析,在此基础上开展风险应对,提高税收风险分析质效;充分发挥对于当地企业情况熟悉、便于沟通的优势,对集团在本省的独立法人企业或分公司开展税收风险分析,并将分析结果报送国家税务总局进行系统排查;按照国家税务总局统一规划和部署,承担集团相关行业、重点集团、相关事项的涉税风险分析任务,并将分析结果反馈国家税务总局;定期上报本省发现的税收风险案例;对税收风险分析过程中出现的问题,及时与相关企业进行沟通协调;向国家税务总局提供税收风险分析指标、模型,配合国家税务总局开展集团税收风险分析指标、模型建设;在人力资源、资料搜集、税企沟通等方面,积极支持、配合国家税务总局开展的税收风险分析和典型调查工作。

9.2.5.3 实施风险任务统一推送差别化应对

1. 国家税务总局任务

国家税务总局大企业税收管理司将税收风险分析报告提交税务总局风险办,统一推送至省局风险办,同时抄送省局大企业税收管理部门。省局大企业税收管理部门针对总局推送的风险应对任务,主动对接省局风险办,研究细化总局推送的风险应对任务。

大企业税收管理部门对集团税收风险分析报告进行评审;大企业税收管理部门对集团税收风险分析报告中涉及的需要国家税务总局相关业务司局明确的问题,提交相关业务司局研究确定;大企业税收管理部门对集团税

收风险分析报告中涉及的重大疑难问题,提请专家委员会研究确定;大企业税收管理部门对审定通过的集团税收风险分析报告通过税务总局风险办统一推送至各省税务机关应对。

2. 省税务机关任务

省局风险办根据总局风险办推送和省局大企业税收管理部门报送的风险应对任务清单,按照风险等级推送给相应税务机关风险应对主体,开展差别化风险应对。大企业税收管理部门主动对接省税务机关风险办,共同研究国家税务总局推送的集团税收风险应对任务,形成处理意见,由省税务机关风险办按照风险等级推送给相应税务机关,开展差别化风险应对;协调处理集团税收风险应对工作中的具体问题;对各级应对主体报送的集团税收风险应对情况进行汇总、整理,按照要求报送相关统计报表及应对报告;对集团税收风险应对中查实确定的税收风险点,督促企业进行整改,对查实的税款及时组织入库。

3. 地(市)税务机关任务

地(市)局按照省局风险办的要求开展风险应对,接受省局大企业税收管理部门的专业指导。

9.2.5.4 加强风险应对过程管控

1. 国家税务总局任务

总局大企业管理司负责全国千户集团税收风险应对工作的专业指导,风险应对结果的分析评价和绩效考核,跨省风险应对事项的统筹协调。

2. 省税务机关任务

省局大企业税收管理部门负责本省范围内大企业税收风险应对工作的专业指导,风险应对结果的分析评价和绩效考核,协调本省范围内风险应对主体解决具有大企业特征的涉税风险问题。省局风险应对主体负责将风险应对结果报送省局风险办,省局风险办负责将风险应对结果报送税务总局风险办；省局大企业税收管理部门负责对风险应对结果进行加工整理，形成个案分析报告和综合分析报告，一并报送总局大企业管理司，并且提出风险分析和应对工作建议。

3. 地(市)税务机关任务

地(市)局风险应对主体负责将风险应对结果报送省局风险办，同时报送省局大企业税收管理部门。

9.2.5.5　加强税收风险应对指导及结果应用

1. 各级税务机关任务

各级税收风险分析和应对部门根据反馈结果，及时优化风险分析工具，更新税收风险特征库和大企业基础信息库。各级税务机关针对税收管理中的薄弱环节，加强大企业日常税源监控和税收征管，根据税收风险管理中发现的税收法律和政策问题，提出完善税收立法、调整税收政策的意见建议。各级大企业税收管理部门根据税收风险分析和应对结果，提出后期开展税收风险管理的工作建议；针对了解掌握的大企业税收风险状况，向大企业提出税收风险防控建议，指导大企业完善税收风险内控机制。

2. 国家税务总局其他任务

大企业税收管理部门对各地的集团税收风险应对情况进行督导、评估；配合税务总局风险办指导各地做好税收风险应对工作；针对税收风险应对中出现的税企争议问题，必要时税务总局风险办组织由企业集团总部、总部所在地税务机关及相关税务机关、相关企业参加的协调会议，通报相关情况，要求各方积极协调配合，推进工作开展；针对省税务机关风险办反馈的在风险应对中发现的普遍性税收政策不明确问题，根据工作需要，由税务总局风险办牵头，组织相关业务司局，尽快明确政策执行口径。

3. 省税务机关其他任务

对本省范围内国家税务总局推送的集团税收风险任务应对情况进行跟

踪检查、分析评价和绩效考核;针对本省范围内集团税收风险状况,及时改进征管工作措施,明确有关税收政策;指导企业增强风险防控,构建长效监管机制。根据集团税收风险应对结果,提出完善税收政策、强化税收征管的意见建议。

 省级税务机关大企业税收管理改革探索

省级税务机关是大企业税收管理的中坚力量,是影响大企业税收服务与管理改革成效的关键一环。各省级税务机关根据国家税务总局《深化大企业税收服务与管理改革实施方案》(以下简称《实施方案》)的精神,纷纷探索各地大企业税收服务与管理改革,围绕"提升大企业税收管理层级"的目标,从优化管理架构、建设工作平台、推进数据集成应用和加强团队建设等方面开展了积极的探索,积累了有益的经验,信息不对称、能力不对等、服务不到位、管理不适应等问题开始得到切实解决,大企业税收管理改革成果初现。

9.3.1 一体化的管理架构

各省税务机关根据《实施方案》中"分类管理,提升层级"的原则,在涉税基础事项实行属地管理、不改变税款入库级次的前提下,优化管理架构,提升大企业复杂涉税事项的管理层级。

陕西省国税局强化大企业实体化管理,在不改变现有税务机构设置的前提下,整合设立省局大企业专业化管理机构,采取"处室+分局"的模式,一方面省局大企业税收管理处负责统筹全省大企业税收管理工作,另一方面将省局直属分局和西安市局直属分局职能转化为省局实体化的大企业税收管理职能,负责大企业的全职能管理和复杂涉税事项管理。

宁波市国税局充分发挥计划单列市层级较少、扁平化管理的优势,积极推进提升税收风险管理层级改革。在涉税基础事项实行属地管理、不改变税款入库级次的前提下,上收大企业复杂涉税事项。一是上收风险分析层级,由市局大企业实体机构直接负责风险分析工作。二是上收部分风险应对层级。在重新梳理千户集团和本市大企业的纳税规模、行业类别、区域分布等情况的基础上,按照风险应对层级将大企业分为两类,第一类为市局直接应对企业,这部分企业主要为纳税金额较大、集团层级较高、经营业务复杂、推送的涉税风险较大的企业,第二类为基层局应对的企业,为第一类以外的企业。

江苏省地税局通过有效整合现有资源,创新管理模式,从全系统选拔业务骨干组成省局大企业管理专家团队,发挥专业化、团队化集聚效应,统一组织开展大企业税收风险分析、典型风险应对、集体审议等工作。大企业团队集中开展风险分析后,省局将识别发现的风险推送属地税务机关开展风险应对,省局团队负责对应对结果进行集体审议,同时选择部分涉税金额较大、风险事项复杂的典型企业直接开展应对。

9.3.2　智能化的工作平台

大企业税收服务与管理改革的推进,迫切需要功能强大、智能集成的信息化平台的支撑。在 2016 年 12 月全国大企业税收管理工作会议上,国家税务总局任荣发总经济师明确提出要建立"一个系统",实现"两个突破"的要求,指出建设大企业税收服务与管理信息化系统,既是大企业税收服务与管理改革工作的重要一步,也是实现大企业税收现代化目标的重要一环。各省税务机关积极按照总局制定的标准,结合本身实际,开发建设本省大企业税收管理平台,并与总局信息平台实现无缝对接、功能整合。

广东省国地税局基于"国地融合、信息共享、税企互联"工作理念,以"共建共用"为思路,立足金税三期,高度聚合国地税业务需求和技术资源,联合开发了多功能、全覆盖的大企业税收服务与管理信息平台,为构建现代化的大企业税收管理新格局提供了有力支撑。该平台以国地税共同确定的大企业为对象,国地税共同核实企业名册,构建集团一户式族谱,全景式掌握企业组织架构,实时共享基础信息,共同整合大企业税务端、企业端数据,购买万德资讯等经济数据库,共同拓展第三方数据,打通国地税大企业信息资源通道,实现信息互通、数据互联和业务融合。

江苏省地税局以大企业管理工作需要和纳税人诉求为基础,以"工作平台化、数据集成化、流程标准化、服务个性化"为原则,开发建设了全省大企业税收服务与管理平台,将原先在不同系统中的数据采集、名册管理、风险分析、应对反馈等工作整合到一个平台中,有效减轻大企业管理工作人员负担。该平台包含了名册动态更新管理、税企互动提升遵从、涉税数据分类查询、风险智能分析识别、风险任务流程管控、大企业人才管理等功能,可通过税务端与企业端的交互,为大企业提供税收风险提示、税收政策确定性、涉税诉求响应、企业内控测试等个性化服务。

9.3.3 集成化的数据仓库

涉税数据是大企业税收风险分析和经济分析的重要基础和支撑。只有全面、准确、高效的开展涉税数据采集与应用才能确保大企业税收管理工作的有效开展。下面以江苏省地税局的做法为例,介绍大企业涉税数据的集成化应用。

9.3.3.1 涉税数据分类

涉税数据按来源可分为税务端数据、企业端数据和第三方数据三类。

税务端数据是指税务机关内部的征管信息。包括税务系统业务数据，如企业基础登记、申报征收、增值税专用发票、财产登记等数据。

企业端数据是指纳税人自身提供的信息。包括财务报表、电子财务账套和直报数据等生产经营信息。

第三方数据是指征纳双方之外的其他部门单位或者个人提供的、与纳税人的生产经营活动和税务机关的征收管理相关联的情报数据。包括工商、海关、公安、质检、财政、国资委、国土、房管、建设、规划等部门共享的信息和互联网等数据。

9.3.3.2　涉税数据采集

1. 税务端数据采集

江苏省地税局统一数据标准，建设省级大集中税收征管信息系统，于2009 年在全省推广上线，实现了税收征管数据的全省集中处理与存储。2016 年 10 月，又按照国家税务总局统一工作部署，在全省上线运行金税工程三期优化版税收管理系统，实现了数据源头的全面统一、规范，为税务端数据集成提供了基础。

2. 企业端数据采集

根据国家税务总局制定的《千户集团数据联络员管理办法》，江苏省地税局与大企业集团总部建立了数据联络员机制，企业数据联络员与税务机关大企业管理工作人员对接，负责大企业财务报表报送、基础涉税数据直报、电子财务账套数据采集等工作。

3. 第三方数据采集

江苏省地税局积极参加地方政府牵头的税收共治领导机构，以《江苏省地方税收征管保障办法》为基础，形成党政领导、税务主责、部门合作、司法保障、社会协同、公众参与的现代化税收共治格局。以数据需求为引导，广泛征求各职能处室的业务需求，以业务需求引导数据需求的更新，梳理部门

数据交换目录,确定数据交换频率,依托江苏省政府信用信息平台实现政府部门之间涉税数据的自动交换。截至 2017 年 12 月,已归集了工商、国土、住建、公安等 54 个部门 700 类约 160 亿条数据。同时深入推进"互联网+税务"行动,开发互联网涉税信息采集分析平台,实时采集互联网涉税数据,有效突破第三方数据的壁垒。

9.3.3.3 涉税数据集成

江苏省地税局开发建设全省数据仓库,实现税务端、企业端和第三方数据的集中存储与按户归集,为全省大企业涉税数据的归集应用奠定了基础。

(1)江苏省地税局依托金税工程三期税收管理系统,开发建设了数据仓库,对日常税收征管工作产生的数据进行存储、更新和汇总,并通过计算机算法加工匹配,设立唯一识别标识,实现税务端数据的按户归集。

(2)企业端数据采集完成后,不仅要将企业财务报表、电子财务账套数据按照纳税人名称和纳税人识别号等进行匹配后导入数据仓库中按户存储,同时由于不同的企业使用的是不同的财务系统,因此还需要按照财务报表编制规则及科目对应规则进行加载转化,为后续分析应用打好基础。

(3)江苏省地税局在全省推广应用了第三方数据管理平台,对第三方政府部门提供的数据进行清洗加工、智能匹配、按户归集,集中存储到数据仓库。针对互联网数据,按照税收业务主题进行加工整理,围绕纳税人名称、法人名称、生产经营地址、电话等信息,与征管系统内登记的纳税人信息关联匹配。

9.3.4 团队化的分析模式

多年来省级税务机关都以充当上传下达的"二传手"角色为主,工作任务一级级往下传导至基层税务机关。这种工作模式虽然能够充分发挥主管税务机关熟悉纳税人情况、便于税企沟通的优势,但易形成"上面千条线、基层一根针"的现象,造成基层税务机关疲于应付,难以创新,甚至直接影响工作质效。而大企业的税收风险往往具有发生频率低、涉税金额大等特点,而且风险通常隐藏于较为复杂的涉税事项或纳税筹划中,基层税务干部能力水平不一,识别发现大企业税收风险难度较大。

与基层税务机关相比,省级税务机关具备信息资源、人力资源等优势,特别是对于跨区域经营管理的大企业集团的税收风险分析而言,省级税务机关有更为明显的优势。江苏省地税局充分发挥省级税务机关的优势,提升大企业税收风险分析层级,组建省局大企业管理团队,集中全省业务骨干直接大企业税收风险分析工作。

1. 合理配置团队成员

大企业经营业务范围广、涉税事项复杂等特点,决定了必须选派更多数量、更加富有经验和专业技能的多领域业务骨干从事大企业税收风险分析工作。江苏省地税局从全系统税政、征管、法规、应对、稽查、风险监控、计算机等部门选拔业务骨干,组成复合型大企业管理团队,内部分为风险分析组、政策法规组、数据支撑组等协作开展大企业税收风险分析。

2. 人机结合开展分析

面对大企业复杂的会计处理,如果只依靠人工查账分析,势必事倍功半。国际上发达国家普遍采用计算机自动识别与人工分析相结合的模式,开展大企业税收风险分析。江苏省地税局对税收风险典型案例进行解剖,梳理归纳涉税风险特征,提炼形成税收风险指标与模型,运用风险指标与模型对企业财务报表和申报征收信息比对,自动识别生成税收风险疑点,再由大企业团队业务骨干结合企业电子账套数据、第三方数据等进行专业复评,靶向定位、精准分析,风险分析质效显著提升。

3. 重点分析凸显成效

江苏省地税局综合考虑行业特性,针对银行业、房地产、建筑业、医药制

造业等共性风险同质化高的行业,在大企业管理团队中成立行业分析组,以各行业内重点企业为样本开展解剖式分析,掌握业务事项流程,总结涉税风险特征,形成风险分析指引,并推广至行业全面排查,以点带面,提高分析质效。同时针对股权转让、资产重组、关联交易等重大事项,设立重大事项组,专职负责对工商股权信息、互联网涉税信息、企业审计报告等分析,一经发现重大事项线索,立即收集详细资料,全面开展风险分析。

9.3.5 多样化的应对方式

江苏省地税局以"平衡治理,合作遵从"为原则,坚持服务和管理并重,通过优化大企业纳税服务,采取多样化的风险应对方式,引导大企业预防和消除税收风险,实现自觉的税法遵从。

1. 风险提示

大企业一般具有良好的税法遵从意愿,但由于大企业生产经营活动复杂,所涉及各类市场经济业务繁多,大企业涉税风险具有复杂性。如果对大企业单一地采用风险应对、税务稽查等管理手段,既不利于大企业防范税收风险,也不利于征管资源的优化配置。江苏省地税局转变执法理念,寓服务于管理,将识别发现的大企业涉税风险特征,以风险提示函的形式,寄送给大企业纳税人,附上大企业税收风险自查指引,引导大企业对涉税风险进行自我评估和纠正,提高纳税遵从度。

2. 税务约谈和实地核实

江苏省地税局对税收风险进行定等排序,将大企业纳税人未自我纠正消除的风险,推送到属地应对机构,应对人员通过税务约谈对推送的税收风险进行核实,根据约谈情况要求纳税人整改消除风险。税务约谈未能消除风险或应对人员发现必须到纳税人生产经营现场了解情况的,按照相关规定统筹进行实地核实。实地核实过程中发现纳税人其他税收风险点的,应当一并进行处理。

3. 税务稽查

风险应对人员在应对过程中,发现大企业纳税人有逃避缴纳税款、骗取出口退税或其他需要立案查处的税收违法行为嫌疑的,应当将发现的问题及相关资料,制作《移交税务稽查情况表》,移交同级税务稽查部门处理。

自然人税收风险管理

自然人，即生物学意义上的人，是基于出生而取得民事主体资格的人。在税收上，通常将自然人定义为负有法定纳税义务的个人或其他经济组织，包括个人独资企业、个人合伙企业、个体工商户及其他个人。除了企业所得税外，对于其他税种的纳税义务人都包括自然人在内。

 ## 10.1 现行自然人税收管理有关规定

税务部门对自然人的管理主要集中在个人所得税方面，并且制定了专门的管理办法。对自然人涉及的其他税种的管理，一般没有制定单独的管理办法，管理要求与企业相比差别不大。

10.1.1 个体工商户和个人独资合伙企业投资者管理

个体工商户和个人独资合伙企业征收方式包括核定征收和查账征收两类。核定征收方法又根据情况细分为定期定额征收和核定应税所得率征收。合伙企业以每一个合伙人为纳税义务人。合伙企业合伙人是自然人的，缴纳个人所得税；合伙人是法人和其他组织的，缴纳企业所得税。个人独资企业和合伙企业,比照个人所得税法的"个体工商户的生产经营所得"应税项目征税。凡实行查账征收的个体工商户和个人独资合伙企业,以每纳税年度的收入总额减除成本、费用以及损失后的余额为应纳税所得额,据此计算应纳个人所得税额。其计算公式为:

应纳税所得额 ＝ 收入总额 － 成本

费用及损失应纳个人所得税额 ＝ 应纳税所得额 × 适用税率

收入总额是指从事生产经营以及与生产经营有关的活动所取得的各项收入,包括商品(产品)销售收入、营运收入、劳务服务收入、工程价款收入、财产出租或转让收入、利息收入、其他业务收入和营业收入,按权责发生制原则确定。成本、费用是从事生产经营所发生的各项直接支出和分配计入成本的间接费有以及销售费用、管理费用、财务费用。适用 5%～35% 的五级超额累进税率,计算征收个人所得税。

10.1.2　全员全额扣缴申报管理

为加强个人所得税征收管理,规范扣缴义务人的代扣代缴行为,维护纳税人和扣缴义务人的合法权益,国家税务总局于 2005 年印发《个人所得税全员全额扣缴申报管理暂行办法》,规定了扣缴义务人必须依法履行个人所得税全员全额扣缴申报义务。扣缴义务人向个人支付应税所得时,不论其是否属于本单位人员、支付的应税所得是否达到纳税标准,扣缴义务人应当在代扣税款的次月内,向主管税务机关报送其支付应税所得个人(以下简称个人)的基本信息、支付所得项目和数额、扣缴税款数额以及其他相关涉税信息。同时,扣缴义务人还应向主管税务机关报送个人的以下基础信息:姓名、身份证照类型及号码、职务、户籍所在地、有效联系电话、有效通信地址及邮政编码等。

10.1.3　高收入者、高净值人群个人所得税管理

2015年年底,中共中央办公厅、国务院办公厅联合印发的《方案》明确提出要"顺应直接税比重逐步提高、自然人纳税人数量多、管理难的趋势,从法律框架、制度设计、征管方式、技术支撑、资源配置等方面构建以高收入者为重点的自然人税收管理体系"。

10.1.3.1　税法上高收入者、高净值群体的界定范围

2005年,国务院通过了修订个人所得税法实施条例的决定,将"个人所得超过国务院规定数额的"明确为"年所得12万元以上的"情形,并授权国税总局制定具体管理办法。在2006年出台的《个人所得税自行纳税申报办法(试行)》中,国家税务总局规定自行申报的标准是12万元。2011年国家税务总局发布的《关于切实加强高收入者个人所得税征管的通知》中,也把健全自行纳税申报和全员全额扣缴申报作为完善高收入者税源管理的措施,这意味着年所得12万元被界定为高收入者人群。

2017年5月,国家税务总局、财政部、中国人民银行、中国银行业监督管理委员会、中国证券监督管理委员会、中国保险监督管理委员会制定了《非居民金融账户涉税信息尽职调查管理办法》,高净值账户是指截至2017年6月30日账户加总余额超过一百万美元的账户。高净值人群一般指资产净值在600万人民币(100万美元)资产以上的个人,他们也是金融资产和投资性房产等可投资资产较高的社会群体。

10.1.3.2　加强高收入者、高净值群体个人所得税征管的重要意义

近年来,随着我国经济的快速发展,城乡居民收入水平不断提高,个人收入差距扩大的矛盾也日益突出。党中央、国务院对收入分配问题高度重

视,强调要合理调整收入分配关系。税收具有调节收入分配的重要功能,要求"加强税收对收入分配的调节作用,有效调节过高收入",提出要"完善个人所得税征管机制""加大对高收入者的税收调节力度"。做好高收入者个人所得税征管工作,对于有效地发挥税收调节收入分配的职能作用,促进社会公平正义与和谐稳定,具有重要意义。

我国个人所得税实行分类税制,有着便于征管、不易"跑、冒、滴、漏"的显著优点。但是,随着近 20 年的经济快速发展和分配制度的调整,我国个人收入的来源和结构均发生了较大变化,分类税制模式因缺乏综合所得的理念而使调节收入分配功能被大打折扣。当前,个人所得税的改革方向定位于"加快建立综合和分类相结合的个人所得税制"。然而,这一税制的变更绝非一蹴而就,需经历一个循序渐进的过程。通过对高收入者个人所得税实行直接管理,让高收入者先行一步,为未来综合与分类相结合的个人所得税制下的自行申报提前做好政策预演。

在现行个人所得税分类所得的税制下,自然人的纳税申报义务和法律责任主要由扣缴义务人代为履行,自主申报也仅限于年所得 12 万元以上等四种情形,税收征管部门不能全面掌握高收入者的收入来源信息等现实情况导致高收入者主动申报意识较为薄弱,不实申报现象普遍。因此,对高收入者实行个人所得税直接管理,使其更直接地认识自主申报的重要性;以完善的征管手段,促进不同部门间高收入者涉税信息共享,及时核实其不全、不实申报并加大稽查力度和典型案例曝光频度,能够有效提升高收入者的纳税遵从度。

10.1.3.3　以非劳动所得为重点加强高收入者、高净值群体税收征管

1. 财产转让所得

积极与工商行政管理部门合作,加强对个人转让非上市公司股权所得征管。重点做好平价或低价转让股权的核定工作,建立电子台账,记录股权

转让的交易价格和税费情况,强化财产原值管理。加强个人对外投资取得股权的税源管理,重点监管上市公司在上市前进行增资扩股、股权转让、引入战略投资者等行为的涉税事项,防止税款流失。与相关部门密切配合,积极做好个人转让上市公司限售股个人所得税征管工作。加强房屋转让所得和拍卖所得征管。搞好与相关部门的配合,加强房屋转让所得征管,符合查账征收条件的,坚持实行查账征收;确实不符合查账征收条件的,按照有关规定严格核定征收。加强与本地区拍卖单位的联系,掌握拍卖所得税源信息,督促拍卖单位依法代扣代缴个人所得税。抓好其他形式财产转让所得征管。重点是加强个人以评估增值的非货币性资产对外投资取得股权(份)的税源管理,完善征管链条。

2. 利息、股息、红利所得

重点关注以未分配利润、盈余公积和资产评估增值转增注册资本和股本的征管,堵塞征管漏洞。对投资者本人及其家庭成员从法人企业列支消费支出和借款的,应认真开展日常税源管理和检查,对其相关所得依法征税。涉及金额较大的,应核实其费用凭证的真实性、合法性。对连续盈利且不分配股息、红利或者核定征收企业所得税的企业,其个人投资者的股息、红利等所得,应实施重点跟踪管理,制定相关征管措施。加强企业注销时个人投资者税收清算管理。对企业及其他组织向个人借款并支付利息的,应通过核查相关企业所得税前扣除凭证等方式,督导企业或有关组织依法扣缴个人所得税。

3. 生产经营所得

重点加强规模较大的个人独资、合伙企业和个体工商户的生产经营所得的查账征收管理;难以实行查账征收的,依法严格实行核定征收。对律师事务所、会计师事务所、税务师事务所、资产评估和房地产估价等鉴证类中介机构,不得实行核定征收个人所得税。对个人独资企业和合伙企业从事股权(票)、期货、基金、债券、外汇、贵重金属、资源开采权及其他投资品交易取得的所得,应全部纳入生产经营所得,依法征收个人所得税。将个人独资企业、合伙企业和个体工商户的资金用于投资者本人、家庭成员及其相关人员消费性支出和财产性支出的,严格按照相关规定计征个人所得税。加强个人独资、合伙企业和个体工商户注销登记管理,在其注销登记前,主管税务机关主动采取有效措施处理好有关税务事项。

10.1.3.4 高收入外籍个人取得所得的征管

进一步建立和充实外籍个人管理档案,掌握不同国家、不同行业、不同职位的薪酬标准,加强来源于中国境内、由境外机构支付所得的管理。充分利用税收情报交换和对外支付税务证明审核等信息,加强在中国境内无住所但居住超过 5 年的个人境外所得税收征管。加强外籍个人提供非独立劳务取得所得的征管,抓好对由常设机构或固定基地负担外籍个人报酬的监管,防范税收协定滥用。

10.1.3.5 建立高收入者应税收入监控体系

加强税务机关内部和外部涉税信息的获取与整合应用。通过各类涉税信息的分析、比对,掌握高收入者经济活动和税源分布特点、收入获取规律等情况,有针对性地加强高收入者个人所得税征管。通过推广应用个人所得税管理信息系统等手段,加强扣缴义务人全员全额扣缴明细申报管理,建立健全个人纳税档案。推进年所得 12 万元以上纳税人自行纳税申报常态化管理,不断提高申报数据质量,加强申报补缴税款管理。逐步建立健全自行纳税申报和全员全额扣缴申报信息交叉稽核机制,完善高收入者税源管理措施。国税局和地税局密切配合,健全信息传递和反馈机制,形成征管工作合力。根据税收征管法的规定,加强税务机关与公安、工商、银行、证券、房管、外汇管理、人力资源和社会保障等相关部门与机构的协作,共享涉税信息,完善配套措施。争取地方政府的支持,建立健全政府牵头的涉税信息

共享机制,明确相关部门协税护税的责任和义务。

10.2 自然人税收管理难点

长期以来,税务机关管理对象是主要针对单位纳税人,各种管理体系和制度相对健全,而对自然人税收管理,则存在体系不完整、制度缺失、管理手段落后等问题。随着全球化的推进、国家治理现代化进程的加速、直接税比重的逐步提升和市场经济中个人主体地位的凸显,自然人的管理越来越成为国家和社会治理中的焦点和难点。

1. 现行征管制度和工作机制不够完善

现行征管法规定的纳税人范围包括了单位和个人,但具体征管规定对自然人很少涉及,无论是税务登记环节的规定,还是税务机关可采取强制执行措施的,其适用范围均为"从事生产、经营的纳税人、扣缴义务人",自然人不在其列。无论是哪个税种的自然人纳税人,都是不需要申报办理税务登记的。"从事生产、经营的纳税人"没有包含自然人,其中的个体工商户,按《个体工商户条例》的权威解释,仅是指经工商行政管理部门登记、从事工商业经营的公民。而国家机关和个人是正列举不需申报办理税务登记的。国家税务总局早在 1995 年就制定并下发了《个人所得税代扣代缴办法》,对扣缴义务人的权利和义务作了明确而又具体的规定。但实际生活中,部分扣缴义务人经办人员或迫于领导的压力,或责任心不强、业务水平不高、法制观念淡薄,故意纵容、协助纳税人共同偷逃税,将该扣缴个人所得税的收入不计或少计入应纳税所得额,还有的干脆将工资薪金所得适用的超额累进税率改为 3% 的比例税率。个人所得税的涉税违法处罚远远不能到位,越是高收入者从逃税中得到的好处越大,但对其可以采取的强制措施却基本没有规定。虽然近几年执法环境对个人所得税征管有了一定改善,但整体个人所得税征管还是"富人争相偷逃税、工资薪金万万税"。再加之能够缴得起较高个人所得税的,一般都是有一定地位和名望的,税务部门对他们偷逃税被查住的最多也是补税罚款,有的甚至任其发展、睁一只眼闭一只眼了事。

2. 自然人纳税意识淡薄

就自然人税收征管现状而言,纳税遵从度远低于单位纳税人,虚假申报、少缴税款、提供虚假信息等情况在日常管理中普遍存在。税收具有无偿性、强制性和固定性的特点,这三个特点导致税收对公民合法经济利益产生了一定程度的损害,虽然这种损害是有法律法规依据,损害程度有限,且最终的受益者仍然是公民,但大部分自然人纳税人仍无法真正理解税收的内涵,认为是对个人的一种无偿付出。对税收在教育、医疗、社会福利等改善民生方面发挥的重要作用未能正确理解,造成其心理上形成了不平衡,认为纳税是生活的负担,故其会想办法少交税款。

3. 自然人收入难以监管

自然人纳税人一般无固定的生产经营场所,其住所也经常变化。我国经济正处于转型期,收入分配渠道不规范,金融系统发展滞后,导致现实生活中个人收入的非现金往来程度较低,现金交易频繁,并产生大量的隐形收入、灰色收入。目前,在中国要想搞清楚谁是真正的"富人"很不容易。2000 年 7 月,国家统计局城市社会经济调查总队在全国 10 个省市进行高收入群体的调查,结果发现,在城市高收入群体中,企业单位的负责人占的比例最高。而过去人们对演艺界人士高收入的想象,并没有在调查中得到确认。对隐形收入缺乏有效的监管措施。税务部门征管信息不畅,虽然各个行业包括税务机关的管理都日趋电子化,各个行业间的信息传递也大多通过网络传输,但是这种信息传递大部分都是行业内部纵向的,而各个行业的横向联网信息仍不完善,传递也不及时。甚至同一级税务部门内部征管与征管之间、征管与稽查之间、征管与税政之间的信息传递也会受阻。同一纳税人在不同地区,不同时间内取得的各项收入,在纳税人不主动申报的情况

下,税务部门根本无法统计汇总,让其纳税,在征管手段比较落后的地区甚至出现了失控的状态。

 **10.3** 自然人税收风险管理的经验借鉴

1. 税收风险管理的主要目标是纳税遵从

美国联邦税务局(IRS)在2005—2009年战略规划中明确了"服务＋执法＝纳税遵从"的理念,并把优化纳税服务、公正执法作为战略目标。美国前任IRS局长罗斯提指出:绝大多数美国人是诚实纳税的,98％的税收都不是由国税局的强制干预实现的。他认为国内收入局的新使命是:"为美国纳税人提供优质服务,帮助他们理解并履行税务职责,并在全体纳税人中公平、公正地落实税法。"IRS不用风险管理的提法,而更愿意说成是合规管理或者遵从管理。风险管理意味着有可能纳税人出现了很大问题,带有负面消极的因素,而促进合规或者提高遵从,则带有更加积极的意义。美国个人所得税征收率为84％,每年仅有16％的税收流失。

2. 终身化的公民税务代码制度

发达国家一般都会对其公民实行严格的税务代码制度。瑞典就是实行税务代码制度的典型国家,瑞典的公民从出生即拥有一个其独有的终生税务代码,该代码主要用于税务申报、银行开户、社会保险缴费等其他一切经济活动,直至公民去世。通过这一代码,税务部门可以掌控纳税人的全部收入来源和财产状况,并可随时查阅纳税人的缴税情况以及个人的不良信息,进而有针对性地开展税收管理与检查。在美国,也实行税务代码制度,其公民的社会保障号码与税务代码合二为一。即使外国人到美国工作,也需申请这样一个代码,且代码终生不变。通过税务代码的建立,形成了每一位纳税人收入信息与税务机关的直接连接,这对于判定是否构成高收入者、收入

的主要来源以及收入是否及时足额纳税都具有极其重要的作用。

3. 强大的第三方信息共享制度

西方国家普遍实行税收协同管理,充分利用第三方信息,并且基本上全面实现了税务机关与如银行、海关、工商、公安等部门的信息联网。例如,美国联邦税务局(IRS)依托强大的信息系统,建有一套严格的交叉稽核制度。首先,IRS 利用纳税人的税务代码在美国具有通用性的特点,搜集其在银行、海关等其他部门的多渠道第三方涉税信息;然后,IRS 采取人机结合的交叉稽核方式,将获取的第三方信息与纳税人自行申报、雇主代扣代缴的信息进行自动比对。若交叉稽核发现申报异常的纳税人,则对其实施重点稽核。而高收入者的收入来源多样化,申报项目相对复杂,偷税的风险较大,因此被 IRS 稽核的个人所得税申报表中,高收入群体比低收入群体概率更高。此外,英国、德国等国家的税法也都明确规定哪些单位和个人负有向税务机关报告信息的义务、报告何种信息以及对不提供信息者给予何种处罚。鉴于这些国家的税法级次较高,各部门十分重视对税法的遵从,在对纳税人信息的提供上不仅及时全面,而且规范统一,便于各部门数据无缝衔接。纳税人的任何一项行为,最终都将受到税务机关的严密监控,大大减少了因信息不对称所带来的偷逃税行为。

4. 全面的纳税申报提醒制度

美国个税税制实行全民申报制度。美国联邦税法规定,任何一位美国公民、合法居民、拥有社会安全保障卡号的暂住居民、学生等,都要申报纳税。暂时的旅行者、学生或身份不合法者,可以向美国移民局领取一个临时的报税卡号,以申报纳税。每年 4 月 15 日,是美国个人所得税纳税申报的截止日期,IRS 和一些报税机构不断提醒纳税人,要认真如实填写申报表,否则可能会被税务局审计。同时,IRS 还通过媒体和网站公布了当年的审计重点,告诉纳税人什么样的申报表被审计的概率高。在个人纳税人提交纳税申报表之前,IRS 提供从第三方获取所有的申报信息,通过计算机系统

识别出与系统记录不匹配的申报表,便于事前发现并处理更正差错问题,从而减少事后评查。IRS还非常重视税务部门与税务中介的关系,注册登记的税务代理从业人员的超过84万人,90%以上的纳税人通过税务中介和软件进行纳税申报,2011年有9 500万份个人和企业的纳税申报表是通过税务代理人代理申报,不包括使用软件申报的,所得额高达5.7亿美元。对于未能按期申报的纳税人,服务中心将寄发通知进行催报,或者电话催报。对于经催报仍不申报的纳税人,税务机关将发出传票,到税务机关陈述逾期原因。如果纳税人在规定期限内未能清缴税款或罚款,美国税收征管信息系统将纳税人的相关信息传送给相应的税收主管机构,主管机构将采取法定的强制执行措施。

5. 高昂的税收违法成本

没有严苛的处罚,就难以树立税法的威严,难以贯彻税收之刚性。德国是国际上以涉税处罚严苛著名的国家之一,其个人所得税征管实行重点监控、普遍抽查的方式,即对于普通百姓随机抽查,而对高收入者重点跟踪监控,一旦怀疑某位高收入者虚假申报,便会对其真实收入和银行账户进行全面审核;一旦确定违法证据,立即展开调查,而且德国税法规定的追诉期非常长,存以侥幸的纳税人只能望法兴叹。在美国,税务审计是重要震慑手段。税务审计是美国民事税收调查的重要手段,也是 IRS 最重要的一项工作。税务审计在美国已经形成很强的震慑力,偷逃税款一旦被审计人员发现严重的要身败名裂、倾家荡产,"唯有纳税和死亡无法避免"的理念已经深入人心。如果 IRS 发现纳税人有严重税收问题,会将案件移送至联邦司法部处理,对偷税数额较大的,则要承担刑事责任,可判 5～10 年监禁。另一方面,该偷税行为会将作为信用污点被记录在个人的信用系统里,直接损害纳税人形象,大大增加日后信用消费、求职就业、商业交易等经济社会活动成本。这种严苛的处罚制度,对于有一定社会地位的高收入者而言,更是一条不敢轻易触碰的"高压线",从而客观上遏制高收入者的偷税行为。

 **10.4** **自然人税收风险管理基本流程**

自然人税收风险,是指因自然人未按规定履行自然人信息采集及身份认证、纳税申报、税款缴纳及其他纳税义务等情形所导致的税收流失的可能性。自然人税收风险管理,是按照税收风险管理的基本框架和要求,针对自然人税收风险管理的特点,在信息采集、风险识别、等级排序、风险应对、评价反馈及结果运用等方面实施针对性管理。

10.4.1 **自然人涉税信息采集**

自然人纳税人基础信息采集分为税务机关直接采集、间接采集和社会税收协同共治交换第三方信息。

10.4.1.1　税务机关直接采集

自然人纳税人符合个人所得税自行申报条件或依法向税务机关申报办理其他涉税事项的,应当向税务机关申报基础信息,税务机关依法直接采集自然人基础信息。实行基础信息直接采集的自然人包括:年所得 12 万元以上的;从中国境内两处或者两处以上取得工资、薪金所得的;从中国境外取得所得的;取得应纳税所得,没有扣缴义务人的;办理除个人所得税自行申报外其他涉税事项的。

(1)自然人纳税人在履行个人所得税自行申报义务时,税务机关直接采集以下信息:姓名、身份证件类型、身份证件号码、有效联系电话、有效通信地址和邮政编码、户籍所在地及常住地地址、银行账户账号信息、税务机关要求的其他信息。

（2）自然人纳税人在办理除个人所得税自行申报外其他涉税事项时，税务机关直接采集以下基础信息：姓名、身份证件类型、身份证件号码、银行账户账号信息、税务机关要求的其他信息。

（3）外籍人员履行个人所得税自行申报义务时，税务机关还应采集以下信息：出生地（中、英文）、出生年月、境外地址（中、英文）、国籍或地区、身份证件类型、身份证件号码、居留许可号码（或台胞证号码、回乡证号码）、劳动就业证号码、职业、境内职务、境外职务、入境时间、任职期限、预计在华时间、预计离境时间、境内任职单位名称及税务登记证号码、境内任职单位地址、邮政编码、联系电话、任职单位、扣缴义务人信息等。

10.4.1.2　税务机关间接采集

根据税收法律、行政法规的规定，个人所得税扣缴义务人应当向税务机关申报扣缴对象的基础信息，税务机关依法间接采集自然人基础信息：姓名、身份证件类型、身份证件号码、银行账户账号信息。

10.4.1.3　社会税收协同共治第三方信息交换

为了适应个人所得税、房地产税改革需要，税务机关积极加强与公安、工商管理、土地、房产管理、知识产权管理、民政、社会保障、教育、环境保护、交通运输、工业与信息化、外汇、证券等部门协作，主动采集、储备自然人基础信息。

10.4.1.4　自然人涉税信息管理

自然人纳税人信息实行档案管理，按纳税人识别号进行归集、并档。自然人纳税人管理施行统一的纳税人识别号制度，为身份证件号码，具有唯一性。自然人纳税人档案信息以自然人姓名、身份证件类型和身份证件号码为主键。税务机关应依法为自然人纳税人的商业秘密和个人隐私保密。以下以江苏某省辖市地税局为例进行说明。该市地税局通过自然人纳税人实名认证机制，以征管系统自然人登记信息、公民户籍信息、婚姻信息、社保信息和其他第三方实名认证方式（支付宝、银行卡、移动通信等）进行身份认证，完成基础信息采集，在此基础上建立了"一人式"查询的自然人涉税数据库（见图10-1）。

图 10-1 自然人涉税数据库查询入口

自然人纳税人涉税数据库包括个人身份信息和各类涉税信息，如住所、婚姻与家庭、任职单位、联系电话、专业资格、各类收入和所得信息、社保费缴纳信息、投资信息、房产信息、车辆信息、大额开发票信息等（见图10-2）。

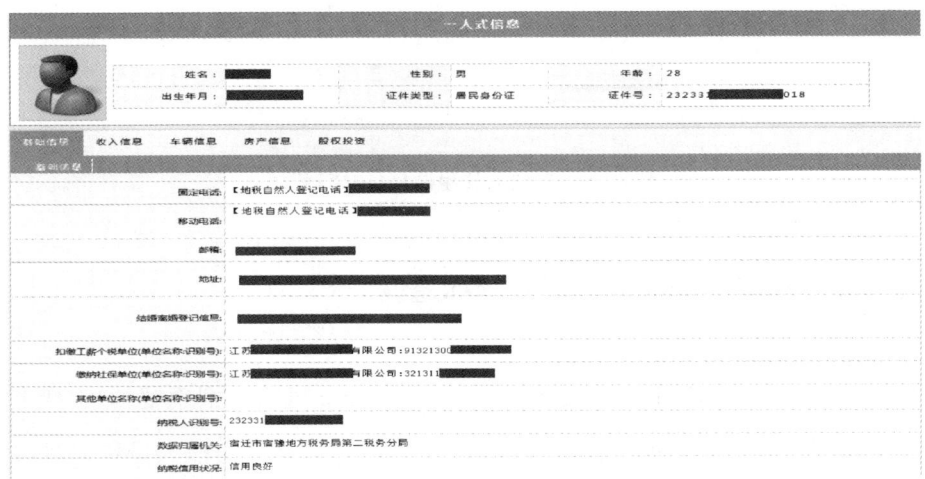

图 10-2 自然人基础信息截图

全面采集自然人纳税人的收入信息、纳税信息、投资信息、财产信息、优惠信息、信用信息和违法违章信息等内容,有效构建自然人纳税人涉税数据库,实现一人式、主题化查询(见图10-3、图10-4)。

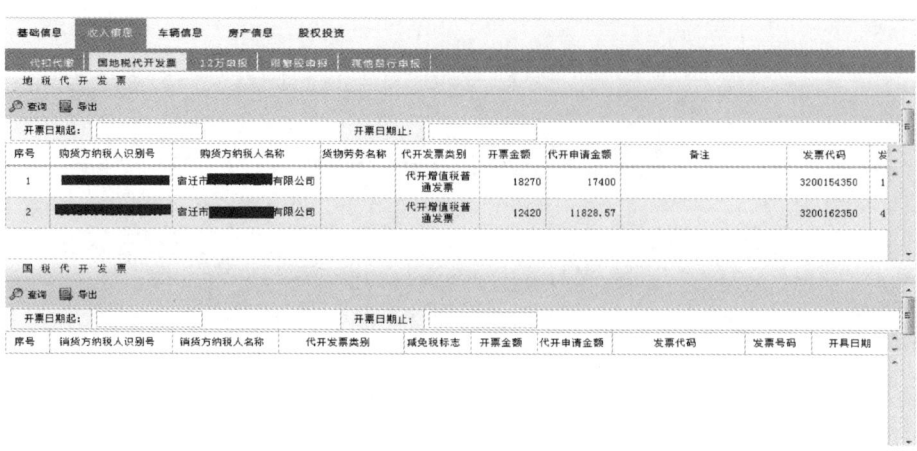

图10-3 自然人涉税信息(开票)截图

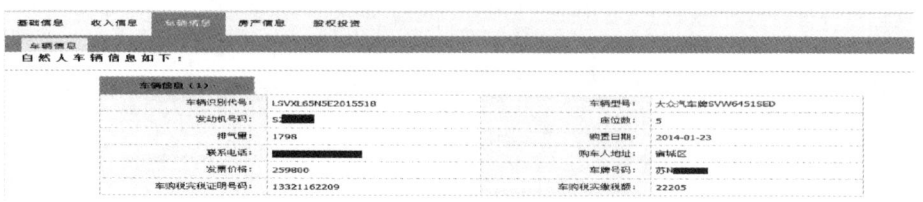

图10-4 自然人涉税信息(车辆)截图

10.4.2 自然人税收风险识别指标建设

对自然人的风险识别包括整备涉税数据、建立风险识别模型、加工产生风险结果三个步骤。地税机关主要由税政管理部门建立自然人纳税人风险分析指标体系和模型,并持续改进完善。对自然人纳税人基础信息库进行大数据运用和整合分析,按人群、收入或财产不同类型自然人纳税人设定对应的、适当的风险指标及函数,确定不同风险领域及风险特征。要特别关注第三方信息、互联网涉税公开信息的分析利用,通过信息的交叉验证,及时识别自然人纳税人税收风险点。

建立自然人税收风险指标的前提是掌握自然人税收的风险领域。重点是个人所得税方面存在的具体特征。

1. 工资、薪金所得

(1) 发放工资未依法代扣代缴个人所得税。

(2) 少报、瞒报职工薪酬或者虚增职工人数分解薪酬,从而少申报个人所得税。

(3) 为职工发放的实物、有价证券、组织旅游等福利未按规定并入工资薪金扣缴申报个人所得税。

(4) 发放的交通补贴、加班补助未并入工资薪金收入总额扣缴申报个人所得税。

(5) 以发票报销的方式发放现金,取得的个人补助收入,如:个人汽油费、通讯费等,未并入工资薪金总额扣缴申报个人所得税。

(6) 超标准为职工支付"三险一金"、为职工购买的商业保险是否按规定扣缴申报个人所得税。

(7) 对实行股票期权计划的企业,员工在行权时获得的差价收益,是否按规定扣缴申报个人所得税。

(8) 单位为雇员负担个人所得税的,个人所得税扣缴计算方法错误,从而少申报个人所得税。

(9) 同一员工一个纳税年度内是否多次使用全年一次性奖金计算方法,从而少申报个人所得税。

(10) 单位与员工解除劳动合同时,员工获得的一次性补偿金是否按规定扣缴申报个人所得税。

（11）单位申报工资薪金所得个人所得税的人均收入低于行业平均水平，有无正当理由，如无正当理由，存在少申报个人所得税的可能。

（12）个人在两处以上取得工资薪金所得，但是未按规定进行合并纳税申报，从而少申报个人所得税。

2. 劳务报酬所得

（1）少报、瞒报劳务报酬。

（2）存在预付或者分次支付属于"同一次"取得的劳务报酬，对分次支付属于一次性的收入未合并扣缴申报。

（3）同一项目连续性所得，以一个月内取得的收入为一次，未将同一项目连续性的所得合并为一次，从而少申报个人所得税。

（4）将一个人的劳务报酬所得虚报为两个以上的个人共同取得的收入，从而少申报个人所得税。

（5）将劳务报酬混同于工资薪金所得申报，从而少申报个人所得税。

（6）存在其他分解收入、降低适用税率等行为，从而少申报个人所得税。

3. 稿酬所得

（1）少报、瞒报稿酬所得。

（2）新闻出版单位混淆稿酬所得、特许权使用费所得的征税范围。

（3）稿酬所得分次支付属于"同一次"取得的稿酬所得，对分次支付收入未合并申报个人所得税。

4. 特许权使用费所得

（1）少报、瞒报特许权使用费所得。

（2）新闻出版单位混淆稿酬所得、特许权使用费所得的征税范围。

5. 利息、股息、红利所得

（1）未分配利润、盈余公积和除股票溢价发行外的其他资本公积转增注册资本和股本的，是否依据现行政策规定计征个人所得税。

（2）扣缴义务人虽未实际支付股息，但已分派股息，通过"应付股息"等往来科目分到个人名下，股东有权随时提取的，分派的股息、红利未按规定扣缴申报个人所得税。

（3）存在用企业资金为自然人股东支付消费性支出或购买家庭财产的情况，未按规定扣缴申报。

（4）股东向企业借款且借款年度内未归还，又未用于生产经营，未按规定扣缴申报。

（5）向个人支付借款利息，未按规定扣缴申报个人所得税。

（6）上市公司、新三板挂牌企业派发股利、红股时未按利股红差别化政策扣缴申报个人所得税。

（7）股份制企业以除股票溢价发行收入形成的资本公积以外的其他资本公司转增股本，错误适用不税收规定，未按规定扣缴申报个人所得税。

（8）个人独资企业、合伙企业对外债权投资、股权投资，取得利、股、红所得，未按规定扣缴申报个人所得税。

6. 财产租赁所得

（1）是否存在少报、瞒报财产租赁所得。

（2）费用扣除计算是否准确，费用是否真实。

7. 财产转让所得

（1）企业自然人股权是否存在股权转让行为，是否按规定办理申报手续。

（2）企业自然人股东股权转让价格是否存在低价、平价转让且无正当理由。

（3）股权转让价格是否小于初始的投资成本。

（4）股权转让价格是否低于相同（类似）条件下股权转让价格。

（5）企业拥有自有房屋、土地、长期股权投资等资产，自然人股东股权转让价格是否公允，涉及中介机构评估核实的，评估价格是否合理。

（6）股权转让时点的财务报表净资产与上年末财务报表的净资产相比，是否存在异常变动。

（7）自然人股东申报的股权转让成本与税务机关征管系统中登记的注册资本不一致，是否存在申报成本虚高的情况。

8. 偶然所得

是否存在少报、瞒报得奖、中奖、中彩以及其他偶然性质的所得。

9. 其他所得

企业在日常营销活动、各种庆典、节假日及业务往来中，是否存在因拓展业务向其他单位和部门有关人员（非本单位职工）赠送实物、消费卡等礼品，是否按规扣缴申报。

10. 个体工商户的生产、经营所得

（1）是否少计、不计或隐匿收入，是否延期确认收入。

（2）个体工商户、个人独资合伙企业对外投资分回的利息、股息或者红利，是否单独作为投资者个人取得的利息股息红利所得计征个人所得税。

（3）投资两个或两个以上企业，应纳税所得额的计算是否准确。

（4）是否存在虚列成本或者成本费用发生额超标准部分未做调整。

（5）费用发生额是否超标准未作调整。

（6）生产经营费用和个人、家庭费用是否混淆不清。

11. 对企事业单位的承包经营、承租经营所得

（1）承包人、承租人是否采取转移、挂账、分解收入等手段减少应纳税所得额。

（2）承包人、承租人是否通过虚报费用、借款等方式从承包、承租企业套取经营所得，少计个人收入。

（3）对经营期不足1年的承包、承租经营所得纳税人是否按12个月减除必要费用，降低适用税率。

江苏省地税局建设全省统一使用的自然人风险指标约50个，以下是部

分个人所得税风险指标(见表 10-1)。

表 10-1　××地税部分个人所得税风险指标

序号	风险指标名称	数据来源	适用税目
1	个人独资、合伙企业个人所得税税负率小于行业平均值风险指标	内部	个体工商户生产经营所得
2	裁判文书估算律师业务量个人所得税风险指标	互联网数据	个体工商户生产经营所得
3	个人独资、合伙企业个人所得税查账汇缴税负变动率异常分析风险指标	内部	个体工商户生产经营所得
4	个人独资、合伙企业个人所得税汇缴年报表纳税调整减少额异常分析风险	内部	个体工商户生产经营所得
5	个人独资、合伙企业个人所得税连续三年亏损风险指标	内部	个体工商户生产经营所得
6	个人独资、合伙企业个人所得税年度申报无纳税调整风险指标	内部	个体工商户生产经营所得
7	个人独资、合伙企业纳税调整额小于缴纳的滞纳金、罚款风险指标	内部	个体工商户生产经营所得
8	个人独资合伙企业非货币性资产对外投资评估增值少缴个人所得税风险指标	内部	个体户生产经营所得
9	个人取得两处及两处以上工薪、薪金所得未合并申报个人所得税风险指标(自然人)	内部	工资薪金所得
10	个人投资者企业其他应收款异常利股红风险分析指标	内部	利息股息红利所得
11	核率征收个人独资、合伙企业少计收入总额风险指标	内部	个体工商户生产经营所得
12	驾培行业个人所得税风险指标	第三方数据	个体工商户生产经营所得

续表

序号	风险指标名称	数据来源	适用税目
13	上市公司高管薪酬少申报风险指标	互联网数据	工资薪金所得
14	投资多个个人独资、合伙企业未合并申报个人所得税风险指标—自然人	内部	个体工商户生产经营所得
15	限售股解禁个人独资合伙企业个人所得税提示指标	互联网数据	个体户生产经营所得
16	自然人股权转让净资产增值风险指标	第三方数据	财产转让所得

10.4.3　自然人风险等级确定

　　风险监控机构按人归集税收风险,以风险复杂程度、税收流失程度为主要评价依据,结合自然人税收信用与社会信用等情况,综合确定自然人的风险等级。自然人纳税人税收风险按照自然人纳税人分类和不同类型自然人纳税人的典型税收风险事项积分排序,按纳税人风险积分的高低,划分为高等风险、中等风险和低等风险。对存在涉嫌偷逃税风险或税收严重失信行为的或拒不配合税务机关管理的自然人,其风险等级确定为高等。对风险情形较复杂、风险税款较大,或多次重复发生同类风险的自然人,其风险等级确定为中等。除中、高等风险情形外,其他自然人风险等级确定为低等。

10.4.4　自然人风险应对

　　自然人税收风险应对以"引导遵从为主、强制遵从为辅、社会共治为补充"为原则,实施差别化、递进式的应对处理。承担纳税服务职能或基础税源管理职能的机构负责自然人低等风险应对,承担风险应对职能的税源管理机构负责自然人中等风险应对,稽查机构负责自然人高等风险应对。

10.4.4.1　低等风险应对

低等风险主要采取风险提示的方式实施应对,依托电子税务局、移动办税平台、短信平台、邮政快递等渠道向自然人发送格式化的税收风险提示信息。纳税服务机构通过纳税人学校、纳税人网上学堂、12366 服务平台等多种渠道,做好自然人税收风险自我修正的指引辅导,为自然人自我修正提供便利条件。

风险监控机构应会同税收政策管理部门编制税收风险自查指引。建立风险的动态监控机制,通过风险管理系统对自然人的修正情况进行自动甄别。低等风险应对机构根据系统自动甄别结果,掌握自然人的自我修正情况,对修正结果与疑点税款存在较大差异的自然人,可有重点地进行督导。自然人未修正的税收风险,以及修正结果与推送风险疑点的差异,作为库存风险待后期处理。长期对提示风险不作处理、差异较大的,风险监控机构可提升自然人税收风险等级。

10.4.4.2　中等风险应对

中等风险应对采取询问约谈的方式实施应对。中等风险应对机构无法与自然人取得联系的,应以公告方式通知自然人限期到税务机关约谈,并告知相应的法律责任。经询问约谈,确认自然人不存在不缴少缴税款情形的,结束应对流程;确认自然人存在不缴少缴税款情形的,应责令其在规定的时间内自查补缴税款。自然人未按规定自查补报,或自查补报税款与疑点税款的差异超出合理范围的,中等风险应对机构应再次开展询问约谈,或依法

向有关单位和个人核查自然人税款缴纳有关情况,并进行相应的处理。自然人自查补报结果与推送风险疑点税款一致,或二者差异在合理范围内,可基本消除涉税风险的,中等风险应对流程结束。在中等风险应对中,发现自然人线索明显涉嫌偷逃骗抗税的,中等风险应对机构应按规定程序移交稽查机构实施高等风险应对。

10.4.4.3　高等风险应对

自然人高等风险的应对按税务稽查工作规范执行。

10.4.4.4　跨区域协作

在自然人风险应对中,存在跨区域(市、县)协作事项的,可采取异地调查或税收协查的方式进行,相关地税机关应协助和支持。对发现应由其他市、县地税机关依法处理的税收风险信息,应及时传递给相应的地税机关,并报共同的上一级地税机关备案。对自然人税收风险涉及不同主管地税机关,且涉嫌少缴税款金额较大、相关证据互相关联的,应对机构可发起联合应对需求,报共同上一级地税机关的风险监控机构统筹安排。

10.4.5　自然人税收信用管理

社会信用体系是市场经济体制中的重要制度安排。建设社会信用体系,是完善我国社会主义市场经济体制的客观需要,是整顿和规范市场经济秩序的治本之策。自然人失信行为,分为自然人商务服务领域失信行为、社会服务领域失信行为、社会管理领域失信行为和重点职业人群失信行为。自然人税收失信行为是社会管理领域的失信,指自然人纳税人、担任扣缴义务人或承担其他相关责任人时,在履行税收义务过程中违反国家税收法律、法规、规章达到一定程度的行为。

10.4.5.1　自然人失信等级划分

自然人失信行为按照严重程度从低到高划分为三个等级,分别是一般失信行为、较重失信行为和严重失信行为。

1. 一般失信行为

自然人有下列行为之一的为税收一般失信行为:

(1)自然人不申报,或进行虚假纳税申报,不缴或者少缴应纳税款金额2万元以上的。

(2)自然人欠缴应纳税款,欠缴期6个月以上且累计欠税数额1万元以上的。

(3)为他人、为自己开具,让他人为自己开具以及介绍他人开具与实际经营业务情况不符的增值税专用发票或者虚开用于骗取出口退税、抵扣税款的其他发票,虚开税款数额累计50万元以下的。

(4)为他人、为自己开具,让他人为自己开具以及介绍他人开具与实际经营业务情况不符的普通发票,票面金额累计300万元以下的。

(5)因未按照规定期限申报纳税,在税务机关责令限期改正后逾期未改正,经税务机关查无下落并且无法强制其履行纳税义务,被税务机关认定为非正常户满六个月,且欠缴税款数额1 000元以上或者未缴销发票25份以上的。

(6)一年内被税务机关处以税务行政处罚4次以上的。

2. 较重失信行为

自然人有下列行为之一的为税收较重失信行为:

(1)自然人不申报,或者进行虚假纳税申报,不缴或者少缴应纳税款数额10万元以上的。

(2)自然人欠缴应纳税款,欠缴期6个月以上且累计欠税数额3万元以上,或者采取转移、隐匿财产的手段,妨碍税务机关追缴欠缴税款数额5万

元以下的。

（3）采用欺骗手段获取减免税或享受减免税条件发生变化未及时向税务机关报告造成不缴或少缴税款数额 100 万元以下的。

（4）为他人、为自己开具，让他人为自己开具以及介绍他人开具与实际经营业务情况不符的增值税专用发票或者虚开用于骗取出口退税、抵扣税款的其他发票，虚开税款数额累计 50 万元以上的。

（5）为他人、为自己开具，让他人为自己开具以及介绍他人开具与实际经营业务情况不符的普通发票，票面金额累计 300 万元以上的。

（6）因未按照规定期限申报纳税，在税务机关责令限期改正后逾期未改正，经税务机关查无下落并且无法强制其履行纳税义务，被税务机关认定为非正常户满 6 个月，且欠缴税款数额 1 万元以上或者未缴销发票 100 份以上的。

（7）一年内发生 2 次以上同一一般失信行为或者发生 3 次以上一般失信行为的。

3. 失信行为

自然人有下列行为之一的为税收严重失信行为：

（1）自然人不申报，或者进行虚假的纳税申报，不缴或者少缴应纳税款数额 20 万元以上的。

（2）自然人欠缴应纳税款，欠缴期 6 个月以上且累计欠税数额 10 万元以上，或者采取转移、隐匿财产的手段，妨碍税务机关追缴欠缴税款数额 5 万元以上的。

（3）采用欺骗手段获取减免税或享受减免税条件发生变化未及时向税务机关报告造成不缴或少缴税款数额 100 万元以上的。

（4）为他人、为自己开具，让他人为自己开具以及介绍他人开具与实际经营业务情况不符的增值税专用发票或者虚开用于骗取出口退税、抵扣税款的其他发票，虚开税款数额累计 300 万元以上的。

（5）为他人、为自己开具，让他人为自己开具以及介绍他人开具与实际经营业务情况不符的普通发票，票面金额累计 2 000 万元以上的。

（6）因未按照规定期限申报纳税，在税务机关责令限期改正后逾期未改正，经税务机关查无下落并且无法强制其履行纳税义务，被税务机关认定为非正常户满 6 个月，且欠缴税款数额 3 万元以上或者未缴销发票 300 份以上的。

（7）以暴力、威胁方式拒不配合税务机关执法的。

（8）1 年内发生 2 次以上同一较重失信行为或者发生 3 次以上较重失信行为的。

（9）其他违反《中华人民共和国刑法》并被司法机关依法按危害税收征管罪追究刑事责任的。

10.4.5.2　税收失信行为记录与报送

县（市、区）以上各级国税、地税机关负责管辖范围内自然人的税收失信行为记录、归集及联合认定的管理。记录的税收失信信息，包括以下内容：

（1）基础信息，如姓名、性别及居民身份证（护照）号码（公示时隐去出生年、月、日号码段，下同）、职务、会计从业资格证书号、代理执业资格证书号等。

（2）主要失信事实及类别。

（3）行政处理、处罚或法院判决的主要情况。

（4）税收失信行为认定税务机关名称及认定时间。

（5）其他依法应当公示的信息。

国税、地税部门联合认定自然人失信行为。自然人存在上述两种以上失信行为时，按失信程度较重的行为进行认定。相关税务机关应于税收严重失信行为、较重失信行为和一般失信行为联合认定后 7 个工作日内，将所归集的信息推送至相应的公共信用信息中心，通过公共信用信息服务平台

向所涉及协同实施联合惩戒的部门和单位定期推送信息，并提供社会查询。

10.4.5.3　失信行为公示

对税收严重失信行为，由省级信用办和各级税务机关在每季度结束后30日内，依托诚信网、税务机关网站和公共信用信息系统等向社会进行公示。税收较重失信行为，由省辖市市级税务机关在一定范围内公示。税收严重失信行为公示有效期，自然人自认定之日起 5 年。税收较重失信行为公示有效期自认定之日起 3 年。

10.4.5.4　社会联合惩戒

各级信用管理机构归集整合自然人失信行为信息，与有关职能部门、公用事业单位、行业服务机构等共享，依法向社会公开披露，为失信行为的社会联合惩戒提供信息服务。对有税收失信行为的自然人，可以依法分别采取以下方式予以惩戒：

（1）按照法律法规等有关规定，在经营、投融资、取得政府供应土地、进出口、出入境、注册新公司、工程招投标、政府采购、安全许可、生产许可、从业任职资格、资质审核等方面，予以限制或禁止。

（2）金融机构进行融资授信时，对其进行限制。

（3）限制获得政府性资金支持，限制进口关税配额分配。

（4）在行政许可、强制性产品认证等方面予以参考，进行必要的限制或者禁止。

（5）各级人民政府及其部门举办各类评优、评先和授予荣誉称号，进行限制或否定意见。

（6）纳税信用级别方面体现差异。

（7）吊销其会计从业资格证书、律师、注册会计师、注册税务师等资质审核方面进行惩戒。

（8）党政机关招录公务员、工勤人员，事业单位招聘工作人员时，予以禁止报考、应聘等惩戒。

（9）税务部门责令其停止失信行为并进行整改，提醒督促其改正。

（10）法律、法规、规章规定的其他惩戒方式。

税收风险应对使用的部分表证单书

纳税人税收风险提示函

案件编号:(　　　　　　)

尊敬的纳税人:我单位通过数据比对发现贵单位存在如下涉税风险疑点。

〔由系统自动生成具体风险信息〕。

1.　＿＿＿＿＿＿＿＿＿＿＿＿＿＿＿＿

2.　＿＿＿＿＿＿＿＿＿＿＿＿＿＿＿＿

3.　＿＿＿＿＿＿＿＿＿＿＿＿＿＿＿＿

如存在问题,请于××××年××月××日前,到我局办税服务厅办理修正手续。

(税务机关)

年　　月　　日

_____税务局税务事项通知书

（风险提示专用）

[案件编号：系统自动生成]

纳税人名称： （纳税人识别号： ）

根据《中华人民共和国税收征收管理法》及其实施细则的相关规定。通过对你单位的申报数据与相关涉税信息进行分析比对，发现你单位存在如下涉税风险：

序号	税收风险类别	所属期起	所属期止	税收风险信息描述	风险自查指引
...					

1. 请你单位按照税收法律、法规及相关规定，对相应所属期内的申报纳税情况进行全面自查（有重大涉税调整事项的应追溯到以前年度）。如有未按规定办理相关涉税事项的，请及时纠正；涉及应缴未缴税款的，请携带通知，于（ 年 月 日）前到办税大厅进行更正申报，并补缴相应税款及滞纳金。

2. 遇到政策不明或者有疑问的，请联系（12366 或通过网上办税务厅、微信公众平台等方式，进行咨询了解）。

3. 在规定期限内自查并主动修正，消除或者减轻危害后果的，可以按规定从轻、减轻或者免予行政处罚；未进行自我修正，或更正申报结果不能有效消除税收风险点的，主管税务机关在实地核查确认后，按规定予以处理和处罚。

（税务机关）

年 月 日

税收风险应对报告

纳税人基本信息			
税务管理码		案件编号	
纳税人名称		纳税人识别号	
风险疑点信息			
案头审核			
审核意见		审核人员（签字）：	
会审意见		会审人员（签字）：	

询问约谈任务清册

约谈对象	职务	所在单位	税务管理码	约谈方式	约谈时间	约谈地点	应对人员

延期审批表

案件编号		税务管理码	
纳税人名称		纳税人识别码	
应对完成时限		计划完成时间	
申请延期原因	因以下原因： 现申请延期　　天(工作日)，预计在　　月　　日之前完成。 经办人(签名)： 申请日期：　年　月　日		
风险应对(检查)科(股)初核意见	同意延至期限：　　年　　月　　日 负责人(签名)：　　　　　　　　　部门公章 　　　　　　　　　　　　　　　　年　　月　　日		
风险应对(稽查局)审核意见	同意延至期限：　　年　　月　　日 负责人(签名)：　　　　　　　　　单位公章 　　　　　　　　　　　　　　　　年　　月　　日		

风险应对延期申请审批汇总表

报送单位（公章）：　　　　　　　　　　　　　　　　年　　月　　日

序号	税务管理码	纳税人名称	风险应对（检查）科（股）	应对完成时限	计划完成时间	延期原因简述
1						
2						
3						
4						
5						
6						
7						
8						
9						
10						

风险应对局（稽查局）审核意见	负责人（签名）：　　　　　　单位公章 　　　　　　　　　　　年　　月　　日

风险应对退回申请审批表

案件编号			
税务管理码		纳税人名称	
申 请 退 回 原 因	因以下原因： 　　　　　　　　　　　　　　申请人(签名)： 　　　　　　　　　　　　申请日期：　年　月　　日		
风险应对(检查) 科(股)会审 意见	会审意见： 　　　　　　　　　　　　　　负责人(签名)： 　　　　　　　　　　　　　　　部门公章 　　　　　　　　　　　　　　　年　月　　日		
风险应对局 (稽查局) 审核意见	审核意见： 　　　　　　　　　　　　　　负责人(签名)： 　　　　　　　　　　　　　　　单位公章 　　　　　　　　　　　　　　　年　月　　日		
风险监控局 审核意见	审核意见： 　　　　　　　　　　　　　　负责人(签名)： 　　　　　　　　　　　　　　　单位公章 　　　　　　　　　　　　　　　年　月　　日		
局分管领导 审批意见	审批意见： 同意:是　否 　　　　　　　　　　　　　　分管领导(签名)： 　　　　　　　　　　　　　　　年　月　　日		

约谈通知书

询〔201　〕__号

　　　　经对申报纳税情况初步审核，发现你单位在×××××—××××××期间存在税收风险，请×××于20××年××月××日前到×××××地址携带下列资料，就相关涉税事宜接受询问。

提交资料：（获取案头审核中"待提供证据"，可编辑）

1. _____

2. _____

3. _____

...

（可插入行、编辑）

联系人员：_____（系统自动产生，可修改）

联系电话：_____1

税务机关地址：_____1

税务机关（签章）

年　　月　　日

约谈笔录

约谈时间		约谈地点	
约谈人姓名		记录人姓名	
被约谈人姓名		联系电话	
证件种类		证件号码	
工作单位		职务	
住址			

　　本次约谈税务机关对变更登记信息进行核实处理。（约谈结论为"正常符合"模板）

　　本次约谈税务机关已告知相关涉税问题、已作纳税辅导、已通知自查申报，并且变更登记信息已核实、欠税已核实并作处理、收受省内大额地税发票已网上查询认证、所得税管理台账已核实并维护、其他一并处理事项已交纳税人确认。（约谈结论为"差异符合"模板，下划线处内容链接应对报告中的已选项）

　　本次约谈税务机关已告知相关涉税问题、已作纳税辅导。（约谈结论为"转实地核查"模板，下划线处内容链接应对报告中的已选项）

询问（调查）人签字：　　　　记录人签字：

被询问人就笔录内容核对结果：

被询问（调查）人签字：　.　　　　　　　　　年　　　月　　　日

税收自查通知书

（　　　）自查通字〔201　〕（　　）号

案件编号：_____

_____：

　　经对申报纳税情况初步审核并经约谈证实，发现你单位在××××××—××××××期间纳税申报存在问题，请根据税务机关的约谈提示和辅导，对照税收法律法规，对此期间的纳税情况进行全面自查。自查发现的税收问题，应及时作纳税调整，并填制《税收自查申报表》（一式三份并加盖公章），在201年11月01日前填制税收自查申报表（一式三份并加盖公章），将自查的应缴未缴纳税款、滞纳金补缴入库，同时将自查申报资料、纳税调整的会计处理复印件随自查报告一并报送_____1。（应对机关，系统自动取）

税务机关（签章）

年　　月　　日

告知事项：

一、在自查过程中，遇到政策不明或者有疑问的，请及时与我局联系。对自查确认存在问题的，请根据我局工作要求与安排及时纠正问题、申报缴税。

二、在规定期限内自查并主动申报缴纳应缴未缴纳税款、滞纳金，未造成税款、滞纳金损失的，可以按规定减轻或者免予行政处罚。

三、对不按规定进行税收自查，或者在税收自查中发现问题但未向税务机关报告，或者未按规定将自查的应缴未缴税款、滞纳金补缴入库，以及自查结果不能消除风险疑点的，将进行实地核查或移送稽查部门。

四、对纳税人自查后经实地核查或税务稽查仍发现涉税违法行为的，将依照税收法律、法规的规定进行处理，有重大涉税违法行为的，依法向社会公告。

税务自查通用申报表

案件编号			税务管理码		
纳税人名称					
自查情况说明					
自查补税情况					

序号	税种	税目	税款所属起	税款所属止	计税依据	税率	税额
1							
2							
3							
4							
5							
6							
7							
8							
9							
10	合计						

我单位郑重承诺:

以上自查补报内容数据正确、真实有效,本单位对以上自查补报内容的真实性、正确性承担法律责任。

纳税人(签章)

年　　月　　日

纳税人基础信息核实确认表（基本信息）

税务机关推送日期＿＿＿年＿＿＿月＿＿＿日

纳税人确认提交期限＿＿＿年＿＿＿月＿＿＿日

重要提示：

　　根据《征管法》第十六条规定，从事生产、经营的纳税人，税务登记内容发生变化的，应当按规定向税务机关申请办理变更登记。请您认真查看下列信息，如实填写。如不按规定时间确认反馈，或提供虚假信息，将按照《征管法》第六条、第二十五条、第六十二条和《征管法实施细则》第九十六条规定承担法律责任。

序号	项目名称	已登记信息内容	是否准确（√或×）	如不准确，请填写准确信息	信息变化需要上传的证件
1	纳税人名称				
2	组织机构代码				
3	登记注册类型				
4	注册地址				
5	注册地邮政编码				
6	生产经营地址				
7	生产经营地邮政编码				
8	批准设立机关				
9	证照名称				
10	证照号码				
11	核算方式				
12	从业人数				
13	外籍人数				

续表

序号	项目名称		已登记信息内容	是否准确（√或×）	如不准确，请填写准确信息	信息变化需要上传的证件
14	单位性质					
15	经营范围					
16	适用会计制度					
17	法定代表人（负责人）	姓名				
		国籍或地区				
		证件类型				
		证件号码				
		固定电话				
		移动电话				
18	财务负责人	姓名				
		国籍或地区				
		证件类型				
		证件号码				
		固定电话				
		移动电话				
19	办税人员	姓名				
		国籍或地区				
		证件类型				
		证件号码				
		固定电话				
		移动电话				
20	已登记的主营国标行业信息	门类				
		大类				
		小类				

原国标行业信息

门类	大类	小类

变化后国标行业信息

门类	大类	小类

原注册资本或投资总额

币种	金额(万元)
人民币元	

变化后注册资本或投资总额

币种	金额(万元)

已投资方信息

投资方名称	投资方经济性质	投资比例	证件种类	证件号码	国籍或地区	入资日期	撤资日期

变化后投资方信息

投资方名称	投资方经济性质	投资比例	证件种类	证件号码	国籍或地区	入资日期	撤资日期

_____税务局税务检查通知书

____税检通一〔 〕   号

_____：

  根据《中华人民共和国税收征收管理法》第五十四条规定，决定派_____等人，自_____年____月____日起对你（单位）_____年____月____日至_____年____月____日期间（如检查发现此期间以外明显的税收违法嫌疑或线索不受此限）涉税情况进行检查。届时请依法接受检查，如实反映情况，提供有关资料。

税务机关（签章）

年 月 日

告知：税务机关派出的人员进行税务检查时，应当出示税务检查证和税务检查通知书，并有责任为被检查人保守秘密；未出示税务检查证和税务检查通知书的，被检查人有权拒绝检查。

实地核查工作底稿

检查对象名称：

税务管理码： 纳税人名称： 纳税人识别号： 问题摘录：	案件编号：
检查对 象意见	（签章） 年　月　日

检查人员签字：　　　　　　　　　　　　　　　年　月　日

_____税务局(稽查局)税务事项通知书

_____税(稽)通〔　〕　号

_____:(案件编号:　　　　)

事由:

依据:

通知内容:

税务机关(签章)

年　　月　　日

_____税务局税务处理决定书

__处〔__〕__号

_____：

案件编号：_____

　　我局于　　　年　　月　　日至　　　年　　月　　日对你(单位)　　年　　月　　日至　　　年　　月　　日情况进行了检查，违法事实及处理决定如下：

　　一、违法事实

_____

　　二、处理决定

_____

　　限你(单位)自收到本决定书之日起　　　日内到_____将上述税款及滞纳金缴纳入库，并按照规定进行相关账务调整。逾期未缴清的，将依照《中华人民共和国税收征收管理法》第四十条规定强制执行。

　　你(单位)若同我局在纳税上有争议，必须先依照本决定的期限缴纳税款及滞纳金或者提供相应的担保，然后可自上述款项缴清或者提供相应担保被税务机关确认之日起六十日内依法向　　　　　　申请行政复议。

税务机关(签章)

年　　月　　日

（税务行政处罚事项告知书（对单位罚款 10 000 元以上适用）

税务行政处罚事项告知书

税罚告〔 〕号

（纳税人）：

　　对你单位的税收违法行为拟作出行政处罚决定，根据《中华人民共和国税收征收管理法》第八条、《中华人民共和国行政处罚法》第三十一条规定，现将有关事项告知如下：

　　一、税务行政处罚的事实依据、法律依据及拟作出的处罚决定：

　　　。

　　二、你单位有陈述、申辩的权利。请自收到本告知书之日起 5 个工作日内，到我局进行陈述、申辩并提供相关证据材料；逾期不进行陈述、申辩或提供相关证据材料的，视同放弃权利。

　　三、根据有关规定对单位罚款 10 000 元（含）以上的，当事人有要求听证的权利。你单位可自收到本告知书之日起 3 日内向本局书面提出听证申请；逾期不提出，视为放弃听证权利。

税务机关（签章）

年　　月　　日

税务行政处罚事项告知书(对单位罚款 10 000 元以下适用)

税务行政处罚事项告知书

税罚告〔 〕 号

(纳税人)：

对你单位的税收违法行为拟作出行政处罚决定,根据《中华人民共和国税收征收管理法》第八条、《中华人民共和国行政处罚法》第三十一条规定,现将有关事项告知如下：

一、税务行政处罚的事实依据、法律依据及拟作出的处罚决定：

。

二、你单位有陈述、申辩的权利。请自收到本告知书之日起 5 个工作日内,到我局进行陈述、申辩并提供相关证据材料；逾期不进行陈述、申辩或提供相关证据材料的,视同放弃权利。

税务机关(签章)

年 月 日

（税务行政处罚事项告知书（对个人罚款 2 000 元以上适用）

税务行政处罚事项告知书

税罚告〔 〕 号

（纳税人）：

对你的税收违法行为拟作出行政处罚决定，根据《中华人民共和国税收征收管理法》第八条、《中华人民共和国行政处罚法》第三十一条规定，现将有关事项告知如下：

一、税务行政处罚的事实依据、法律依据及拟作出的处罚决定：

。

二、你有陈述、申辩的权利。请自收到本告知书之日起 5 个工作日内，到我局进行陈述、申辩并提供相关证据材料；逾期不进行陈述、申辩或提供相关证据材料的，视同放弃权利。

三、根据有关规定对个人罚款 2 000 元（含）以上的，当事人有要求听证的权利。你可自收到本告知书之日起 3 日内向本局书面提出听证申请；逾期不提出，视为放弃听证权利。

税务机关（签章）

年　　月　　日

（税务行政处罚事项告知书（对个人罚款 2 000 元以下适用）

税务行政处罚事项告知书

税罚告〔 　〕 号

（纳税人）：

对你的税收违法行为拟作出行政处罚决定，根据《中华人民共和国税收征收管理法》第八条、《中华人民共和国行政处罚法》第三十一条规定，现将有关事项告知如下：

一、税务行政处罚的事实依据、法律依据及拟作出的处罚决定：

　　。

二、你有陈述、申辩的权利。请自收到本告知书之日起 5 个工作日内，到我局进行陈述、申辩并提供相关证据材料；逾期不进行陈述、申辩或提供相关证据材料的，视同放弃权利。

税务机关（签章）

年　　　月　　　日

陈述申辩笔录

时间：

地点：

事由：

当事人：

调查人：

记录人：

陈述申辩内容：

共　　页第　　页

当事人签名：　　　　年　　月　　日

陈述申辩笔录续页

共　页　第　页

当事人签名：　　　　年　月　日

使 用 说 明

1. 本笔录依据《中华人民共和国税收征收管理法》第八条、《中华人民共和国行政处罚法》第三十二条、第四十一条设置。

2. 适用范围：检查人员在对纳税人、扣缴义务人等作出税务处理决定、税务行政处罚决定前听取其陈述申辩意见时使用。

3. 本笔录所设定的内容应逐项填写，不得缺漏。

4. 税务人员制作该笔录时，要客观、准确、详细地记录纳税人、扣缴义务人等的陈述申辩意见，并经当事人核对无误后，签署"上述笔录经核对无误"字样，当场签名或押印并注明时间。

5. 本笔录为 A4 竖式，一式一份，装入卷宗。

税务行政处罚决定书(简易)

税简罚〔　〕号

被处罚人名称			
被处罚人证件名称		证件号码	
处罚地点		处罚时间	
违法事实 及 处罚依据			
缴纳方式	□1. 限 15 日内到_____缴纳； □2. 当场缴纳。		
罚款金额	（大写）　¥		
告知 事项	1. 当事人应终止违法行为并予以纠正； 2. 如对本决定不服,可以自收到本决定书之日起 60 日内依法向申请行政复议,或者自收到本决定书之日起 3 个月内依法向人民法院起诉； 3. 到期不缴纳罚款的,自缴款期限届满次日起可以每日按罚款数额的 3％加处罚款； 4. 对处罚决定逾期不申请行政复议也不向人民法院起诉、又不履行的,税务机关将依法采取强制执行措施或者申请人民法院强制执行。		

执行人员已告知我享有陈述申辩意见的权利,我陈述申辩如下：

当事人签字：　　　　　　　　　　年　　月　　日

经办人：　　　　　　　　负责人(建议删除)：　　　　　　税务机关(签章)
年　月　日　　　　　　　年　月　日　　　　　　　年　月　日

使 用 说 明

一、本决定书依据《中华人民共和国税收征收管理法》、《中华人民共和国行政处罚法》第三十三条设置。

二、适用范围:在对公民处以 50 元(含 50 元)以下、对法人或者其他组织处以 1 000 元(含 1 000 元)以下罚款,当场作出税务行政处罚时使用。

三、填写说明:

1. 被处罚人名称:单位被处罚的,填写单位全称;个人被处罚的,填写个人姓名。

2. 被处罚人证件名称:单位被处罚的,填写税务登记证件,未办理税务登记的,填写组织机构代码证书;个人被处罚的,填写个人有效身份证件名称。

3. 证件号码:单位填写税务登记证件号码,未办理税务登记的,填写组织机构代码;个人填写有效身份证件的号码。

4. 缴纳方式:如是指定缴纳在"□1"处打"√",在"＿＿＿"填写缴纳地点;如果是当场缴纳,在"□2"内打"√"。

四、本表为 A4 型竖式,一式三份,当事人一份,作出处罚决定的部门一份,征收部门一份。

税务行政处罚决定书

税罚〔 〕 号

（纳税人）：

经我局（所） ，

你单位存在违法事实及处罚决定如下：

一、违法事实

（一）

1.

2.

（二）

······

二、处罚决定

（一）

1.

2.

（二）

······

以上应缴款项共计元。限你（单位）自本决定书送达之日起 日内到缴纳入库（账号：）。到期不缴纳罚款，我局（所）可以依照《中华人民共和国行政处罚法》第五十一条第（一）项规定，自缴款期限届满次日起每日按罚款数额的百分之三加处罚款。

如对本决定不服，可以自收到本决定书之日起六十日内依法向申请行政复议，或者自收到本决定书之日起三个月内依法向人民法院起诉。如对处罚决定逾期不申请复议也不向人民法院起诉、又不履行的，我局（所）将采取《中华人民共和国税收征收管理法》第四十条规定的强制执行措施，或者申请人民法院强制执行。

税务机关（签章）

年　　月　　日

移交稽查案件申请审批表

移交单位名称		移交时间	
案件名称		案件编号	
简要案情及移交依据	检查人员（签名）： 年　　月　　日		
风险应对科（股）会审意见	会审意见： 负责人（签名）： 部门公章 年　　月　　日		
风险应对局审核意见	审核意见： 负责人（签名）： 单位公章 年　　月　　日		
风险监控局审核意见	审核意见： 负责人（签名）： 单位公章 年　　月　　日		
税收风险管理工作领导小组或局主要负责人审批意见	主要负责人（签名）： 年　　月　　日		

日常检查资料移交清单

移交单位： 受理单位：

序号	文书资料名称	页次

移送人： 接收人： 监交人： 交接日期： 年 月 日

税收风险管理典型案例

案例 1　房地产行业风险管理案例

团队协作发合力税收筹划现原形

一、内容提要

随着房地产市场的持续火热,房地产企业对税收筹划也愈加重视,尤其是在核心税种房产税和土地增值税方面,筹划的痕迹更为明显。如何有效识别不合理、不合规的"税收筹划",还原业务本质,给税务机关带来了很大挑战。

本案例中,企业在出租房产时通过提高设备租金、减少房产租金的方式来达到降低房产税税负的目的,并且针对税务机关对尾盘销售关注不够的现状,未按规定进行尾盘销售土地增值税清算申报。风险应对人员在实体法没有明确规定的情况下,按照程序法的规定对企业的不合理税收筹划进行调整,补征房产税 105.57 万元,同时补征尾盘销售土地增值税 81.94 万元,给税务机关处理同类问题提供了很好的样本,也给房地产企业税收征管起到了很好的借鉴作用。

(一)企业基本情况

1. K 置业有限公司

注册地址:R 市经济开发区 818 号。经营范围:房地产开发、销售;房地产实业投资。法人代表:徐某。企业所得税在国税征管。

2. 主要业务

（1）酒店租赁：将一座五星级酒店租赁给 Y 酒店管理有限公司经营。

（2）房地产开发：S 花园项目，分三期开发，其中一、二期项目已经进行土地增值税清算。三期项目未达土地增值税清算要求。

（二）风险管理概况

鉴于近两年本地房地产市场持续火爆的现状，某市税务局从地区、规模和纳税申报情况等几个维度入手，精心挑选了部分房地产企业进行风险监控，并抽调业务精英成立重点税源风险监控团队进行集中风险分析。

集中分析时，充分发挥团队作战的优势，将原先孤立的一个个房地产企业按照项目地点和项目性质进行归类，并将其放到行业的视角下进行风险分析。重点关注同地区、同类型项目之间的个体指标差异，再通过个体风险点提炼行业风险特征，最终提升房地产行业风险管理水平。

在分析过程中，分析人员发现 K 置业有限公司酒店租赁业务申报的房产税计税依据远低于同类型房产租金水平，同时房地产开发项目尾盘销售存在土地增值税税负低于项目清算税负。应对人员对这两项重点疑点深入核实后，与企业就关键争议点进行了反复沟通，最终在坚持依法征税的前提下，共补征房产税、土地增值税和印花税等各类税费合计 190.22 万元，并加收滞纳金 38.97 万元。

二、风险分析识别

（一）纳税记录有疑点

企业的印花税纳税记录与正常房地产经营实际情况不符，企业印花税纳税记录里没有保险合同、加工承揽合同、建筑工程成本合同、勘察设计合同印花税入库记录，说明企业可能存在未按规定申报缴纳印花税的问题。

（二）收入核对有差异

2016 年度企业商业房产销售 1 429.27 万元，住宅房产销售 26 334.26 万元，应预征土地增值税 560.07 万元，实际申报入库 477.67 万元，可能少申报缴纳土地增值税。

（三）第三方信息分析有问题

第三方信息显示 Y 酒店管理有限公司 R 市分公司租赁 K 置业公司酒店经营，租期 10 年，房租 630 万元/年，房租收入与房产原值比为 1.3%，低于合理水平。

通过上述数据比对和风险疑点筛查，分析人员认为本案疑点较多，确定为风险应对户。

三、风险应对处理

（一）案件调查处理

1. 不合理筹划降税负

核实相关疑点后，主要的争议点在租金的调整上。根据企业提供的酒店租赁协议，酒店租金 1 050 万元/年，其中房租 630 万元/年，设备租金 420 万元/年。国税登记信息显示 K 置业公司是小规模纳税人，设备租金开发票适用 3% 的税率。税率差是企业进行税收筹划的诱因。

企业的固定资产明细中家具类设备原值 444.8 万元，机械类设备原值 1 769.2 万元，房产原值 47 268.2 万元，分别按税法规定最低年限计提折旧。企业认为是合理的税收筹划，拒调整。在风险应对初期，税务人员要求对租金重新调整，但企业坚持 Y 酒店管理公司在全国租赁的酒店，都分房屋租金和设备租金，房租与设备租金比率一般都是 6：4 比率，高的有 5：5 比率。R 市分公司的租金比例在 Y 集团全国所有项目中处于中等水平，是合理的，不应该调整。

实体法缺失程序法来补，法律依据显威力。针对企业的解释，风险应对人员认为，虽然房产税政策方面没有关于房产租金是否合理，如何调整方面的规定，但是可以根据征管法实施细则第四十七条赋予税务机关的税款核定方法进行核定。由于本案涉及五星级酒店的租金问题在 R 市五星级酒店仅 Y 酒店一家无可参照对象，最终确定按照成本比例对租金进行重新分摊调整。

税企谈判化争议,维护税法公信力。在做足充分准备后风险应对人员再次约谈企业财务人员,根据征管法的规定按成本比例进行分摊调整,对房产类按 40 年、家具类按 5 年、设备类按 10 年的预计使用年限计算折旧额比例作为租金的分摊标准,最终确定设备类分摊比例是 19.15%,分摊租金200 万元/年,房产分摊比例是 80.85%,分摊租金 850 万元/年。在明确的法律和事实依据面前,最终企业接受这种调整方法,调增 2014—2016 年度房屋租金 660 万元,补申报缴纳地方相关税费合计 103.21 万元。化解了税企争议,维护了税法的尊严。

另外还发现企业行政楼租赁合同约定年租金 33.6 万元,其中房租28.6 万元,设备租金 5 万元(在国税开具发票),风险应对人员发现企业固定资产明细账上无行政楼设备明细,对企业 2014—2016 年度行政楼的设备租金 15 万元不予认可,全部视为房租收入,补征地方税费合计 2.36 万元。经核对,发现企业行政楼 2014 年自用部分未申报缴纳房产税,补申报缴纳房产税 1.58 万元。

2. 尾盘销售漏清算

土地增值税方面,针对企业 2016 年度土地增值税预征计税依据与预收账款不一致,企业解释是一、二期尾盘销售收入未进行尾盘销售清算申报,补清算申报缴纳土地增值税 81.94 万元。

3. 涉税合同漏贴花

针对印花税疑点结合企业开发成本在建安费用、设计费用;销售费用中广告费;管理费用中财产保险费;其他业务收入中租金收入等收入、支出记录要求企业提供相关合同登记簿,核实是否按规定申报缴纳印花税。经自查,企业补申报缴纳各类合同印花税 1.13 万元。

根据风险应对人员初步判断,K 置业有限公司在国税已经超过小规模纳税人收入限额,将该情况反映给同级国税部门,国税根据地税部门提供的信息经调查核实,对 K 置业有限公司办理一般纳税人认定。

（二）相关政策及证据资料

1. 相关政策

（1）《中华人民共和国税收征收管理法实施细则》第四十七条规定："纳税人有税收征管法第三十五条或者第三十七条所列情形之一的,税务机关有权采用下列任何一种方法核定其应纳税额:

（一）参照当地同类行业或者类似行业中经营规模和收入水平相近的纳税人的税负水平核定;

（二）按照营业收入或者成本加合理的费用和利润的方法核定;

（三）按照耗用的原材料、燃料、动力等推算或者测算核定;

（四）按照其他合理方法核定。

采用前款所列一种方法不足以正确核定应纳税额时,可以同时采用两种以上的方法核定。"

（2）《国家税务总局关于房地产开发企业土地增值税清算管理有关问题的通知》（国税发〔2006〕187号）第八条规定:"清算后再转让房地产的处理在土地增值税清算时未转让的房地产,清算后销售或有偿转让的,纳税人应按规定进行土地增值税的纳税申报,扣除项目金额按清算时的单位建筑面积成本费用乘以销售或转让面积计算。"

（3）《中华人民共和国房产税暂行条例》第三条规定:"房产税依照房产原值一次减除10%至30%后的余值计算缴纳。房产出租的,以房产租金收入为房产税的计税依据。"

2. 证据资料

该公司提供的相应证据材料复印件,具体有:

（1）酒店租赁协议。

（2）固定资产、累计折旧、其他业务收入、开发成本、销售费用、预收账款明细账。

（3）相关涉税合同。

（4）资产负债表及利润表。

（5）土地增值税清算报告、土地增值税尾盘销售申报表。

（6）企业法人营业执照。

（7）相关人员身份证。

四、案例启示

（一）以点及面，点面结合

在经济一体化程度极高的今天，任何企业都无法孤立地存在，因此在风险应对过程中也不能将目光局限在单个企业上，应多将企业放到整个行业中去考虑、去比较，通过单个企业的风险应对发现行业的共性问题，再结合行业的共有特征去指导单个企业的风险应对，做到以点及面、点面结合。

（二）合理运用法律法规

企业的逐利性会驱使其钻税收政策的空子，税务部门在风险应对过程中应合理运用法律法规，正确处理上位法与下位法、程序法和实体法之间关系，引导企业正确解读税收政策，准确理解税收政策和规定，充分运用法律法规维护税收权益不受侵害、税收规定不被曲解。

（三）加强国地税联动

在风险应对过程中充分运用第三方信息，特别是纳税人在国税的基本概况及纳税情况，做到双方信息共享，情报互换，实时联动，必要时可联合对纳税人开展风险分析和应对。通过国地税联动，打破涉税信息孤岛，堵塞因涉税信息不畅而给纳税人留下避税空间。

（四）根据行业特点抓重点税种

分类施策、分门别类做好各税种风险分析、确定风险应对重点。结合各行业经营特点，锁定主体税种及容易产生税收风险的主要方面。只有重点突出、目标明确，才能精准发力、事半功倍。本案中，房产税和土地增值税是风险应对的主要税种和主攻方向，加强了对上述税种的精细分析和精准应对，才取得了较好效果。

案例2　自然人风险管理案例

勇于突破开创个人所得税反避税先河

一、内容提要

（一）企业基本情况

企业名称:D餐饮集团有限公司。吴××,男,D公司原法定代表人。主营业务:中餐、快餐、面食、小吃(水饺)、熟食卤菜的制售,饮料、酒的零售,对加盟企业的管理,咨询的服务。集团、行业地位:中国快餐行业前10位。

企业及纳税规模　　　　　　　　单位:万元

年　份	主营业务收入	利润总额	应纳税所得额
2012 年	14 655.25	7 078.56	2 005.98
2013 年	14 455.9	10 824.01	1 433.28
2014 年	13 947.74	−579.19	−0.79

（二）风险管理概况

1. 案件来源

根据工商部门股权转让信息,结合外管部门非居民企业间接转让中国居民企业股权信息及互联网信息,开展吴××个人所得税反避税风险应对。

2. 应对成效

通过反避税立案、反避税调查,案头审核、税务约谈、实地调查取证,在近3年里历经3次约谈、5轮谈判,最后圆满的结案,共计补征入库税款81 379 229.28元。本案开创了全国范围内个人所得税反避税先河。

二、风险分析识别

风险疑点一:工商部门传递的股权转让信息显示,吴××于2013年9月10日将境内居民企业D公司100%股份转让给香港H公司,转让价格为

48 915 124. 45 美元。

风险疑点二:互联网信息显示,欧洲最大私募股权基金 C 公司宣布收购中国境内 D 公司。经过与工商部门传递的股权转让信息的比对,发现工商部门传递的股权转让信息与互联网信息的受让方不一致,工商部门传递的股权转让信息的受让方为香港 H 公司,互联网信息的受让方为 C 公司。

三、风险应对处理

(一)相关事实依据

一是吴××于 2013 年 9 月 10 日将境内居民企业 D 公司 100% 股份转让给香港 H 公司,转让价格为 48 915 124. 45 美元。

二是境外非居民企业 G 公司于 2013 年 9 月 30 日将其持有的子公司 N 公司 90% 的股份转让给国际私募基金 C 公司设立的 F 公司,转让价格是 104 084 489. 81 美元。

(二)案件调查处理

1. 针对风险疑点一

根据工商部门传递的股权转让信息,对吴××于 2013 年 9 月 10 日股权转让的情况进行核实。发现 D 公司股权转让价格远高于其对应的净资产价格。

吴××分别于 2014 年 1 月 17 日、2014 年 1 月 21 日缴纳个人所得税 42 150 714 元人民币、1 048 666. 8 元人民币,合计 43 199 380. 80 元,本疑点消除。

2. 针对风险疑点二

1)询问约谈

经过对企业负责人吴××约谈,本次转让的最终的受让方确实是 F 公司,但不是直接转让,实际为两次转让,第一次转让为吴××将持有的 D 公司 100% 的股权转让给香港 H 公司,第二次转让为将 H 公司的境外控股公司 N 公司的 90％的股权转让给国际私募基金 C 公司设立的 F 公司,并向税务机关提供了两次转让的相关资料。

2)资料审核

通过对企业提供的相关资料的审核,本案确实存在二次股权转让,第一次是吴××2013 年 9 月 10 日将境内居民企业 D 公司 100％股份转让给香港 H 公司(见图 1),转让价格为 48 915 124.45 美元价格,并于当年 12 月交纳了个人所得税 43 199 380.80 元。根据股权转让合同,此次转让价款实际也由国际私募基金 C 承担。

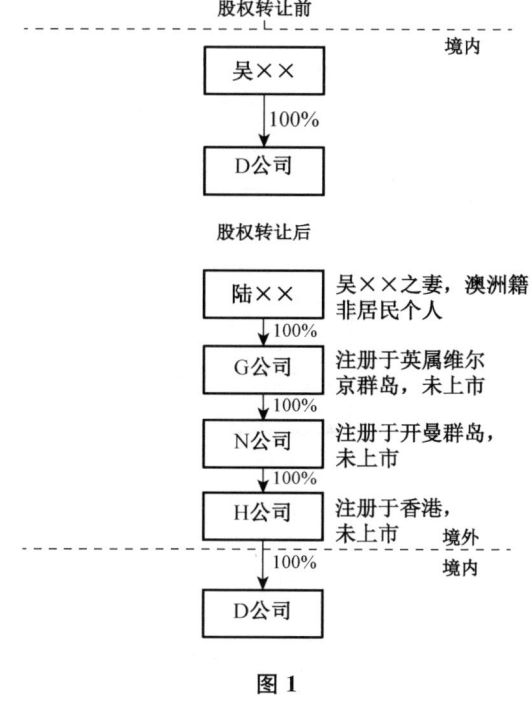

图 1

第二次转让是境外非居民企业 G 公司(注册于英属维尔京群岛)于2013 年 9 月 30 日将其子公司 N 公司 90％的股份转让给私募基金 C 公司设

立的 F 公司(见图 2),转让价格是 104 084 489.81 美元。

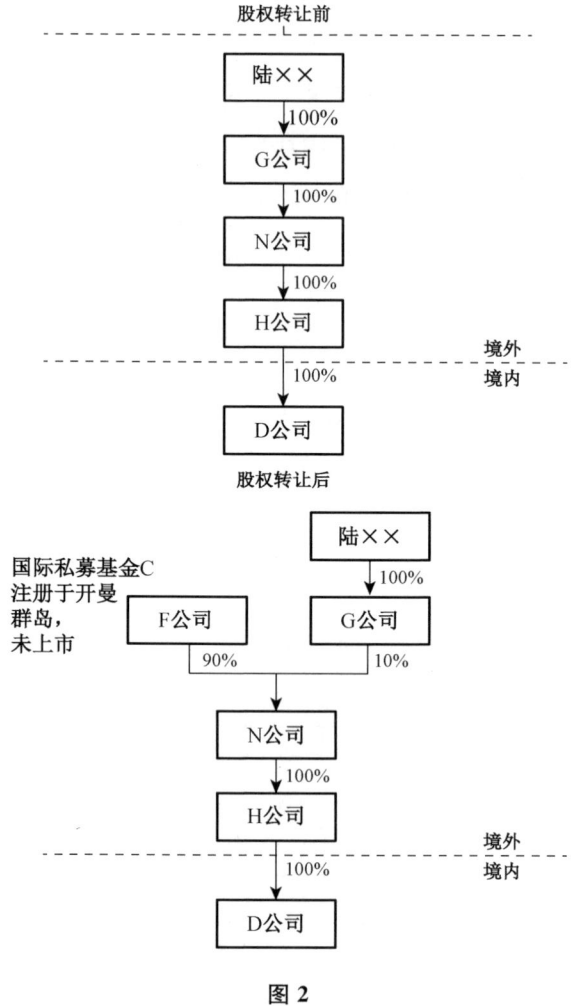

图 2

根据纳税人提供的资料,第二次股权转让双方不存在关联关系,被转让方未上市,N 公司与 H 公司除投资控股外,无生产经营活动和实质经营性资产,其股权价值全部来源于中国境内应税财产,资产总额 90％以上由在中国境内的投资构成,此次股权转让双方都注册于避税地,税负明显低于中国的可能税负。

3）产生新的疑点

疑点一，吴××转让给 F 公司的股权本可以一次完成，但为何分为两次，G 公司法定代表人陆××又是什么关系。

疑点二，前后两次股权转让的时间均在 9 月份，几乎同时发生，转让标的同为 D 公司股权。而第一次股权转让 100％价格为 48 915 124.45 美元；第二次股权转让 90％价格 104 084 489.81 美元，明显高于第一次股权转让价格。

4）再次约谈

针对疑点一，吴××表示，如此操作是企业境外上市的常规动作，具有合理的商业目的，其与陆××是夫妻关系。

针对疑点二，第一次股权转让是根据市场价格进行，且高于中介机构的资产评估报告确认的净资产，较 D 公司的账面价值已有较大溢价。第二次股权转让是境外 G 公司股东的独立商业和法律行为，与其无关，而且前一次股权转让价格是在 5 月协商制定，此时第二次股权转让的卖家尚未确定，价格也远未商定。因此，两次交易价格的定价机制是独立的，不存在可比性。

5）再次核实

根据第二次约谈及纳税人提供的资料，税务机关与境外基金公司取得联系，获取了他们在 3 月份内部就形成的以 104 084 489.81 美元价格收购境内目标公司的董事决议，以及在 5 月份就与吴某夫妇签订的股权转让协议，这些证据证明两次股权转让实质是自然人吴某向国际私募基金 C 转让了 D 公司的股权，为避税目的，转让双方人为将一次转让划分为两次。

根据上述调查核实情况及证据资料，初步形成两种税务处理意见：

第一种处理意见，根据总局 2015 年 7 号公告第一条、第四条、第十九条规定，对境外 G 公司股权转让按照《企业所得税法》及相关政策规定征收企业所得税；

第二种处理意见,由于前后两次股权转让的实际标的均为D公司股权,时间发生在一个月内,因此两次股权转让的价格存在可比性。根据《国家税务总局关于股权转让所得个人所得税计税依据核定问题的公告》(国家税务总局公告2010年第27号,以下简称"27号公告")第二条规定,我们认为前一次股权转让价格明显偏低且无正当理由,对股权转让价格按27号公告第三条第二款规定进行核定,据以征收个人所得税。

6)立案调查

围绕两种税务处理方案,主管税务机关与上级税务机关多次请求汇报,寻求定案的政策支持。最终确定针对第二次境外股权转让在境外G公司、N公司与H公司之间进行"穿透"的做法,并对第二次股权发起反避税调查,按照总局2015年7号公告对第二次股权转让进行"穿透",确认其直接转让标的实质为境内D公司,同时,对第一次股权转让进行个人所得税核定处理。

7)艰难谈判、达成一致

吴××委托国际知名会计师事务所、律师事务所就其涉税事项与税务机关先后展开了5轮谈判,谈判的焦点首先集中在以下几个方面:

(1)前后两次股权转让是否为相互独立的两次交易。纳税人认为,前后两次股权转让价格均是按照市场价格确定,且第一次股权转让价格远高于中介机构的资产评估报告确定的净资产价格。第二次股权转让是境外G公司股东的独立商业和法律行为,虽未进行资产评估,但转让价格按市场规则进行。

(2)前后两次股权转让的资金是否均为境外国际私募基金C公司设立的F公司提供。纳税人提出,第一次股权转让受让方的资金是由境外H公司贷款所得,两次股权转让资金不存在关联性。

针对纳税人提出的上述异议,税务机关出示了已经获取的境外基金公司在3月份就形成的收购境内目标D公司的董事决议,以及在5月份就与吴某夫妇签订的股权转让协议。并根据国税函〔2009〕698号、国家税务总局公告2011年第24号、国家税务总局公告2015年第7号，逐条向纳税人进行了解析，阐明了税务机关的主张，表明第二次股权转让不具有合理商业目的安排，应重新定性，应确认为直接转让中国居民企业股权，并对第一次股权转让进行个人所得税进行核定处理。

最终，纳税人承认，两次股权转让确实存在税务筹划进行避税的目的，同意税务机关的处理意见。纳税人认可税务机关对第一次股权转让按照《征管法》第三十五条及实施细则第四十七条的规定，参照第二次股权转让价格进行核定，由于第二次股转90%股份，第一次为100%，所以第一次股转价格核定为 104 084 489. 81/90% = 115 649 433. 122（美元）。则对吴××补征个人所得税：(115 649 433. 122 − 48 915 124. 45)×6. 096 9×20%＝81 374 481. 31(元)。由于是个人所得税核定征收，按照目前的执行口径及最高法判例，暂不征收滞纳金。

本案的股权转让实质是境内自然人吴某向国际私募基金CVC转让D公司的股权，通过搭建离岸公司架构间接转让境内公司股权的案件，以达到避税的目的，转让双方人为地将一次转让划分为两次，境内个人股权转让税率为20%，非居民企业间接转让境内财产税率一般为10%，自然人吴××及其妻子(非居民个人)正是利用这一税率差，将大部分利得放在第二次转让，以达到少缴税款的目的。

8) 境外资金缴税难，多方协调终入库

最终定案后，纳税人吴××表示愿意积极配合税务机关尽快缴纳税款。但由于外汇管理部门对境内外资金流动的强力监管，且受制于《中国人民银行　财政部　国家税务总局关于采用国外汇款方式缴纳税款缴库有关事项的通知》银发〔2008〕379号规定，吴××境外的外汇资金无法直接汇入境内交税。

税务机关先后多次与人民银行国库处、外汇管理局、工商银行、中国银

行联系,协调相关业务。并四次召集各相关部门会议,最终经人民银行外汇局同意后,妥善将吴××境外的外汇资金汇入中国人民银行的代缴库专用账户,顺利开具吴××个人完税凭证。

(三)相关政策及证据资料

1. 相关政策

(1)《征管法》第三十五条规定:"纳税人有下列情形之一的,税务机关有权核定其应纳税额:……(六)纳税人申报的计税依据明显偏低,又无正当理由的。"

(2)《征管法实施细则》第四十七条规定:"纳税人有税收征管法第三十五条或者第三十七条所列情形之一的,税务机关有权采用下列任何一种方法核定其应纳税额:……(四)按照其他合理方法核定。"

(3)《国家税务总局关于股权转让所得个人所得税计税依据核定问题的公告》(国家税务总局公告 2010 年第 27 号,以下简称"27 号公告")第二条、第三条第二款。

(4)国家税务总局公告 2015 年 7 号 第一条、第四条、第十九条

2. 相关证据材料

(1)两次股权转让书面协议。

(2)第一次股权转让资产评估报告。

(3)询问笔录(2015 年 7 月 27 日、2015 年 10 月 14 日、2016 年 12 月 19 日)。

(4)涉及两次股权转让各相关公司成立的注册登记资料。

(5)两次股权转让涉及的资金往来凭证。

(6)吴××、陆××身份及关系证明。

(7)第一次股权转让纳税凭证。

(8)三次约谈笔录,录音、录像资料。

(9)其他相关资料。

四、案例启示

（一）完善个人所得税反避税法规

目前我国的反避税法规适用主体主要为企业，不适用于自然人。在自然人反避税法规尚不完善的情况下，越来越多境内及外籍自然人，利用政策法规漏洞实施税收筹划，规避纳税义务，导致国家税收权益受到损害。在现有条件下，应尽快完善自然人反避税法规，扩展法规主体适用范围。

（二）拓宽涉税信息获取渠道

充分分析和利用采集的公开和非公开的第三方涉税信息，努力将涉税信息中的潜在税源转化为现实税收。

（1）加强与商务部门、外汇管理部门等政府职能部门以及银行等金融部门的沟通与协作，畅通非公开的第三方信息渠道，对税源实施主动管理。

（2）积极收集互联网、资讯媒体等公开的第三方信息，捕捉税源，特别是涉外信息，提高管理的时效性。

（3）通过即将实施的CRS（又称"统一报告标准"，旨在推动国与国之间税务信息自动交换）收集关键信息，通过对高净值个人海外金融资产的追本溯源，发现涉税信息。

（三）畅通境外资金缴税渠道

目前的外汇监管体制对境外资金缴税带来不便，造成不利影响，亟须完善。

案例 3 互联网数据应用风险管理案例

拨开云雾寻真迹 铁证如山现原形

一、内容提要

律师事务所是律师的执业机构,在组织上受司法行政机关和律师协会的监督和管理。某市现有律师事务所 63 家,税务登记类型均为个人独资合伙企业,全部实行查账征收。2016 年,全市律师事务所行业入库地方税收共 362.21 万元。2017 年,该市组织开展律师事务所行业专项风险管理,风险应对入库税款 1 013.87 万元。其中,查补反映律师事务所投资者纳税情况的生产经营所得个人所得税 864.89 万元,补税比例高达 85%。律师事务所行业,特别是合伙律师纳税义务履行方面,存在重大税收风险。

（一）企业基本情况

名称:西×律师事务所。纳税识别号:××××××。注册资本:10 万元人民币。投资方:牛某某,投资比例 100%。注册类型:私营独资企业。经营范围:法律服务、法律咨询。成立时间:2015 年 2 月。征收方式:查账征收。核算形式:独立核算。

（二）风险管理概况

2017 年 2 月,某税务机关风险监控部门根据年度风险管理工作计划安排,对律师事务所行业进行全面风险识别。根据风险积分高低,确定西×律师事务所等 30 户律师事务所存在较高的风险。

2017 年 3 月 8 日,该局风险监控机构将西×律师事务所作为高等风险推送税务稽查部门应对。2017 年 8 月 21 日,该律师事务所于检查期间,自行补缴"生产经营所得"个人所得税 31.03 万元,补代扣"工资薪金"个人所得税 22.70 万元。

2017 年 9 月 25 日,税务稽查部门做出征税决定:追缴该律师事务所牛某某 2014—2016 年期间少缴的生产经营所得个人所得税 19.5 万元,并加收滞纳金4.5万元,处少缴税款50％的罚款计9.77元。补扣缴"工资薪金所得"个人所得税2.27万元,处以少代扣代缴税款的50％的罚款计1.135万元。

二、风险分析识别

国家税务总局《关于进一步加强高收入者个人所得税征收管理的通知》(国税发〔2010〕54号)规定:税务师、会计师、律师、资产评估和房地产估价等鉴证类中介机构不得实行核定征收个人所得税。但是,由于律师事务所大多为个人(私营)合伙(独资)企业,一般以股东个人从事业务为主,从收费、起草文书、调查、代理等,都由受理律师全程办理,主动纳税意识不强;律师事务所普遍规模不大、从业人数不多,财务制度不健全,会计处理不规范,不能按照权责发生制的原则来确认收入、结转成本,发票使用乱象纷杂,成本费用列支随意性大。

如果律师事务所不能准确进行会计核算,将直接影响到其投资者纳税申报的准确性。结合律师事务所经营特点,对律师事务所的风险识别主要从以下两个方面开展。

(一)收入确认方面

律师事务所主要经营业务有:接受民事案件、行政案件和刑事案件的当事人的委托,代理各类诉讼案件、调解和仲裁活动;担任法律顾问、接受法律咨询和代写诉讼文书等。其营业收入主要来源于代理诉讼活动的收费部分。

根据事前了解情况,律师事务所的服务对象中自然人客户占比超过60％,个人对是否取得发票并不敏感。况且,律师事务所少计营业收入将直接减少营业税、增值税的计税依据,对合伙律师个人所得税申报也影响巨大。可以说,少计营业收入对律师事务所而言,"操作成本"低而"税收利益"高。如此的"双重诱惑",难道律师事务所行业真的能够"不为所动"吗?

　　风险识别人员首先分析了该市 63 家律师事务所 2014 年至 2016 年财务报表,并且与营业税、增值税申报入库情况进行了比对,没有发现问题。随即,风险识别人员又按年统计发票开具金额(2016 年 5 月 1 日后发票开具情况从国税部门交换),发现与投资者个人所得税申报表中反映的营业收入差额也在合理范围之内。

　　风险识别人员随后了解到,《律师事务所管理办法》规定,司法行政部门按年组织开展对律师事务所的检查考核,考核内容包括律师事务所业务活动开展情况,如律师事务所年度办理业务的数量和类别、业务收入等。为此,该局通过市社会综合治税信息交换机制,从司法行政部门取得律师事务所 2014—2016 年度考核结果和办案台账,统计律师事务所的营业收入和法律援助情况,并与个人所得税生产经营所得年度申报表中的营业收入比对分析。但是,比对结果大大出乎风险识别人员的意料,司法行政部门提供数据与律师事务所向税务部门申报数据基本一致。

　　律师事务所申报的营业收入与发票开具总额、司法行政部门提供的办案台账数据基本吻合,那些不需要发票的客户对应的收入到底去了哪里呢?难道律师事务所行业真的是纳税遵从的典范吗?风险识别人员带着巨大的疑问,苦苦寻找良策。恰逢此时,该局投入使用互联网涉税数据采集分析利用平台,这对律师事务所风险识别会不会是"另辟蹊径"呢?据法律知情人士介绍,2014 年 1 月 1 日,《最高人民法院关于人民法院在互联网公布裁判文书的规定》正式实施,中国裁判文书网是中华人民共和国最高人民法院公布全国司法案件裁判文书的官方网站。风险识别人员敏锐地认识到,裁判文书反映了律师事务所代理案件的详细情况,裁判文书数量与其收费情况应正相关。据此,对全市律师事务所营业收入与裁判文书数量作了分析比对,如下表。

全市律师事务所 2015—2016 年营业收入情况分析表

金额单位：万元

序号	律师事务所名称	2016 年营业收入	2016 年裁判文书份数	2016 年每份平均收入	2015 年营业收入	2015 年裁判文书份数	2015 年每份平均收入
1	公＊律师事务所	819.28	616	1.33	673.45	489	1.38
2	西＊律师事务所	487.07	601	0.81	612.67	478	1.28
3	立＊律师事务所	436.72	322	1.36	409.43	302	1.36
4	雅＊律师事务所	430.31	315	1.37	290.88	198	1.47
5	新＊律师事务所	376.38	298	1.26	470.97	367	1.28
……							

注：已剔除从司法行政部门获取的法律援助案件数。

从上表可以看出，根据西＊律师事务所 2016 年裁判文书计算出平均营业收入明显低于行业平均水平，同比也出现大幅度下降，存在少计营业收入的重大税收风险。

（二）工资性费用支出方面

律师事务所财务核算规定，雇员律师在办案过程中花费的交通费、复印费、电话费等费用，均计入"应付职工薪酬"，以工资形式发放。因此，工资性费用构成了律师事务所行业主要经营成本支出。据典型调查和测算，该市律师事务所行业的工资性费用支出不超过营业收入的 70%。

从会计凭证来源角度来看，工资费用支出凭证属于内部凭证，由纳税人自制而形成。内部凭证不与第三方（如供货方、购买方）发生联系，因缺少外部制约和监督，其真实性方面往往存在重大的税收风险。如果律师事务所编造虚假的工资费用支出，一方面合伙律师可以以"报销费用"形式来分配经营成果，从而少缴生产经营个人所得税；另一方面，雇员律师也可以将其

高收入"化整为零",降低工资薪金所得个人所得税的边际税率。风险识别人员对律师事务所工资性费用支出作如下表的分析。

全市律师事务所 2016 年工资费用支出情况分析表

金额单位:万元

序号	律师事务所名称	营业收入	工资费用	工资费用占比	明细申报人数	人均收入
1	公＊律师事务所	819.28	518.68	63%	18	28.82
2	西＊律师事务所	487.07	459.32	94%	48	9.57
3	立＊律师事务所	436.72	378.96	87%	27	14.04
4	雅＊律师事务所	430.31	304.67	71%	13	23.44
5	新＊律师事务所	376.38	288.43	77%	11	26.22
	......					

从上表可以看出,江苏西＊律师事务所工资性费用占营业收入的比例达94%,远高于行业上限(70%)。同时,雇员律师人均收入(含办案费用)9.57万元,远低于行业平均水平,而明细扣缴申报人数则明显超过了司法行政部门提供的纳入考核的律师人数。以上情况表明,该律师事务所存在通过虚增职工人数、多计和分摊费用,从而少缴投资者生产经营个人所得税、少扣缴雇员律师工资薪金个人所得税的重大风险。

三、风险应对处理

(一)相关事实依据

根据风险监控机构推送的税收风险信息,反映西×律师事务所存在以下税收风险疑点:

(1)2016 年受托代理 601 件民事诉讼案件,账面反映营业收入487.07万元,低于正常合理水平,存在少计营业收入少缴个人所得税风险。

(2)2016 年发生工资性支出 459.32 万元,占营业收入的比例为94%,

超过行业平均水平,存在多计费用少缴个人所得税风险。

(3) 2016 年雇员律师人均工资收入 9.57 万元,个人所得税明细扣缴申报工资薪金所得平均 4 560 元,低于行业平均水平。个人所得税明细申 48 人,高于司法行政部门纳入考核的律师人数。存在少扣缴个人所得税风险。

(二)案件调查处理

1. 案头分析

检查人员通过查询税收征管系统,分析和掌握以下信息:

(1) 该律师事务所每月个人所得税明细扣缴申报的收入最高工资 5 000 元,适用税率均在 3% 以下。律师是众所周知的高收入群体,该律师事务所个人扣缴情况与现实相差甚远。

(2) 该律师事务所知名度在全市处于中上等水平,但是发生账面亏损,十分令人生疑。

检查人员由此判断,风险推送的税收风险疑点与现实情况基本吻合。检查人员通过进一步分析发现,如果针对风险疑点所反映出的该律师事务所少计营业收入、多计工资费用情形,如果以常规的查账手段,很难从账面上发现端倪。因此,检查人员决定此案总体的检查思路为从外围入手,调查掌握客观证据后,再进行全面的账务检查。

2. 税收检查

1) 少计营业收入风险调查取证

第一,数据分析。

(1) 检查人员责成该律师事务所根据其账面记载,对所有代理案件,按代理律师归集制成《律所账面收入明细表》。

(2) 将从中国裁判文书网获取数据,以代理律师为关键字,归集案件名称、双方当事人等信息,制成《律所裁判文书网代理案件明细表》。

(3) 依法调取律所的对公账户和投资律师的个人账户信息,制成《银行信息统计表》。

对上述三类信息，进行全方位、多维度的交叉比对，经《律所裁判文书网代理案件明细表》与《律所账面收入明细表》比对，发现应计未计收入代理案件 76 件，与《银行信息统计表》关联比对，涉及金额约 90 万元。

第二，外围调查。

检查人员从应计未计收入 76 个代理案件中，根据中国裁判文书网中的信息，检查人员拨打一些电话想核实收费情况，大多数人怕对其有影响，抱着事不关己高高挂起的态度，以时间较长记不清为由拒绝提供有价值的信息。功夫不负有心人，最终有 3 个中国裁判文书网记载客户承认了有业务往来，检查人员到对方进行了仔细核实，收集带回了付款证据。后与该律师事务所的收入日记账和银行进账单进行比对，此 3 个客户对应业务少记收入 15.3 万元。

第三，正面交锋。

检查人员依法询问投资律师牛某某，问他们为什么中国裁判文书网反映的代理案件信息在账面上没有反映？牛某某惊愕不已，急忙解释是这些案件属于法律援助案件或熟人、朋友之间的代理案件，并没有收取费用。但是，当检查人员拿出银行的进账流水，特别是其中一个客户的付款存根复印件后，在税收政策的强大威慑之下，牛某某思想防线完全崩溃，对收入少入账的事实供认不讳，最终签字承认 120 万元收入未入账的事实。

2）多计工资性费用风险的检查

资料收集。检查人员查询记录征管系统个人所得税明细扣缴申报表。同时，考虑律师群体法律意识和维权意识强烈，基本都参加了社会保险，因此，又到人社部门采集了该律师事务师社会保险费参保明细情况。

第一，深入调查。

检查人员仔细审核各月发放工资薪金所附的原始凭证，发现工资表中领款人签名栏部分并不需要本人签名，而是直接以银行转账方式支付。经过到其开户银行江苏银行查证，发现律师事务所部分人员银行流水显示发放金额和工资表上的实发数并不一致。检查人员初步确定该律师事务所虚列工资费用的事实。

第二,询问约谈。

检查人员通知该律师事务所投资者牛某某接受询问,告知其根据《江苏省工资支付条例》规定:用人单位应当书面记录支付劳动者工资的应发项目及数额、实发数额、支付日期、支付周期、依法扣除项目及数额、领取者姓名等内容;用人单位不得伪造、变造、隐匿、销毁工资支付记录及劳动者出勤记录;用人单位对工资支付承担举证责任。检查人员出示了已掌握的工资表、养老保险、银行流水等书面证据资料,要求其说明不一致的理由,并声称第二天上午要到律师事务所现场进行点名。在事实证据面前,牛某某主动交代了律师事务所编造人员虚列费用的事实,第二天重新提供真实的律师事务所工资花名册和日常考勤记录表。检查人员以此为线索开展账务检查,最终认定该律师事务所虚列工资费用 35 万元,通过分摊工资收入、降低税负少扣缴个人所得税 22.69 万元。

(三) 相关政策及证据资料

律师行业的主要政策文件有两个,即《关于律师事务所从业人员取得收入征收个人所得税有关业务问题的通知》(国税发〔2000〕149 号)和《国家税务总局关于律师事务所从业人员有关个人所得税问题的公告》(国家税务总局公告 2012 年第 53 号)。

(1) 关于雇员律师,文件规定"作为律师事务所雇员的律师与律师事务所按规定的比例对收入分成,律师事务所不负担律师办理案件支出的费用(如交通费、资料费、通讯费及聘请人员等费用),律师当月的分成收入按规定扣除办理案件支出的费用后,余额与律师事务所发给的工资合并,按工资、薪金所得应税项目计征个人所得税";如果事务所负担了办理案件的费用,则不得重复享受上述的标准扣除政策。另外,《国家税务总局 2012 年第53 号公告》规定:作为律师事务所雇员的律师从其分成收入中扣除办理案

件支出费用的标准,在律师当月分成收入的30%比例内确定,调整为35%比例内确定;前款规定自2013年1月1日至2015年12月31日执行。在执行期满后按多少比例作为扣除标准,国家税务总局应及时进行明确,以便执行。

(2)关于合伙人律师,合伙人律师在计算应纳税所得额时,应凭合法有效凭据按照个人所得税法和有关规定扣除费用;对确实不能提供合法有效凭据而实际发生与业务有关的费用,经当事人签名确认后,可再按下列标准扣除费用:个人年营业收入不超过50万元的部分,按8%扣除;个人年营业收入超过50万元至100万元的部分,按6%扣除;个人年营业收入超过100万元的部分,按5%扣除。该政策的出台背景是考虑律师在办案和参加一些社会公益活动过程中,发生的一些费用难以取得票据的情况下,让其享受的费用扣除政策。若无公益活动,或办案费用已经列支(不论票据是否合法有效),则不得适用该政策。

本案的证据资料包括中国裁判文书网采集信息、司法行政部门提供的律师事务所考核结果和办案台账、银行提供的律师事务所相关账户收支流水、人社部门提供的社保费参保信息,以及律师事务所提供的员工考勤表等。

四、案例启示

(一)案例点评

(1)本案中,风险识别人员充分利用通过互联网采集的裁判文书这个完整、客观、准确的第三方数据,从而掌握了律师事务所承办诉讼业务的详细信息,从而抓住了律师事务所"主营收入"科目核算是否准确的关键。在收入能够确认的前提下,成本费用支出核算是否准确直接影响到律师事务所经营成果和生产经营个人所得税申报。工资性费用支出(含办案费用)构成了律师事务所的主要经营成本,支出金额与收取的案件代理费收入密切相关且比例相对稳定。风险识别人员通过调查测算确定工资支出比例的预警值,为准确选定检查对象提供了较为可靠的依据,也为下一步的风险应对工作指明了方向。

(2) 在应对过程中,检查人员能够针对风险提示的疑点信息,做实案头分析工作,收集各类数据进行分析比对,初步确认了疑点的存在,并制定了切实可行的检查思路,即从外围调查入手,以资金流向为线索,从银行部门调取律师事务所和投资者个人账户收入流水,对少计收入金额的确认和证据固定起到了关键作用。从人社部门取得社保信息和司法行政部门的律师年度考核信息,掌握了真实的人员雇佣信息。本案的检查,打破常规,准备充分,突出了数据分析利用,避免就账查账,对当事人的各种谎言和辩解均能及时识破,始终掌握着税收检查工作的主动权。

(二)体会和建议

(1) 运用第三方数据进行风险识别时,要充分考虑第三方数据与识别对象的关联关系,不能盲目地信任。本案中,风险识别人员无论是通过发票开具信息,还是司法行政部门提供的律师事务所办案台账信息,均无法识别律师事务所存在少计营业收入方面的风险,主要原因是,发票信息是律师事务所会计核算的基础,司法行政部门掌握的信息也是事务所主动报送的。因此,在应用第三方信息进行风险识别,要考虑数据来源的独立性,如本案中互联网公开的裁判文书信息,真实地反映了律师事务所代理诉讼案件的原貌。

(2) 大数据治税是一项长期的综合工程,需要税务机关各个部门共同参与。从税收风险管理工作来看,各类数据资源主要用于风险识别环节,即通过数据分析查找有税收疑点的纳税人,全省统一建设了税收风险指标、统一了数据应用规范。但是,在风险应对环节,数据的分析利用重视不足,风险应对人员各行其是,没有统一的数据利用指导意见。本案中,风险应对人员恰恰是充分利用银行账户信息、社保参保信息,取得了案件查处的关键性突破。有许多第三方信息,在风险识别中批量处理难度大、成本高,而在风

险应对中,针对特定的单户纳税人,往往会产生巨大的利用价值。

(3) 社会信用管理是加强高收入者税收征管有力武器。高收入者多是社会名流,因身份、地位不同而特别重视荣誉和信誉。在律师事务所行业税收检查中,律师们常以法律专家自居,缺乏主动遵从意识,甚至拒绝检查、百般阻挠、出言威胁,妄图逃避纳税义务。但在税务机关取得关键性证据,特别是明确告诉律师们拒不改正违法行为将承担社会失信的严重后果之后,往往取得事半功倍的效果。

(4) 进一步完善自然人银行交易数据信息。银行数据在本案检查中发挥了重要作用,但在具体的数据应用中,检查人员还发现存在不少的问题,如部分大额收付款仍不通过银行,各银行数据格式不一、详细程度不一,有的缺少交易人姓名、联系方式、资金用途等信息,不便税务部门对数据分析利用。在以后的征管法或其他法律修订中,应通过立法来减少现金收付,强化交易资金的银行收付管理,以及银行数据的规范管理,增加数据可用性。

参考文献

［1］鞠铭,赵慧芝.关于高收入者个人所得税直接管理的思考[J].税收经济研究,2016,21(6).

［2］李成,吴谦,胡满.风险综合评价中指标权重确定方法对比研究[J].石油工业技术监督,2016,32(1).

［3］张爱球.OCED税收风险管理理论与实践[J].中国税务,2009(11).

［4］严昌涛.对我国税收风险理性认识[J].税务研究,1999(12).

［5］刘蓉.公司战略管理与税收策略研究[M].北京:中国经济出版社,2005.

［6］李小平.税收风险管理与模型应用[M].北京:经济科学出版社.2012.

［7］李晓曼.税收风险管理理论与方法[M].北京:中国财政经济出版社,2013.

［8］李伟.大企业税收遵从协议的实践与思考[J].国际税收,2013(7).

［9］张德志.税收风险管理理论与实践[M].北京:中国税务出版社,2013.

［10］梁俊娇,王颖峰.美国联邦税务局胡内设机构设置及对我国的借鉴[J].中央财经大学学报,2009(4).

［11］国际财政文献局.税收风险管理——从风险到机会[M].南京:江苏人民出版社,2012.

［12］方振华.山东省国税系统税收风险管理研究[J].山东财经大学硕士论文,2016(5).

［13］李晓曼.税收风险管理方法与实务［M］.大连：东北财经大学出版社，2015.

［14］金鹏.国外税收遵从理论模型研究综述［J］.财会月刊，2008（32）.

［15］刘初旺，沈玉平.税收征管执法风险与监管研究［M］.1 版.北京：经济管理出版社，2008.

［16］王敏.关于在税收征管中运用信息不对称理论的思考［J］.湖北经济学院学报，2004（6）.

［17］马晓颖，张林海，王红莲.税收风险管理策略［M］.北京：中国税务出版社，2015（4）.

［18］程明红.建立税收风险管理体系 提高税收管理水平［J］.税务研究，2002（2）.